奢侈舰队

德意志帝国海军（1888—1918）

［美］赫韦格◎著

时殷弘◎译

人民出版社

本书为国家开发银行、华东师范大学共建开行—华东师大国际关系与

地区发展研究院第3期科研委托项目《"中国走出去"战略的国际政治经济研究》成果

丛 书 主 编 ：

　　吴征宇

编委会成员：

　　　　徐弃郁　李 晨　马 骏　邱立波

C 目　录

ontents ★　★　★

第 二 部 分

第 三 部 分

导　言

　　1897 年 6 月 27 日,英国皇家海军在索伦特海峡炫耀它的海洋霸权,当着聚集在一起的帝国众属邦领导人的面,他们前来庆祝维多利亚女王登基六十周年纪念。六个巨型舰列,每个长达五英里,展示了由 165 艘英国战舰构成的令人生畏的庞大集群。《泰晤士报》喜不自禁:"此乃世界上最有力也最远程的武器。"自 1805 年英国在特拉法加海角击毁法西联合舰队后,一直未受到任何重大的海军挑战。它的宿敌法国和俄国几乎全无能力在海上威胁它,而且两支新海军即美国和日本海军的浮现也未在世纪之交造成任何威胁。不列颠确实真正主宰海洋。它的海军舰船设计在世界处处被急切仿效,它的训练使团访问了从土耳其到日本的众多外国疆土,它的造船厂是每个大陆上的诸多国家的承办商,它的海军官兵服装已成为普遍样式,而且——同样重要的是——它的自豪的海军传统和海军历史使那些亲眼见证这检阅的人肃然起敬。

　　然而,暴风云已经预兆不祥地聚集于地平线上。与维多利亚女王登基六十周年纪念同一年,德国宣布意欲创建一支规模可观的作战舰队,它将主要集中在北海,伦敦不久便认识到这一点。另一方面,英国并未沿其东部海岸线单独维持一个顶级的海军基地。在 1898 年和 1900 年的海军法案——由 1906 年、1908 年和 1912 年的增补法案强化——之中,德意志帝国打算创建一支现代作战舰队,由 41 艘战列舰、20 艘大型巡洋舰和 40 艘轻巡洋舰构成。这么一支军力被预期仅次于英国的舰队,将补足其在欧洲或许也在世界上最高效的陆军。

　　到 1900 年,德国已拥有一个殖民帝国的核心部分。奥托·冯·俾斯麦宰相治下,它在 19 世纪 80 年代取得了德属西南非、多哥兰、喀麦隆、德属东非、德属新几内亚和马绍尔群岛。后来将添上胶州、加罗林群岛、帕劳和马里亚纳群岛,还有萨摩亚的某些部分。德国商船公司,例如汉堡—美洲商船公司和北德劳埃德公司,正在——从奥里诺科河到长江——开辟新的贸易通道。凭借高效和活跃的经销商,德国工业品涌入世界市场,而且国内的诸多压力集团不断喧嚣,要求有新的海外属地。学界也难以置身这一事态发展之外:从1897年至1906年,不少于270名所谓的"舰队教授"为海军积极效力,力图在德国民众和政府中间争取支持,以求建造一支强大有力的作战舰队。

在这狂热的活动背后,有着德国工商界的影响和权势。弗里德里希·克虏伯、阿尔贝特·巴林、阿瑟·格温内尔和阿道夫·沃尔曼只是给舰队宣传出资承保的那些人中的几个例子。1871年往后,德国的生产一直令人惊叹。它的煤产量从1871年的3800万吨跃升至1913年的17900万吨,而且到1910年它已年产1300万吨钢,比英国约多500万吨,仅次于美国。到1914年,它的人口已增至6700万人,跟1871年统一战争结束(其时4100万人)时相比,增长了60%,而且伴随一种每年1%的健全的出生率,令人沮丧的对外移民潮减退,到世纪之交已从高潮时分1881年的22.1万人降至每年略超过3万人。由乡村到城市的人口流动令大城市数目增加了两倍,并使城市人口到1900年翻了一番(3000万)。急速工业化连同这人口转变的结果,是工人阶级占德国人口的比例从1870年的五分之一增至1907年的三分之一。德意志帝国的商船队(100吨以上的商船)突飞猛进,到1914年已从1872年的8.2万吨跃升至513.4万吨。其他工业部门,例如纺织、发电、化学品生产和机器制造,见证了同样甚或更大的增长。还有,它的四家主要的私有银行(德意志、德累斯顿、贴现和达姆施塔特)为铁路建造提供资金,尤其是在土耳其和委内瑞拉。

如果按照下述方式来考察这些冷冰冰的统计数字,那么它们的意义就会显现出来:鼓风炉,轧钢厂,铁路网络,工厂烟囱,发电机,它们产出钢铁、能源和种种工具,既为满足世界各大市场需求也为建造一支现代作战舰队所必需。不仅如此,1888年6月,最后一位霍亨索伦王朝皇帝及普鲁士国王威廉二世登基,据其信,此乃蒙上帝恩惠。威廉精力十足,轻率冲动,喜进好斗,同时却缺乏信心,紧张不安,犹豫不决。他很快就在自己周围聚合了一群幕僚,后者迎合他的每个突发奇想,同时却利用他的种种弱点。随着1897年6月任命阿尔弗雷德·蒂尔皮茨主持海军部，任命贝纳德·冯·比洛主持外交部，一种"新方针"显然定了下来。

就民族心理而言，时机也正好合适。自统一战争以来，一代人已长至成年，厌倦了无休止的、关于父辈的勇敢行为的啤酒馆议论，这勇敢行为是他们在俾斯麦对丹麦（1864 年）、奥地利（1866—1867 年）和法国（1870—1871 年）的战争中显现出来的，也厌倦了这位铁血宰相的"心满意足的"帝国。从农田到城市的迁徙已成为一种真正的巨潮，由乡村容克地主统治的一个土里土气的德意志形象早就已经不再契合现实。经过殖民协会和海军协会之类组织，德国年轻人表达了一种向欧洲大陆以外扩张的渴望。

威廉二世成了这个时代的代言人。远甚于在弗里德里希斯鲁的萨克森森林里的那位铁血宰相，他代表这新一代人的梦想及潜在力量。他的咆哮演讲，他的武力威吓，还有他对现代技术、教育和工业的支持，都是后俾斯麦时代德国的典型特征。由俾斯麦加诸于 1871 年以后德国对外政策的克制和温和被撇在一边；种种新口号集中围绕着海上未来，围绕于"世界强权"（Weltmacht）和"世界政策"（Weltpolitik）。虽然许多抱负可以通过掠食被认作"垂死的"殖民国家——西班牙、葡萄牙、荷兰、丹麦——来实现，但总是难以回避那终极的挑战：大不列颠。德意志帝国的海洋地理位置极为不利，令它无法自由进入大西洋及其以外的航道，而蒂尔皮茨力图依靠在北海集中一支优越的德国战列舰大舰队去克服这一不利，后者"犹如一柄锐利的尖刀，闪烁在手，随时可用，离德国最可能的敌人的颈静脉仅几英寸之遥"（保罗·肯尼迪语）。

德国预计要单枪匹马挑战英国在北海的海军霸权，以便由此从伦敦榨取殖民让步，可能还能索取一个同盟，而这一行为背后经过算计的风险令列强惊恐而动，急忙开启了一场海军军备竞赛，类似情况在晚近的美苏军备竞赛中才又再现。到 1914 年 8 月，英国已拥有 20 艘服现役的无畏舰，另有 14 艘要么已在建造，要么已被规划，以便到 1916 年完成；它还拥有 9 艘可使用的战列巡洋舰。另一方面，1914 年 8 月时，德国拥有正在服役的 15 艘无畏舰，另有 4 艘按计划到 1916 年用于作战；6 艘战列巡洋舰要么已可使用，要么接近完成，此外还有 2 艘预定到 1917 年下海执行任务。

　　然而对德国来说，战争在 1914 年来得太早，早了约 8 年。海军建设状况是 8 艘战列舰、7 艘大型巡洋舰和 6 艘轻巡洋舰，滞后于计划，而蒂尔皮茨的宏伟规划中设想的 60 艘主力战舰构成的舰队要在 1922 年或其后才会齐备可用，以挑战英国皇家海军。不仅如此，最尖刻的讽刺之一，肯定在于 1914—1918 年，这些巨大的海军舰队未曾在北海参与过任何一场决定性的遭遇战。1916 年 5 月，最后一天舰队在日德兰半岛外的偶然相遇半截而止，等不到任一方能够发动一场有效的攻击，因而成了激情辩论和愤懑指责的主题。海战将由潜艇和护卫舰出任主力——令双方的舰队司令气馁不已。而且，结局伴着啜泣而至：继造反和革命之后，德意志帝国海军在 1918 年 11 月投降，并于 1919 年 6 月在被扣押于斯卡珀湾期间决定自沉。

　　因而，必须根据它在其欧洲背景中的物资和人力来分析"蒂尔皮茨"舰队，并且将它置于 1888—1918 年德国的总形势之内。本书首先不是一部新研究著作，相反它力求将一种对晚近的历史学探究的概览展现给一般读者，而这探究是由沃克·R.贝格安、威廉·戴斯特、弗里德里希·弗尔斯特迈埃尔、艾卡特·克尔、保罗·M.肯尼迪和其他许多人成就的。我还将我早先关于海军军官团和德国海军史的多个不同方面的研究纳入了本书，它们是：《德国海军军官团：社会和政治史（1890—1918）》（牛津，1973 年版）；《挫折之政治：德国海军规划中的美国（1888—1941）》（波士顿，1976 年版）。历史文件中有许多搜集自德国联邦军事档案馆（见书末参考文献），辅助材料则单独列出；从德语翻译成英文这一工作系我本人所为，并已尽可能使其符合通常的英语习惯。德语姓名保持如初。许多问题、设计、战斗、战略和事件要么被敷衍带过，要么被完全略去；不管怎样，希望那些处理将给读者提供一种更清晰的视角，去认识这"奢侈的"舰队——如温斯顿·丘吉尔 1912 年 2 月作为海军大臣所称——在这段激动人心和命运攸关的时期里，在德国事务特别是欧洲事务中起到的作用。

霍尔格·赫尔维希

田纳西州纳什维尔

1978 年 11 月

第 一 部 分

第一章　差强人意的开端

1888 年之前的普鲁士/德国海军传统

德国没有一种强劲的、连续不断的海军传统。德国在 1871 年 1 月才成为一个民族国家,故缺乏西班牙、葡萄牙、法国或英国的经历。18 世纪里构成神圣罗马帝国的近 360 个邦国既无意愿也无潜力去从事海军事业。毕竟,一个人能对安哈尔特—采尔布斯特、绍姆堡—利珀、巴登、巴伐利亚甚至普鲁士有何期望,特别是在欧洲大陆聚精会神一场为时两百年的斗争以阻止法国霸权的时候? 德国海军热衷者阿尔弗雷德·蒂尔皮茨本人 1865 年入伍普鲁士海军时写道,德国人民中间几乎全无对这支军力的热忱。

尽管如此,后来的某些德国海军军官和史家试图将一支现代德国作战舰队的起源追溯到先前很遥远的时代。胡戈·冯·瓦尔德耶尔-哈茨认为德意志海军概念上溯至维京人,海军少将阿道夫·冯·特罗塔则将其上溯到 13 世纪的汉萨同盟,或至少 17 世纪期间大选帝侯的普鲁士殖民扩张计划。然而,上述观点在这里并没有连续性,在普鲁士不存在强劲的海军传统。到 13 世纪末,汉萨同盟已经陡然衰落。而且,大选帝侯弗雷德里克·威廉(1640—1688)野心勃勃的计划,即要在西非建立一个普鲁士殖民地,并在荷兰人本杰明·劳勒的帮助下建立一支商船队和海军,到头来一无所成。普鲁士没有愿意给大选帝侯的计划出钱的富商集团,宫廷则很快厌倦了被迫为之投资;劳勒的舰队在给荷兰造成了一次麻烦后,便立即被其逐出了海域。不仅如此,1711年,弗雷德里克·威廉一世国王(1713—1740)废除了初生的勃兰登堡—非洲公司,并且廉价卖掉了所剩的一点儿商船队和海军残余。

弗雷德里克二世（1740—1786）也没有大选帝侯的海外帝国梦。事实上，在18世纪的大部分时间里，普鲁士与奥地利被锁在一场争夺中欧霸权的殊死斗争中，其事态进程几乎使其没有任何时间去发展海军。只有奥地利的约瑟夫二世在18世纪80年代做了努力，以求加强奥地利在亚得里亚海的海军存在，与此同时弗雷德里克二世在其"复兴"（rétablissement）政策之下，将巨量金钱投入重建其被战争蹂躏的领土。

法国大革命和拿破仑时代阻绝了普鲁士增强其舰队的任何企图。在1806年耻辱地败于耶拿和奥尔斯泰特之后，普鲁士被迫依从拿破仑·波拿巴的大陆封锁体系，结果英国夺取了约300艘普鲁士驳船和沿海船舶，由此实际上导致普鲁士海上运输全部终结。不仅如此，1813—1815年的解放战争是由普鲁士陆军打的，其军官团完全由乡绅（容克）支配。陆军元帅格布哈德·冯·布吕歇尔在滑铁卢的大捷，还有此后对巴黎的占领，进一步强化了普鲁士作为一个陆上优势强国的角色；在评价拿破仑的失败方面，纳尔逊在阿布基尔和特拉法加的决定性胜利并没有得到广泛的赞赏或理解。

维也纳会议在普鲁士重新燃起了一小阵海军热，因为它将瑞典领土的最后残余赏给该国，包括波罗的海内的吕根岛，外加6艘瑞典火炮单桅帆船。1815年10月至12月，这些舰只被组织进新建的"普鲁士王家海军"，两名瑞典军官成了普鲁士最早的——直到1848年为止也是仅有的——海军军官。诚然，这是个不咋样的开端。若干显赫的德意志人主张这支军力应予扩大；他们包括普王弗雷德里克·威廉三世（1798—1840）的侄子、普鲁士亲王阿达尔贝特，经济学家和关税同盟（Zollverein）的创建者弗里德里希·李斯特，还有著名的语文学和神话学家、哥廷根大学教授雅各布·格林。1841年12月，普鲁士加入英国、俄国、法国和奥地利的行列，一起镇压大西洋上的奴隶贸易，可是在整个19世纪40年代，普鲁士领导人始终依然认为荷兰是某种德意志"海军国"，能够保护公海上的"德意志"利益。然而，海军紧要论的最大推力指日可待，那就是出席1848—1849年法兰克福国民议会的自由派市民（Bürger）。

该国民议会在革命爆发后得以召开，目的是起草一部宪法和实现德国统一——参会的自由派市民们意识到自己在处于争议下的石勒苏益格和荷尔施泰因两公国的斗争中无力对抗丹麦海军,因此转而设想构建一支德意志海军。这种主张认为,一支民族国家舰队将激励德意志人民追求统一;它将克服各色各样德意志陆军的纯地方主义的影响。1848年6月,议会代表们任命奥地利的约翰大公为帝国摄政(*Reichsverweser*);11月,他们创设了一个在阿达尔贝特亲王领导之下的"海军专门委员会",以监察所提议的海军建设。议会"授予"600万德元(thaler)——略少于100万英镑——用于海军开支。阿达尔贝特亲王提议建设一支舰队,由20艘战舰、20艘大巡航船和10艘小巡航船构成。舰队官兵将从英国、法国、荷兰、丹麦和美国招募,因为德意志各邦缺乏有经验的海军人员。

国民议会注定无缘实现这雄心勃勃的计划。极少几艘被建造或购买的舰只最终在1852年被普鲁士接管("巴巴罗萨号""埃肯弗尔德号"),成为阿达尔贝特亲王麾下北德邦联(1867—1870)和随后德意志帝国的海军的核心。其余9艘战舰和27艘较小的舰船被廉价卖给了投标人。只有法兰克福自由派那构建一支德国海军的梦想留存下来,而且超越地方主义的狭窄限界,特别是在资产阶级知识分子和工业精英那里。然而,需再等104年,黑红金三色共和舰旗才会在德国战舰上迎风招展。

萌生中的普鲁士海军将承继德意志大舰队之梦。1853年11月,海军当局被分离出普鲁士陆军部,在阿达尔贝特亲王领导之下一个独立的海军司令部得以创设;1854年3月,在弗雷德里克·威廉四世国王阿达尔贝特获得"普鲁士海岸海军上将"(Admiral of the Prussian Coasts)这词语累赘的头衔,以"我们没有舰队"为由,废除了"海军元帅"(Fleet Admiral)头衔之后,更重要的是,1854年11月,普鲁士从奥尔登堡取得雅德河地区,未来它将是主要的北海海军基地(1869年创建的威廉港)的坐落处。从行政管理看,那是个好不顺畅和三心二意的时期。普鲁士海军司令部在1859年3月被改为海军最高司令部和海军署;后者转过来,又在1861年4月让位于阿尔布雷希·冯·鲁恩将军领导之下的海事部。这个时期里,海军建造受到严重限制。桨轮船和帆船正缓慢地让位于蒸汽船,木制件在被钢制件取代。因为海军技术人员不足,简直全无现代船厂,德意志没有能力实现这一转变。年复一年,它的小舰队变得愈益过时。

奥托·冯·俾斯麦依靠对丹麦、奥地利和法国的接连的军事胜利而非民众选举或同意，实现自上而下的统一，最终解决了德意志争取民族国家身份这迫在眉睫的问题，但未解决对海军的追求。1864年的普丹战争标志普鲁士战舰自大选帝侯时期以来首次在外海的行动，然而陆军很快就制服了丹麦人，从而再度宣示了它在普鲁士事务中的霸权。不仅如此，普鲁士仍然缺乏船厂，不得不依赖外国造船者：1864年8月，第一艘普鲁士铁甲战舰——因而也是第一艘无帆舰船——"阿米尼乌斯号"在伦敦下水；1867年7月，它从法国购买了第一艘双螺旋桨铁甲舰（"弗里德里克·卡尔号"）。尽管如此，我们还要看到一个具有重大意义的事实：1865年3月，普鲁士获取基尔，那注定要成为它在波罗的海的主要海军基地，并在1866年11月成为它的海军学院所在地。

可是，1865年，即蒂尔皮茨入伍海军那年，普鲁士邦议会拒绝了政府建造20艘铁甲舰和获得500万德元年度预算的请求。直到1891年为止，1868年4月下水的"威廉国王号"铁甲舰依旧是德国的最大战舰，其排水量9754吨。这幅阴沉的图景只有等到下述事件的发生才变得明亮：1869年6月，威廉港由威廉一世国王（1861—1888）正式开港。

普法战争（1870—1871）完成了德国统一，奠定了其陆军特别是陆军元帅赫尔穆特·冯·毛奇麾下其参谋本部之荣耀的恒久基础。海战分明全无。在1866年与奥地利的拼搏中，海军没有立下任何重要功劳，普鲁士低舷铁甲炮舰夺取汉诺威在易北河和威悉河畔的防御工事对战争结果没有丝毫影响。1870年，海军中将博埃-韦尧姆麾下的一支法国舰队迅速俘获了约40艘德国商船，与此同时海军中将富里雄麾下的另一支舰队封锁了北海海岸，特别是在威廉港的新设施。事实上，海上行动如此稀少，以致法国水手最终被置于岸上以保卫巴黎。普鲁士陆军得到各式各样地方陆军的协力配合，1871年1月18日，德意志帝国在凡尔赛宫镜厅的创立，大体上是普鲁士陆军的勋业。

1867年北德邦联宪章以及1871年德意志帝国宪法的第53条，承认海军的独立地位；1871年，海军被授予帝国军种地位。

或许由于它在诸场德国统一战争中的作用微乎其微，海军从1872年直至

1888 年为止一直由陆军军官指挥。其中第一位,阿尔布雷希·冯·斯托希,给海军灌输普鲁士军事团队精神,并且将普鲁士陆军的操练和规章转用于它。这位将军给海军分派的主要是海岸防卫职能,曾经称之为"海岸活动防卫"。他的海战战术与步兵战术别无二致,主要敌手是法国,后来是一个可能的法俄同盟。斯托希期望他的兵力能够阻止敌人登陆德国土地,并在可能情况下保卫德国海岸城市不受敌方炮轰。从积极的角度看,斯托希发动的若干改革和创新,具有深远的影响,1872 年他将海事部转变为帝国海军司令部,三年后他接受海军上将军衔,从而部分地掩盖了自己的陆军出身。1872 年 3 月,斯托希在基尔创建海军学院,为的是促进特别有能力的军官未来增长智识。随之而来的是 1872 年 5 月"海洋工程部队"的组建,还有 1873 年 2 月授予医务军官团与陆军和海军军官同等的地位。1879 年 7 月,斯托希引入"鱼雷工程部队",委之以鱼雷和水雷的维护和运作。

斯托希在职期间还见证了过时的普鲁士王家海军——现在是德意志帝国海军——的一场大规模改组。1872 年 5 月,他定下一项十年造舰计划,要求建造 8 艘装甲护卫舰、6 艘装轻型甲护卫舰、7 艘低弦炮舰、2 座浮动炮台、20 艘轻护卫舰、6 艘通报舰、18 艘炮艇和 28 艘鱼雷船,其预计代价为 218437500 金马克①。这是一项庞大的造舰计划,令人惊异的是,它在帝国议会得到批准,这或许是因为这笔钱的四分之一出自 1870—1871 年的法国赔款。

1874—1876 年,4 艘萨克森级战舰下水:"拜仁号""巴登号""萨克森号"和"符腾堡号"。它们是 7500 吨级的装甲护卫舰,装备 6 门口径 26 厘米、6 门口径 8.7 厘米和 8 门口径 8.8 厘米的钢炮;1888 年,它们安装了 3 根口径 35 厘米的鱼雷发射管。1883 年,一艘较小的舰船"奥尔登堡号"被下单订购。

斯托希 1883 年离任——据蒂尔皮茨说是因为他与俾斯麦合不来——之际,留下了一支由 7 艘装甲护卫舰和 4 艘装甲轻护卫舰构成的舰队,首个战术上统一的德国战舰集群,连同 423 名军官和 5062 名水兵组成的海军人员。

他的后继者利奥·格拉夫·冯·卡普里维是一位陆军将领,执迷于对法

---

① 1 英镑约值 20 金马克。见书首换算表。

国和俄国的两线战争理念，将他的任期用于发展详细精致的海岸防卫计划。
这些计划以部署低舷炮舰以及鱼雷和水雷为中心。德国海军在1882年购买
了若干怀特海型鱼雷；这种特殊武器后来将在德意志帝国由柏林的施瓦茨科
普夫公司予以发展。冯·卡普里维将军对鱼雷的嗜好转过来导致发展鱼雷艇
（而非驱逐舰），此类鱼雷艇于1871年秋在德国首度建造。卡普里维希望，这
些价格相对低廉但纯进攻性的舰艇或可赋予一个二流海军国家打击优越的水
面舰队的机会。为了监察鱼雷艇的发展，卡普里维1886年3月专门创设了一
个位于基尔的"鱼雷开发督察署"；1887年10月，他又组建在威廉港的第一鱼
雷分部和在基尔的第二鱼雷分部。只是在1887年，卡普里维才要求建造10
艘装甲护卫舰，希望在预期中的地面战争中减少伤亡和节省开支。最后，卡普
里维还参与了德国运河设施的扩展；1887年6月，他参加了德皇威廉一世为
经规划的北海—波罗的海运河（德皇威廉运河）奠基的仪式，该运河在1895
年6月建造完成。卡普里维于1888年离开那配备有534名舰艇指挥和驾驶
军官（Seeoffiziere），总兵力达15480人的海军。舰队有18艘装甲舰、8艘大型
巡航舰和10艘轻巡航舰。

　　然而，卡普里维时期带来了一个直到1898年才被解决的麻烦问题。19
世纪70和80年代，由于海军上将泰奥菲尔·奥伯的法国"少壮派"（jeune
école）论著，欧洲对战列舰的依赖受到严重挑战。奥伯起初相当有力和令人信
服地论辩说，鱼雷艇是二流海军国家能希望用来克服英国战舰优势的主要武
器。他后来依照"追捕战"（guerre de course）观念改进了他的思想，亦即主张
有必要建造巡航舰，用以截击英国巨大的商船队，从而剥夺英国所需的进口。
在更晚的某个时候，潜艇将成为较小海军国家的武库中的一种主要武器，用以
打击一等海上强国。阿尔弗雷德·蒂尔皮茨起初（1877—1888年）是鱼雷艇
即"黑宿主"——他的鱼雷艇开始被如此称呼——的一名狂热的支持者。

　　"传统派"在论战中的反击是围绕作战舰队的中心即战列舰展开，且在
1890年得到了一项巨大的支持，那就是阿尔弗雷德·马汉发表《海权对历史
的影响》一书。马汉论辩道：海军兵力之集中于作战舰队决定对紧要海道的
控制；大规模封锁而非巡航战才是决定性的；海外殖民地对一国的繁荣至关紧

要；海军基地(Stützpunkte)比控制大片陆区更可贵；只有制海权才能保障一国崛起为世界强国。

由于它缺乏海上力量，在德国这些大辩论仅以理论方式展开，由一小撮海军军官进行。不仅如此，整个19世纪80和90年代，从头到尾始终不存在将海军热忱导入官方渠道的中央组织。尽管出于大为不同的原因，但保守派和社会党人都坚持反对代价高昂的海军开支，而天主教中央党则照旧对发展海军漠不关心。

在1884年他的对法和解尝试的高峰时节，俾斯麦曾短暂地对殖民——因而海军——事务表示出兴趣但尽管如此，他希望德国照旧是"一个二流海洋国家"；而且，特别在陆军军官中间，对海军的热情几乎完全不存在，海军被贬义地称作"陆军的卫星"。1883年，陆军元帅弗莱埃尔·冯·曼托菲尔在给陆军枢密院院长冯·阿尔贝迪尔上将的一封信里，概括了普鲁士陆军界的流行态度："我也属于支持国王弗里德里克·威廉一世政策主张的大老粗，他卖掉自己的最后一艘战舰，为的是再多创建一个营。"这种形势将在1888年6月15日急剧改变，届时威廉二世由于其父弗雷德里克三世——在位仅99天的皇帝和国王——的突然去世而成为德国皇帝和普鲁士国王。

第二章 威廉二世

希望和歧途(1888—1898)

霍亨索伦家族的最后一位君主将对海军事务的一种迷恋带到皇位上。他对青年时候在基尔和朴次茅斯的回忆,海军史阅读,对英国海军阅兵的记忆,对在考斯的划艇比赛的观摩,还有他在1894年阅读并想熟记背诵的马汉的《海权对历史的影响》,无不帮助塑造这位年轻皇帝的观点。1895年,他自豪地展示他的画作"海战",那描绘一支鱼雷艇编队攻击铁甲舰队。当他在1890年3月将俾斯麦罢官时,威廉致电萨克森—魏玛大公:"国家之舰的值班军官的职位已经由我担当……开足马力一往直前。"1900年1月1日,在给柏林卫戍部队军官作的一次纪念新世纪拂晓的演讲中,关于海军事务将在他统治期间所起的作用,威廉或许给出了最清晰的表示:

> 还有,犹如我祖父为陆军(做了的)那样,我将正确无误地和以同样方式,为我的海军从事改组工作,以便它也可与我的陆上武装力量并驾齐驱,并且通过它,德意志帝国也可在国外处于一种境地,来取得它尚未达到的地位。

威廉一直关心他的历史形象,希望塑造成自己希望的那样。1899年,他就海军扩展问题告知宰相克罗维希·菲尔斯特·祖·霍亨洛厄-谢林菲尔斯特:"在这个问题上,对我来说绝无回头路,恰如(先前)我的可敬的祖父在陆军问题上一样。"就这预想的历史类同而言,很难有个更清晰的表述:威廉一世以一支只对他负责的陆军,将普鲁士/德国抬高到强国地位;威廉二世渴望以一支全然依赖他的海军,将德国抬高为世界强国(*Weltmacht*,一个他在1896年1月18日首次公开使用的术语)。

这位皇帝被他的海洋使命如此冲昏头脑,以致篡改历史,让人们对历史形成严重的误解。汉萨同盟和大选帝侯被挑出来反复赞颂;查理曼和亨利希六世皇帝(1189—1197)被讲成既是陆上也是海上的"普世君主";而且,1897年2月,在或许是他的单独一次骂人最厉害的国内演讲中,威廉声称俾斯麦和毛奇("两侏儒")仅是他祖父手里的"工具"(*Handlanger*),而他祖父现在被不断提到,尊称为"威廉大帝","若在中世纪会被行宣福礼。"

这样的胡说八道,在不被纠正而肆行无阻的时候,只鼓励了威廉关于他作为"蒙上帝恩惠"之德国皇帝和普鲁士国王作用的想象。他的公开言论不久就成了政府的一种尴尬。下述一类话语迅速见诸世界报业:"吾等乃世界精粹","海神三叉戟紧握在吾等掌中","朕乃世界主宰者","德意志帝国已成为世界帝国",等等,许许多多,不一而足。威廉不久便开始以"舰队皇帝"著称。

1900年7月,在战列舰"维特尔斯巴赫号"下水时,他向世界宣示:"没有德意志帝国和德意志皇帝,就无法做出任何重大的决定。"作为皇储时,威廉就已坦率地告诉他母亲弗雷德里克皇后、前英国公主,他的统治将开创关于王权的一种"新方针":

> 王冠经"上帝恩惠"将其光芒射入宫殿和茅舍,并且——恕我敢言——欧洲和世界专心聆听,以便得知"德国皇帝说什么和想什么",而非他的宰相的意愿是什么! ……世界上将永远只会有一位真皇帝,那就是德皇,不管他的人身和特质如何,仅依据千年传统权利,而他的宰相必须服从!

类似的种种随机评论,促使英王爱德华三世在1901年将他极糟的侄子称作"史上最辉煌的败笔"。

德皇第一次世界大战期间在基尔训导其工人。威廉二世位于图片中央；
他的皇弟海军上将亨利希亲王在最右边。

　　威廉自己相信,世界行将发生一番新的再分配。"旧帝国消逝,新帝国趋于形成。"虽然他坚信英帝国正在衰落,他的最直接的想法在于"垂死的"殖民帝国的领地,特别是西班牙、葡萄牙、丹麦和尼德兰的属土。其他人赞同德皇。贝纳德·冯·比洛在1899年12月叹道"世界已被瓜分",但以下述想法怀抱希望:"在即将到来的世纪里,德国要么是大锤,要么是铁砧。"同一年里,海军枢密院院长(森登-比朗)承认:"世界正在不断酝酿一番新的再分配,可以说它现在恰已开始再来一轮。"蒂尔皮茨海军上将的想法一样:"我们目前只是正站在……新的一场瓜分世界的开端。大决定将只在下一世纪里到来。"眼下即时的需要如威廉简明地表述的,仅仅是"舰队,舰队,舰队"。只有一支舰队才能赋予德国合适的"阳光下地盘"。"20年后,当它现成可用时,我将用不同的声调说话。"

　　威廉对"他的"海军的喜爱有个外在表现,那就是他爱海军的军衔和制服。除了是头一位德意志帝国海军元帅外,他还是俄罗斯帝国海军上将和英国、瑞典、挪威、丹麦王家海军上将以及希腊王家海军名誉上将。反过来,在1914年,俄国和印度皇帝以及英国、西班牙、挪威、瑞典和丹麦国王由此是德意志帝国海军将官。而且,威廉还气量窄小地护卫他的一项特权:在德国他是唯一穿海军执行官制服的皇族直系男子。只是在1911年,经他的朋友们多年乞求,奥尔登堡大公,一名娴熟的海员和海军的热忱支持者,才也被授予这项特权。洛贝特·格拉夫·策德利茨-特吕齐勒尔回忆道,这位皇帝如此过分,以至于身着英国海军元帅的制服接见英国大使;他甚至身着海军制服出席观看瓦格纳的歌剧《漂泊的荷兰人》。简言之,一个雅致堂皇的浅薄之徒。

　　这位皇帝的虚荣在现代读者看来必定既可笑又可悲。他参加花哨的舰队阅兵,他喜爱海军制服装扮,往往激起老派贵族叫喊"暴发户",引得军界要人嘲讽挖苦。在一个如此的场合,威廉1903年身穿海军制服,出现在轻骑禁卫军面前,这支轻骑禁卫军,他最近还指挥过。这引得一位友人嬉笑。当这被君主质问时,这友人——某位亲王——答道:"我猜想陛下是否来自柏林水族馆?"

难得一见海军上将亨利希亲王（左起第二人）与海军上将冯·蒂尔皮茨（左起第三人）穿着便服在一起。时间是约于 1900 年，地点在皇后镇皇家游艇俱乐部。

第一次世界大战中的德国海军领导人。下排从左至右：海军上将、舰队司令莱茵哈德·舍尔；德皇威廉二世；海军上将、海军司令部参谋长亨宁·冯·霍尔岑多夫；海军上将、海军枢密院院长格奥尔格·亚历山大·冯·米勒。

　　皇帝对海军事务的偏爱也影响到陆军军官。接连三位普鲁士参谋总长——瓦德西、施里芬和小毛奇——反对作战舰队这基本概念，但全都不敢干预。个中原因，格拉夫·冯·瓦德西或许做了最好的概述："皇帝在毫不动摇地遵循他的扩大海军的目标，但不让这大白于天下，如此大概是聪明的，因为他的计划范围之大将引发焦虑。"然而，即使是瓦德西也无法充分赞同这新时代："我们被设想为追求世界政策（*Weltpolitik*）。如果真的有人知道这所谓的'世界政策'究竟是什么的话。"

　　起初，威廉二世一直是个"少壮派"信徒。巡洋舰能够最好地捍卫德国在遥远的殖民地的利益，并且在战时能够使哪怕最强大的海军强国失衡欲坠。这位皇帝也持有马汉关于海权的影响的达尔文主义分析，但他还认识到帝国议会将更乐意核准建造巡洋舰而非创建一支作战舰队。这位君主主要对获得"更多舰只"感兴趣，然而一旦蒂尔皮茨显示了为海军建设从帝国议会挤出金钱的能力，他就证明愿意放弃他自己的观念而赞同蒂尔皮茨的作战舰队计划。可是，这未阻止威廉涉猎海军造舰政策，对此蒂尔皮茨及其助手们大为烦恼。皇帝积极参与有关海岸要塞、舰只、房屋、马达等等的技术设计事务；他给海军部送交战舰素描，经常试图将战列舰与巡洋舰结合成一种他宠爱的项目"快速主力舰"。他决定用多种大烟囱装饰德国海外舰船，为的是造就一种强大有力的印象。

　　在国内舞台上，威廉对海军事务的热忱往往使得海军规划者们窘迫尴尬。1899 年，他在汉堡作了著名的"我们急需强大的舰队"演讲，要求立即增大舰队规模，甚至威胁，如果帝国议会反对这一措施，就将其解散。这在时机上令蒂尔皮茨全然吃惊，迫使他加速制定海军扩展计划。平心而论，这位君主的作用从一开始是名义上而非决策性的，但像宫廷里的一位观察者恰当地指出的，威廉确实是舰队的创建者，因为他将舰队与他个人及其威望联结起来。"所有观察总而言之……我想说，风行于最顶层的对海军的热忱，使海军从中得到巨大好处，确实，如果不是这样它就很难前行，因此，皇帝是我们的舰队的创建者，实至名归。"威廉那著名的、给出德国舰队规模的海军数据表显著昭彰地被展示在帝国议会的圆形大厅中，它同样不无效果。

这位君主就海军而言起的作用在 1871 年宪法第 53 条得到规定："帝国海军统一在德皇的最高指挥之下。其组织和结构处于德皇的管辖范围内，后者任命海军的军官和文职人员，接受直接忠诚誓言……"这位年轻统治者在担任领导之际的最初行动之一，是将他的所有军事随从重组为一个"军院"（maison militaire）。威廉强调自己的"最高战争之主"作用，力求维持其作为总司令的幻想。不仅如此，1889 年 3 月 28 日，他创设了一个海军枢密院（Marine-Kabinett），作为非常重要的陆军枢密院的对应物，此前，陆军枢密院一直替海军履行职责。这个新机构的首脑负责下述事项：向各责任当局转达皇帝关于近海所有海军事务的命令，所有海军人员的晋升和任命，外国海军访客之授勋，任务的指派，德皇的海军通信，还有一些其他相关事务。在我们讨论的那个时期里，古斯塔夫·弗莱赫尔·冯·森登-比朗 1889—1906 年统率海军枢密院，而在后一个年头里他被格奥尔格·亚历山大·冯·米勒取代，后者担任该职位直到 1918 年 11 月为止。

1889 年 3 月 30 日，威廉解散帝国海军司令部，将战略指挥置于一位新的海军最高指挥部（Oberkommando）首长之手，其军衔相当于陆军主将，负责舰只部署、军事策略和战略以及在外海的舰只。行政管理控制被赋予一位帝国海军部（Reichs-Marine-Amt）国务秘书，名义上效力于宰相之下。海军部首领首要负责所有海军单位的构建和维持，并且至少在理论上与舰队的绩效和部署没有任何直接联系。然而，他的运作范围如此巨大，以致他看来无事不为；在许多人眼里，他实际上是海军司令。海军部最后发展成了一个规模很大的运行机构，有不少于十大部门：中枢（M），造船厂（B），行政管理（C），武器装备（W），医疗（G），新闻（N），一般海军（A），建造（K），航海设施（H）和司法（J）。（括号中的字母是各大部门的代号。）

1899 年 3 月 14 日，威廉二世以海军司令部参谋班子（Admiralstab）取代海军最高指挥部，前者最终由大约 35 名军官组成，其海军战略和策略功能相当有限。平时，这个新机构仅在咨询基础上行事，为舰队准备战略计划，训练军官从事参谋职责，操作海军情报，为在外海的德国战舰起草航行命令。战时，经德皇批准，它将操作所有海军作战行动。总的来说，它有与普鲁士参谋本部一样的功能,但远没有与之一样的权力。舰队的实际领导权在1900—1903年间寓于第一分舰队司令,1903—1907年间寓于现役作战舰队司令,此后寓于远洋舰队(Hochseeflotte)司令(表格1)。

威廉的海军改组计划的主要弊端在于,它们全都背离1871年确立的统一指挥原则。然而,只要这位君主维持他个人"最高指挥"的幻想,一个中央集权的、负责的海事部门就永不可能被创建出来。1899年3月,海军等级构造的碎片化被加剧,其时威廉任命他自己为海军最高统帅,而且在已经谈论过的三个海军控制部门之外,设立若干别的与海军机构的联系纽带:波罗的海和北海两海军基地司令、海军教育署督察(1907年,它被置于海军部之内)、海军总监、第一作战分舰队司令(1907年2月被远洋舰队司令取代)和在远东的巡洋分舰队司令。权力寓于这九个、后来是八个控制部门的诸位首长;这些军官只对皇帝一人负责,从而有权力直接向皇帝进言(Immediat-stellung)。1899年的海军改组,至少在理论上,使这位德皇其海军联合指挥部实际首脑的地位得以牢固确立下来,直到1918年8月为止一直有效,而这场改组由蒂尔皮茨实施,以兑现其对皇帝的诺言,即"陛下您现在真正成为自己海军的将领了"。

碎片状的指挥结构成功地实现了蒂尔皮茨的目的,那就是消除海军参谋部的竞争性影响,防止它发展为老毛奇麾下大有权势和自身独立的陆军参谋本部的类同物。作如下的断定不会有错:蒂尔皮茨意欲让这套体制延续下去,直到一个全国紧急状态时候为止,届时他能——按照他的计划——创建出一个围绕他本人运转的新的中央集权海军司令部。可是,蒂尔皮茨将在1916年3月领会到,在普鲁士/德国的宪法体制中,终极权力只寓于德皇一人。

有人很可能问到点子上:在海军事务方面,威廉二世将中央指挥的角色赋予自己,那么,他能在多大程度上扮演好这个角色?应当记住,这位君主没有专注的从事长期工作的能力。"他不忠于职责,"冯·米勒海军上将后来说,"否则他会用更多的空暇时间,去处理他的职业中的种种严重问题。"按照一项史料,威廉将他在位的三分之一以上时间花费在乘坐皇家游艇"霍亨索伦号"上,有时多达一年里的两百天。此外,他对自己的多项职责缺乏恰当的分寸意识。他坚持要履行亲笔签署每一项从中尉开始海军军官晋升令的责任,而且依据每年总共给出多少签名来估计他的愈益增长的重要性和勤奋度。他甚至保留了决定冬季舰队演习的权力，下至最微小的细节，可是在面对规划如此铺张华丽的表演这一艰苦的任务时，却大发雷霆：

> 我厌倦了这些讨论。我只指挥，仅此而已。我总是被认为应该张三李四地去征求建议，并且只能签署那些共和国认为是好的东西。我对此厌倦了。让它见鬼去吧！我是最高战争之主。我不决定。我只要指挥。

这无能——无能实施一种自我派定的任务——大大为难了德国军界领导人。陆军或许在 1912 年做出了最佳反应，在关于一场未来战争中最高统帅（威廉）的作用的一般讨论期间。少将埃里克·鲁登道夫告知小毛奇何为最便利的方式去规避这个问题的种种技术和宪法困难："战争情况下，甚至不必询问皇帝。"海军经不起如此的公然无礼。蒂尔皮茨，聪明的政客、公共关系专家和现代职业经理的先驱，不过是间接承担了德皇的种种功能和职责中的许多项。每个夏季，这位国务秘书与他最信任的助手一起，去往他在黑森林内的圣布雷辛的乡间邸舍，以准备和规划行将到来的海军讨论的每个方面。秋季，蒂尔皮茨将首先出现在洛明坦德皇狩猎别墅，然后出现在柏林，带着细致准备的简报，其宗旨是克服德皇或帝国议会的任何可能的反对。威廉敌不过这个策略。他在大多数事项上屈从蒂尔皮茨的愿望，甚至允许他创设一个紧密的海军武官网络，这些武官直接向蒂尔皮茨而非宰相汇报。

然而，蒂尔皮茨只是在 1897 年年中才登上舞台。鉴于威廉创建一支舰队的渴望，他对一场正在临近的世界再分配争斗的狂热信仰，还有他在德国政治特别是德国军事结构内的专横支配地位（尤其在俾斯麦 1890 年 3 月"舵手离船"之后），人们很自然地会对其统治的头十年期间（1888—1898）能取得的成就表示疑问。

威廉二世登基时，他得知五艘装甲护卫舰正在建造，即"齐格弗里德号""贝奥武夫号""弗里肖夫号""海姆达尔号"和"哈根号"。此外，两艘装甲轻护卫舰"欧丁神号"和"阿基尔号"1892 年被设计出来，四年后建造完成。

　　1888 年 7 月 5 日,威廉首次任命海军军官,即任命一位普鲁士陆军将领的儿子亚历山大·格拉夫·冯·蒙茨海军中将统率海事部。蒙茨立即着手搞新设计,并且在 1888—1889 年的冬季期间,设法从帝国议会榨挤出了头四艘勃兰登堡级战列舰的经费。这些新舰——被设计用来取代过时了的 3500 吨级铁甲舰——排水量 10000 吨,最高航速达 16 节,在航速 10 节情况下巡洋航程 4500 海里。六门口径 28 厘米的舰炮组成主炮阵,八门口径 10.5 和 8.8 厘米的舰炮以及六根口径 45 厘米的鱼雷管则构成次级武备。所有舰炮都由克虏伯公司制造。这一级的四艘舰只,即“勃兰登堡号”“选帝侯弗雷德里克·威廉号”“威森堡号”和“沃特号”,于 1891 年 6 月至 1892 年 8 月下水,1894年,所有舰只完工,每艘耗资 1583.2 万金马克。

　　以勃兰登堡级为标志,德国的海军设计者们首次舍弃外国舰型,为后来的“远洋舰队”概念奠定了基础。“沃特号”和“勃兰登堡号”由 1877 年开始运用的所谓“复合”板保护,那由钢甲熟铁板与一层层木板和两层薄铁内蒙皮叠夹而成。然而,英国特种哈维镍钢合金板,顶层由碳充实,被装到“威森堡号”和“选帝侯弗雷德里克·威廉号”上。不过,这些舰只——还有后来的德皇级战舰——保留了 19 世纪 70 年代首次引进的法式重金属舰壳装甲系统(belt armor),后来的维特尔斯巴赫级战舰则采用更新颖的“堡式舰壳装甲”(citadel belt armor)。1890 年首度在法国巡洋舰“德普伊·德·洛梅号”上试用,1891—1892 年为用于英国君权级战列舰而优化,“堡式舰壳装甲”延伸到舰首和舰尾以及上甲板。较轻的镍钢板使装甲保护可以作此延伸,而不大增加舰只重量。

　　新型板材由英国哈维公司、德国克虏伯公司和美国辛普森公司开发。它们使得装甲带能够逐渐从勃兰登堡级战舰上的 400 毫米厚减至维特尔斯巴赫级战舰上的 225 毫米厚。克虏伯公司的工程师们后来给碳化镍钢添进了铬和锰,而且仅在板材被埋于黏土的时候才加热其碳包表面,以此设法增大板材的硬度及其背面的弹性。这个方法很快被所有主要的海军强国采用,被称为克虏伯渗碳(KC)装甲。

　　蒙茨海军中将未见证勃兰登堡级战舰建造完成。他于 1889 年 1 月去世。

皇帝创设了两个彼此竞争的海军指挥部门（最高指挥部与海军部），以取代帝国海事部，从而毁坏了统一规划和统一指挥；造舰计划此后似乎肆意喷薄，漫无总则，引得帝国议会内的一名海军批评者（欧根·里希特）说道："造舰计划无边无际"。同年6月，威廉二世隆重主持开通100公里长的德皇威廉运河。它宽达22米，一般深达9米，建造耗资1.5亿金马克。1895年，其同样搞到了可用资金，以建造追加的五艘战列舰。

德皇弗雷德里克三世级战列舰，由"威廉大帝号""威廉三世皇帝号""巴巴罗萨皇帝号""卡尔大帝号"和"威廉二世皇帝号"组成，于1896年7月至1900年4月下水，1902年最终建造完成。这些舰只排水量11500吨，每艘耗资21472000金马克。这个级别战列舰的发展大大领先其他国家的海军。帝国海军的首位主设计师为阿尔弗雷德·迪埃特里希教授，他在英国人19世纪70年代和意大利人19世纪80年代的实验基础上，设计了复杂精致的水下保护方案，靠的是一种防水舱体封闭系统，后来再经优化，通过抗水淹装置来取得更大的稳定性。坚固的舱体分隔被设计出来，令水淹局部化，不造成舰壳损坏。动力装置得到普通金属薄板制成的纵舱壁保护；煤仓位于舰侧，为的是吸附任何爆炸，阻止它抵及舰腹。

此外，1885年左右，所谓"无烟"火药即燃烧较慢、性质稳定的"柯达炸药"取代了很不稳定的硝化纤维，或硝化甘油，这就使得炮弹初速度可以达到每秒800米。19世纪90年代的海军武器上限由30.5厘米后膛炮代表，其炮管长度为口径的40倍，成了德国除外大多数强国的标准武器。还有，在发展穿甲弹方面也取得了长足进展。人们发现，通过将软铬"帽"置于钢制射弹顶端，"帽"在冲击时软化了装甲，令炮弹的爆炸部能在它可造成最大伤害之处突入内部。确实，战争的科学化程度在上升。

就武器发展而言，德皇弗雷德里克三世级战列舰是一种退步。勃兰登堡级战列舰的主炮阵炮塔上有一对六门28厘米口径舰炮，那在当时独特无双，一直被说成是后来"所有同一口径大炮战列舰"的先驱。然而，德皇弗雷德里克三世级以及随后的维特尔斯巴赫级战列舰所载主炮阵较小，即四门24厘米口径舰炮，依据当时流行的"雹式火力"战术原则，亦即用一阵不断的火力扫射敌人。不仅如此，24 厘米口径舰炮当时是能够使用快速装弹系统的最大舰炮。这些就是最初的三螺旋桨德国战列舰（表格 2）。

就在蒂尔皮茨被任命为海军部国务秘书的前几年，人们还见到建造最后一个级别的舱面装甲大型巡航舰，连同向建造装甲巡洋舰的转变，那最终将导致战列巡洋舰级军舰的诞生。大型巡航舰被设计来用于侦察，如果需要就编入战列作战，用于在一场海战后摧毁敌方的失散者，并且在这么一场遭遇战后保护己方受伤的舰船。大型巡航舰"奥古斯塔皇后号"1892 年 1 月在基尔的日耳曼尼亚船厂下水，是为帝国海军的第一艘三螺旋桨舰只。其后继者为赫莎级，代表德国的最后五艘大型巡航舰："芙蕾雅号""汉莎号""赫莎号""维多利亚·路易丝号"和"薇内塔号"。这些舰只可以被归类为"海外"巡洋舰，因为它们没有舰壳装甲，而且几乎不大于同时代的英国轻巡洋舰。

为舰队建造舱面装甲的大型巡洋舰，并且建造舱面装甲的轻巡洋舰，以便打击威胁己方重舰的敌方鱼雷负载舰船：这一需要令海军预算严重紧张。对德国来说，这种紧张由于需要轻巡洋舰在海外殖民地效力而进一步加剧。理想地说，将需要舱面装甲的大型巡洋舰与舰队协同；需要速度更快的大型巡洋舰在海外执行可能的袭击商船的任务；需要有舰壳装甲的轻巡洋舰作为"侦察兵"去行动，并且保护舰队免遭鱼雷舰船袭击；还需要轻巡洋舰从事殖民地军务。然而，只有英国一国能形成这些形形色色级别的巡洋舰只；德意志帝国缺乏资金，因而不得不将一种同一级别的轻巡洋舰以及大型巡洋舰完善化，后者能同样好地与舰队协同和从事海外军务。

后一任务被证明最为困难。德国起初跟随法国的设计，偏好将"装甲巡洋舰"干脆归类为大型巡洋舰。然而，有一点很快就变得一目了然，那就是装有沉重的保护板和大型炮的装甲巡洋舰无法达到为从事水面"追捕战"而需的航速，到世纪之交时已经越来越受限并被改装，用于协助主力作战舰队。

造价近乎比"赫莎号"高一倍（18945000 金马克）的，于 1896—1900 年建造的"俾斯麦侯爵号"肇始了为舰队而设计的德国装甲巡洋舰开发。作为这样的舰只，"俾斯麦侯爵号"代表了大型巡洋舰起源谱系中的一个环节，那从 19 世纪 60 年代的装甲轻护卫舰起，经 19 世纪 80 年代的通报舰（"闪电号"和

"飞箭号"），到无敌级战列巡洋舰（1907年）。

对更高航速的需要也招致了种种较小的变迁，始于1898—1902年建造的"亨利希亲王号"（以皇帝的弟弟命名）。另外四艘舰只，即"弗雷德里克·卡尔号""阿达尔贝特亲王号""鲁恩号"和"约克号"，在1900—1906年间被添入。排水量和装甲的减少导致最高航速增至20节。该级别舰只的武器减去了两门24厘米口径舰炮和两门15厘米口径舰炮；两边的水下鱼雷发射管也被移除。亨利希亲王级舰只耗资（16558000金马克）显著低于"俾斯麦侯爵号"。1902年12月30日，据皇帝敕令，这一原型成了新近设立的侦察部队司令路德维希·伯尔肯哈根海军少将的旗舰。

由于其船坞和军港的有限规模给建造装甲巡洋舰施加的限制，德意志帝国从未能在与法国、英国和俄国同等的层次上充分发展装甲巡洋舰这一舰型。直到1906年，德国才打算以沙恩霍斯特级的建造来抗衡同级别的英国舰船（表格3）。

德国建造轻巡洋舰的努力远为成功。前蒂尔皮茨时期末产生了一个根本决定：舍弃"海外"轻巡洋舰与"舰队"轻巡洋舰之间的老区分，以利于一种被设计用来既服务海外又服务舰队的统一舰型。羚羊级轻巡洋舰，1896年规划，接下来八年里按每艘460万金马克代价建造，代表"舰队"巡洋舰与"海外"巡洋舰的最初综合。这个级别的舰只包括"亚马逊号""阿科纳号""阿里阿德涅号""弗劳恩洛布号""羚羊号""美杜莎号""尼俄伯号""宁芙号""忒提斯号"和"水女神号"。建造完毕的舰只起先附属于舰队，作为抗击敌方鱼雷舰船的一个保护屏，而一旦它们能被更现代的舰船取代，就立即被解脱出来，协同巡洋分舰队从事海外军务。随后的各级轻巡洋舰直至1918年极少有大的改动，主要是进行技术优化（表格4）。

这个时期里，鱼雷艇也蓬勃发展。1890—1896年，但泽（今格但斯克）附近埃尔宾（今埃尔布隆格）地方的弗里德里希·希乔公司取得了鱼雷艇建造垄断权，在1885年里赢得海军司令部为这些舰艇的制造而在国内和国外的投标者中展开的竞标后。日耳曼尼亚船厂在1897年、伏尔甘公司在1907年也分别进入这个领域。汉堡的布洛姆—福斯公司和基尔的霍瓦尔特公司后来只增供了几艘。为简便起见,鱼雷艇系列将被简称为"T"舰船,为明晰而省略其建造厂家。

为卡普里维将军建造的首批鱼雷艇的排水量为 80—90 吨,航速为 15—17 节,装备一门 5 厘米口径机炮和三根鱼雷发射管。1890—1897 年间,希乔公司制成 110—150 吨的 T42—T81 系列鱼雷艇,最高航速达 22 节。艇载武器依然是一门 5 厘米口径机炮和两根甲板鱼雷发射管,连同一根艇首发射管。下一个大系列,即 T90—T136 鱼雷艇,于 1898—1907 年间制成。此乃更大的 360 吨舰艇,最高航速达 28 节。两门 5 厘米口径机炮被添入这系列;所有三根艇尾 45 厘米口径鱼雷发射管现在都被移上甲板。希乔公司还在 1899 年制成了 310—394 吨的 S90 系列大型鱼雷艇,被设计用来配合作战舰队。三环三联式引擎形成 5900 马力动能和 29 节最高航速。艇载武器同装备在 T90—T136 系列上的相同。

然而,有一批鱼雷艇没有达到预期。1887 年里,引入了 230 吨的所谓"师级艇",其尺寸比通常的大一倍。到世纪之交时,已有经优化的 10 艘 D 级鱼雷艇,排水量 350 吨,装备三门机炮和三根发射管。它们大致相当于英国的 A 级和 D 级驱逐舰。可是,德国舰艇被证明航速慢,不灵活,到 1914 年时已被选派为仅作实验或小型监察之用。

德意志帝国在蒂尔皮茨时代以前还研发出了现代炮舰。著名的掠食者级由"野猪号""臭鼬号""美洲虎号""猞猁号""美洲豹号"和"虎号"构成,于 1897—1904 年间建造,供海外服役之用。它们装备有两门 10.5 厘米口径舰炮,后来被证明火力不足,就像"美洲豹号"在 1903 年 1 月见证的那样,当时它试图攻克在委内瑞拉的马拉开波港的古老石砌城堡圣卡洛斯要塞。该级炮舰最高航速仅 14 节。

第一艘德国潜艇(U1)直到 1906 年才建造完毕,而飞艇(齐柏林)的开发同样在那一年以 Z1 这一代号开始。

总的来说,所有帝国海军战舰皆俱灰色船壳,连同浅灰色上层建筑。吃水线被涂成深灰,烟囱显出窄条黑色顶端。大战期间,炮塔盖显有一条衬着黑色背景的宽阔白环,以便空中识别。直到 1918 年为止,这些军舰都在舰首带有它们各自的盾徽,还有舰尾的一个大鹰标志。

1867 年 7 月 4 日,威廉一世将其战旗授予海军:一块带有黑色十字条的白布,其左上角有 1813 年铁十字章嵌面的黑白红三色徽号,另有普鲁士鹰栖于十字条的交叉处。这一战旗是根据国王的命令特别设计的,以便强调北德邦联和此后帝国的普鲁士特质。1892 年 11 月,威廉二世皇帝经不起诱惑,要给普鲁士纹章鹰做些小改动,并且加宽黑色十字条,为的是避免与英国皇家海军舰旗混淆。应当指出,普鲁士陆军直到 1897 年 3 月才得到它的黑白红三色帽徽。

海军还维持一种僵硬的礼炮级别:德皇及其妻 33 响;皇储及其妻、其他德国皇族成员以及德皇夫妇生日 21 响;海军元帅 19 响;海军上将、海军部国务秘书和海军总监 17 响;海军中将 15 响;海军少将 13 响;海军准将 11 响。这一礼炮等级被严格维持。1901 年,当亨利希亲王前往中国的分舰队未得到一艘英国渔业巡逻艇鸣炮礼敬时,威廉的弟弟即派遣一艘巡洋舰去调查这桩违背海军礼仪的行为。英国艇长合乎逻辑地答道他艇上并无一门礼炮,但这被认为不够,于是便通过外交渠道去追究此事。

和着古旧的普鲁士《向德皇致敬》(1796 年)的曲调,这位皇帝被引领上战舰甲板,而在 1901 年 1 月,威廉将《荷兰荣誉进行曲》授予海军,作为它的正式进行曲,以纪念海军将领米歇尔·德·鲁伊特尔逝世 225 周年,此人与第二次英荷战争关联极为紧密,特别是关系到 1667 年在梅德韦摧毁英国战舰。直到 1922 年在魏玛共和国治下为止,霍夫曼·冯·法勒斯雷本的《德意志高于一切》(1841 年)一直未被采纳为正式的国歌。就航海术语而言,威廉二世在 1889 年下令海军大型舰只以德国亲王、各邦国或著名战役命名,较小的舰只取名于日耳曼神话中的阳刚名称,轻巡洋舰则取名于德国皇族或日耳曼神话中的著名女性。1903 年以后,轻巡洋舰带有德国城市之名。最终,这位皇帝在 1899 年下令将法国军事术语“德意志化”。

海军装备承办商现在脱颖而出。在埃森的弗里德里希·克虏伯股份公司占有市场的大部分,提供所有装甲板和海军舰炮。据估计,这一垄断使该公司能就每艘耗资 2000 万金马克的主力舰赚取 120 万金马克利润。而且,当克虏伯在 1905 年同意将每吨装甲板成本从 2320 金马克降至 1869 金马克时,交换条件是垄断接下来三年的全部海军采购。在基尔的日耳曼尼亚船厂——克虏伯 1896 年参与其中，1902 年买下其全部股份——也得到了海军馅饼的一个颇大的切块：仅在 1901—1905 年间，这家船厂就建造了 4 艘战列舰，耗资 9730 万金马克，还建造了 11 艘鱼雷艇，耗资 1250 万金马克。海军部在 1912—1913 年计算，它的生意占克虏伯公司总产出的 12%，或者说 5300 万金马克，就此克虏伯公司赚取了 439.62 万金马克（8.3%）。海军引擎和重型电力装备由四家提供，它们是西门子—舒克特公司、西门子—哈尔斯克公司、AEG（通用电气公司）和 MAN（奥格斯堡—纽伦堡机械厂）。

因而，到 1898 年，在德国的海军建造虽然仍远不及英国，但已取得重大进展，尽管有蒂尔皮茨关于 1888—1897 年这"丢失了的"十年的说法。在威廉港、基尔和但泽的帝国船厂建造德国战舰，如同在汉堡、不来梅、基尔、但泽、什切青和埃尔宾的私有设施做的那样。海军军械、装甲板、船体密舱分隔和鱼雷开发方面已有巨大进展。在莫威克的一所海军军校、在基尔的一所海军学院以及在基尔和威廉港的海军工程师和舱面军官学校已经建立起来——大不同于不得不在国外寻求航海工程人才的早前。德皇威廉运河的开通将德国舰队的效能实际上翻了一番，并且消除了丹麦的潜在海军威胁，因为它给帝国提供了波罗的海与北海之间一条经它占领的领土的径直海路。1890 年 8 月获取赫尔果兰岛，此举提供了一个海军前哨，以保护威悉河、埃姆斯河、易北河和亚德河的入海口，从而保护汉堡、不来梅和威廉港，连同在布龙斯比特尔科格的德皇威廉运河西出口。然而，这个北海岩岛的潜能在 1890 年时未被认识到，德国的殖民热衷者们厉声谴责：为了"浴缸"赫尔果兰岛而放弃"维图、乌干达和桑给巴尔三王国"。

就物资而言，8 艘可用的战列舰于 1897 年被编入一支分舰队；此外还有现成的 8 艘装甲海岸护卫舰、10 艘大型巡洋舰、22 艘轻巡洋舰、13 艘炮舰、110 艘鱼雷艇和一批小舰船。另一方面，缺乏一个统一的指挥结构、一位能提供连贯性和海军建造大纲的将官。1897 年 6 月 18 日，后一短缺得到了补救：海军少将阿尔弗雷德·蒂尔皮茨被任命为海军部国务秘书——一个在未来 19 年中其始终据有的职位。

第三章 "新方针"

阿尔弗雷德·冯·蒂尔皮茨,作战舰队的缔造者(1897—1905)

    1900 年左右的海军少将阿尔弗雷德·冯·蒂尔皮茨具有一名易怒的老牌水手的经典形象,一张强有力的长脸,上有一个突出的高鼻,由两样显要的肉体特征——与生俱来的与仔细弄出的——进一步勾画出来:锐利深彻的大圆眼与著名的"双叉"大胡须。修长直挺的骨架被整洁的深蓝制服撑足,那上面饰有厚实宽松的金肩章和鲜亮辉煌的金袖环。一柄佩剑从左臀悬吊下来看似随便荡悠,却由坚实的左臂把持在位,恰成合适的斯文角度。只要有点儿想象力,就能轻而易举地设想此人晃悠在摇晃的甲板上,双脚牢牢立定,掌中紧握望远镜,大胡须沾有咸海水,咆哮发令盖过呼啸的北海大风。

    然而,这意象靠不住,不仅因为流逝着的岁月将软化这特征,使胡须老迈发白,令腹部肥胖鼓起。事实上,蒂尔皮茨绝不是个单纯的老牌水手。他在 19 世纪 80 年代凭效力于鱼雷艇赢得名声,1892—1896 年则作为最高指挥部参谋长引人注目;可是,他最终在 1897 年驻足于一艘德国战舰,任在远东的巡洋分舰队司令。他从未指挥过一艘现代战列舰,更谈不上指挥一支主力舰分队或大舰队。那他担任海军部国务秘书的 19 年主要在哪里度过呢?柏林莱比锡广场大厦的一张巨大的木制书桌后面,或是他位于圣布雷辛的夏日邸舍。对他来说,洛明坦猎鹿场或多瑙埃兴根猎狐场成了更熟悉的地点,甚于北海或大西洋。1898 年,他成为普鲁士国务院的一名有表决权的成员,从而获取了帝国职能与王国职能的特殊结合,那是俾斯麦起初只为他自己安排的。而且两年后,蒂尔皮茨被升至普鲁士世袭贵族行列。

史家们也不想让他扮演久经风浪的老牌水手。有些人认为蒂尔皮茨是一个非常明显的虚伪之人,而另一些则将他描述为生性偏颇,有着一种真信徒的狂热;还有一批史家发现他"诡计多端",太多的是十足的强权政治的门徒和专业领域的研究者;也有人将一种指责安在他头上,即他一直是一名危险的反议会分子。多数史家将蒂尔皮茨描绘为冷酷无情,机巧聪明,专横跋扈,爱国心切,不屈不挠,好斗喜争但善于调解,咄咄逼人但饶有耐心,在性格和冲劲上强于三届宰相和七位外交大臣,他们注定要在政治舞台上充当他的协作者。诚然,他具备所有这些秉性,但他首先是人和思想的操纵者、现代专业经理人的先导、议会策略专家、能干的组织者和 20 世纪宣传专家的先驱。他的海军政策一向被形形色色的学者们评价为"可怕的过失"和"巨大的错误"。然而,他在威廉德国的地位一直是关键性的。

蒂尔皮茨是勃兰登堡的屈斯特林地方一位县法官的儿子,1849 年 3 月 19 日出生,1865 年加入海军,四年后被委任为军官——在当时据他自己承认海军几乎是个不受欢迎的机构。然而,在他官场任职期间,海军将取得与陆军骑兵或禁军团队同等的社会地位,而且一度在德国政治中起支配作用。宰相冯·比洛这么一位伟大的权威人物后来评论说,蒂尔皮茨时期里的德国对外政策"一定程度上为我们的军备政策服务"。

蒂尔皮茨比威廉二世大 10 岁,见证了历场统一战争,先是作为一名海军学校见习生,而后作为一名普鲁士王家海军少尉。因而他在 19 世纪 90 年代属于这么一代人:不满足坐享老的俾斯麦式荣光,而是已经在追求进一步的发展,即从一般强国(*Grossmacht*)进至世界强国(*Weltmacht*)。当蒂尔皮茨 1897 年在萨克森瓦尔德最后一次造访俾斯麦时,他觉得这位铁血宰相依然活在 1871 年的德国,或 1864 年的英国。可是时过境迁。工业蒸蒸日上。此乃新时代:产业资本集中,卡特尔形成,银行财团化,革命性技术创新——例如电报、电话、日报等等——层出不穷。而且,在 1890—1910 年世界 1500 亿金马克贸易总量中,德国以 160 亿金马克位居第二,仅次于英国。

这些统计转过来,令许多人变得不满足俾斯麦帝国的实体规模。英国和法国拥有它们在非洲和亚洲的帝国。美国拥有西部边疆。德国却看来被法俄两国压制和包围。它的贫乏的殖民帝国，即不受欢迎的杂乱凑合的非洲地产和远在天边的太平洋岛屿，并给不了什么慰藉。然而，许多身居领导地位的德国人相信世界即将被重新瓜分。在他 1897 年 12 月 6 日为首次海军法案作的首次议会演讲中，蒂尔皮茨称海军对德国来说已成为"生存问题"。1899 年 2 月，他说在即将来临的世纪里，亚洲和南美的权势转移将要求德国有强大的制海权，以服务于"我们的整个对外政策"。如果那个时候，德意志帝国没有以一支强大的作战舰队准备好利用这些意料中的权势转移，那么它"将往回沦落到可怜的农业国地位"。

巨型造舰合同还将发挥德国工业的主泵作用。特别是，定期的合同安排将帮助克服资本主义产业循环的起伏波动，并且给德国无产者带来追加的繁荣。蒂尔皮茨将舰队描述为"一剂对抗社会民主党人的强有力的缓解剂"，这表达了他对舰队在解决国内社会分裂方面的效能抱有的希望。

然而，蒂尔皮茨不打算唤起 1848 年的"议会"舰队愿景。他心想的是一件只由"最高战争之主"掌握的武器。1900 年的第二次海军法案和 1908 年的增补法案规定，战列舰将被建造出来，服役 20 年后将自动替换掉，无论所涉的成本如何。用于舰船维护、码头、训练中心和人员的资金根据服役舰船的数目来计算，并将设定为自动可得。1898 年 2 月，蒂尔皮茨向他的君主许诺，说他将"消除帝国议会对陛下您发展海军意图的扰乱性影响"。事实证明他言行如一，说到做到。

毫无疑问，舰队首先是针对英国来建造的。在他任职的头一个月里，蒂尔皮茨就已经告诉皇帝："对德国来说，目前最危险的海上敌人是英国。"由德国在 1898—1900 年单方面发起的海军竞赛意在证明普鲁士/德国体制优于英国议会体制，后者对舰队施行文官控制。因此，在某种意义上说，舰队建造针对两个议会。

然而，蒂尔皮茨也拿出了战略和策略理由，来说明为什么舰队最终必须能够挑战英国皇家海军。他论辩说，英国人永不能将其全部海上力量集中于北海，那里德国舰队能"在赫尔果兰岛与泰晤士河之间展开它的最大军事潜力"。鉴于他坚信大量鱼雷艇能有效地密集攻击作战舰队，蒂尔皮茨计算出任何从事进攻的舰队将需要至少33%的数量优势。海军部在1899年估计,以2∶3的战列舰比例,德国将拥有真正的胜算,"即使针对英国皇家海军",因为德国舰艇质量优越,战术优越,军官和水兵经过更好的训练,将领一流,且有皇帝为首的中央集权的指挥结构——这当然实属杜撰。蒂尔皮茨将一支拥有60艘主力舰和40艘轻巡洋舰的海军视为自己的终极目的。因此,根据2∶3算式,英国到1918—1920年间将不得不建造90艘战列舰。即使假定这有可能,那么鉴于一个事实,即德国在所有时候都将远洋舰队的三分之二维持为现役,而英国皇家海军只保持一半运行,德国也能够一迄战争爆发,就立即将一支更大的兵力集中在北海。

蒂尔皮茨大概并不意欲攻击英国,而是指望英国认识到集中在北海的德国舰队构成的危险。这认识转过来将允许皇帝"实施一种伟大的海外政策"(1899年),所谓"风险理论"(*Risikogedanke*)的精髓就在于此:舰队的终极实力将遏阻任何最终的对手,使之不敢冒险从事一场与德国的全力海战,因为即使它胜出,这样一个对手接着也可能发觉自己任凭一个第三海军强国甚或海军强国联盟(法国/俄国)摆布。此外,蒂尔皮茨解释说,舰队将增进德国作为一个盟国的价值(*Bündnisfähigkeit*),特别在相对较小而同样谋求"阳光下的地盘"的海权国家眼里。"风险理论"预料了对德意志帝国最危险的时期,那就是60艘主力舰构成的舰队仍在建造之际。蒂尔皮茨估算,到1914—1915年间,"危险时期就将过去"。直到那时为止,存在着一种危险,即英国被德国舰队惹恼并嫉妒之,可能决定将它"哥本哈根化"在德国港口,那指海军上将詹姆斯·甘比尔1807年夺取中立的丹麦舰队,为的是防止它自愿或被迫加入法国一方。英国海军部文官委员阿瑟·李1905年在伊斯特利间接警告德国:在战争情况下,"皇家海军将先出手打击,先于对方甚至有时间在报纸上读到业已宣战"。海军上将C.C.P.菲茨杰拉德也要求在"蒂尔皮茨舰队"建造完毕以前开战,可是当约翰·菲舍尔爵士1904年以及1908年再度向国王提议采取"哥本哈根"方式时,后者大为震惊,答道:"天哪,菲舍尔,你一定疯了!"

当然,蒂尔皮茨无法一举索要一支规模上等同于英国的舰队,即使在1914年他最终承认:"我们必须拥有一支舰队,它就实力而言与英国平起平坐。"因而为策略原因,他决定分阶段(*Etappenplan*)创建他的舰队。有如比洛曾经说的,"我们必须像已成长为蝴蝶以前的毛虫那般小心地操作"。蒂尔皮茨后来将他的计划描述为"耐心砌砖,一块覆一块"。关于舰队的最终规模和部署,他吐露说这围绕某些想法,"它们一个人肯定可以想,有时必须(想),但确实不能写下来"。1899 年 12 月,蒂尔皮茨告诉萨克森驻柏林的军事代表:"出于政治原因,政府不能说得像帝国议会希望它的那般具体;不能直截了当地说海军扩展主要针对英国。"

从根本上说,这分阶段还出于财政原因。帝国的主要收入来源在于关税收入和间接销售税;只有一个个邦才有权向其公民征税。诚然,邦政府可被要求通过专门赠予来弥补联邦预算赤字,但这通常证明是个费时费力的过程。因而,不得不依靠增加对"小东西"——即对糖、盐、啤酒、白兰地、火车票、邮票、蜡烛等等——的间接征税来给海军提供资金。另一方面,引入遗产税或联邦所得税就会令享有赋税特权的普鲁士贵族走上街垒。分阶段计划因而是个谋略,不仅意在对付德国议会和英国皇家海军,也意在规避非常必要、将引起社会改革的税制改革。

史料文献清楚地显示了世纪之交蒂尔皮茨政策——确实也是德国政策——的反英性质。当时一名驻德报纸记者 H.韦翰·斯蒂德发现,每十家德国报纸中,不少于九家沉迷于反英。约瑟夫·张伯伦 1898 年 5 月在伯明翰和 1899 年 11 月在莱斯特由此发出试探,即呼吁"条顿族与盎格鲁-撒克逊族两大支之间的一个新三国同盟",是因为孤立已不再光辉。它们在柏林遭到拒绝。反之,德意志帝国打断 1898 年夏季的英葡商谈,强求要分得一份"垂死的"葡萄牙帝国的遗产。

蒂尔皮茨的另一项偏执,是他执迷于战列舰。在他有名的 1894 年"第九备忘录"以及较早的 1888 年和 1891 年著文内,蒂尔皮茨呼吁建造一支战列舰队,集中在德国近海。1896 年,再度于 1897 年,他劈头盖脸地向威廉二世提交一连串研究,详说在北海对英海战。他论辩说,只有以此方式,才能从英国榨出殖民让步。"熊皮",他狡狯地提议说,"在杀死熊以前"无法被瓜分。按照马汉的"深海"学派,蒂尔皮茨将一切都寄希望于一场在北海南部或中部的海军决战（*Entscheidungsschlacht*），为的是"杀死熊"。"第九备忘录"清楚地提出了抉择：要么"在远洋作海军决战"，要么"消极无为，亦即精神自毁"。按照蒂尔皮茨的看法，巡洋舰能够解决殖民争端和镇压当地造反，但它们永不能保护德国商船免遭英国皇家海军危害。

在莱比锡广场，反对建造战列舰的人不被容忍。蒂尔皮茨恶毒攻击巡洋舰战的提倡者，例如海军上将霍尔曼、海军上将冯·克斯特尔、海军上将奥尔德柯普、海军中将瓦罗伊和海军上校冯·马尔赞，在海军上将冯·米勒面前谴责他们"危及海军"。"最高战争之主"也不例外：蒂尔皮茨反对威廉为"最后主力舰"拟的蓝图，那是巡洋舰与战列舰的一种混合。而且，在1904年，这位国务秘书将潜艇贬斥为局部和次要的武器，拒绝创立他所说的"实验博物馆"。海军少校弗兰茨·鲁斯特在1904年，海军中将卡尔·加尔斯特在1907年、1908年和1909年，海军上校罗萨尔·佩尔修斯在1908年，全都领教过蒂尔皮茨对支持潜艇战（*Kleinkrieg*）的暴怒。与巡洋舰或潜艇战术联系过密的年轻军人被认为无法长期于帝国海军中任职。

总的来说，蒂尔皮茨带着一套深思熟虑的、全面的海军建设大纲来到海军部。创建一支巨型作战舰队将给一种宏大的海外政策提供权势基础。这转过来将意味着大量造舰合同，因而意味着德国工业繁荣，无产者日子好过。景气和利润在国内将强化统治分子的政治和社会地位，并且据希望将抑阻社会民主党人和自由派推进议会化的要求，同时会将德国中产阶级的精力和野心转向海外扩张。

威廉二世很乐意地接受了蒂尔皮茨海军大纲的国内方面。海军提出了绝妙的请求，要成为相对独立于议会控制的一股势力，从而更直接地成为他的"个人政权"的一部分。在谈论他"令帝国议会完全上当"的新的海军法案时，威廉表达了他的确信，即议会代表对"该法案的可延伸的后果绝对不懂"，它规定自动替换老旧过时的舰只。他意在"狗东西们付钱，直到它们兜底耗竭"。

这位统治者还理解就对外政策而言大纲的要害。他对英国皇家海军的赞誉和他对"伪善不列颠"的仇恨——这"可恶、虚假、肆无忌惮的店主民族"——都推他朝这个方向行进。如弗雷德里克皇后注意到的："威廉的一个想法是拥有一支海军，它应当比英国海军更大更强。"这位皇帝从一开始就摒弃俾斯麦先前的政策，即通过试图将其他欧洲列强的冲突引向欧陆周边或海外地区来巩固德国的欧陆地位。这样的政策将听任德国的邻国在第二帝国无所动作的时候增进它们的政治经济影响。相反，威廉主张巩固和扩展德国在欧洲的地位，与此同时为它的未来海外扩张奠定基础。

然而，形成一个理论上的海军大纲是一回事，不管它可能多么全面和多么深思熟虑，而去实现它则是很不相同的另一回事。或许恰恰在这个领域，蒂尔皮茨做出了他的最大贡献。被许多人欢呼为"海军的鲁恩"——显然指普鲁士 1862 年的类似人物——可是他并非以反对议会起步，而是始于将一支德国海军这一观念风行于大众，为的是说服帝国议会授予建造海军必需的资金。蒂尔皮茨将《海军评论》从一份技术性刊物变为流行杂志。海军年鉴《航海》得以创刊，海军部内的一个专门的新闻局影响报界。订单发出，要将马汉的《海权对历史的影响》译成德文。这部"海军圣经"在德国刊物上系列连载，副本被置于每一艘战舰上，约 8000 本由海军部免费分发。赞成扩展海军的群众集会被组织起来，遍布德国各地。政界和工业界领导受邀出席阅舰仪式，军官们讨好帝国议会代表以求青睐，大众刊物和流行书籍颂扬海军史，海军制服成了时髦孩童装，穿戴者包括德皇的六个儿子。事实上，威廉的弟弟亨利希亲王1877 年加入海军，他的第三个儿子阿达尔贝特 1901 年随之加入。德国学术界也给海军创议以支持，汉斯·德尔布吕克、埃里克·马尔克斯、赫尔曼·昂肯、古斯塔夫·施莫勒和马克斯·韦伯等杰出学者——在约 270 位"舰队"教授中间——为"海军至上主义"和"世界政策"提供理论支柱。

帝国内的种种政治压力集团也被要求来赞同海军大纲。1897 年时拥有两万名成员的殖民协会仅一年就为之散发了 25 万份宣传册和 700 万份手册。泛德意志协会也成了个宣传辅助。而且，1898 年，阿尔弗雷德·克虏伯和维德亲王创建了德国海军协会（Flottenverein），目的是"将社会中大部分人从政党的符咒中解放出来，靠唤起他们对这一个民族大问题的热忱"。海军协会资助它自己的报纸《舰队报》，那很快就有了 75 万份发行量。它的成员从

1898 年的 78652 人增至 1914 年的 1108106 人。克虏伯早先已通过发表一本书援助海军事业,该书题为《议会为海军做了什么?》,内含许多空白页。"德国工业家中央联合会"、联邦诸亲王、各省长官、教会组织和全国妇女团体将蒂尔皮茨的要旨载送到众多遥远的城镇乡村。

威廉在身着海军制服和给他儿子穿上水手衫之外,还突出表现海军征伐。他的奢华的海上远游,即夏季里去挪威,后来春季里去科孚,犹如一支小舰队远航。事实上,这位君主的确保持着一支小舰队。1891 年,他购买了英国舰船"蓟号"(改名为"流星号");后来,又买了第二艘"流星号"(原名"彗星号"),甚而第三艘"流星号",即一艘原美国纵帆船。他的老明轮艇"霍亨索伦号"1893 年作为"德皇之鹰号"退役,4 月里被一艘新的"霍亨索伦号"取代,那从船首至船尾一概镀金。这艘 1893—1914 年的皇家游艇载着威廉在海上度过了 1600 天,或者说四年半。皇后也保持她自己的私人游艇"伊杜娜女神号"。巨量金钱花在"流星号"上,为的是不让克虏伯进入那著名的划艇比赛,它们由帝国游艇俱乐部核准在基尔及由北德游艇俱乐部核准在易北河上进行。克虏伯不甘示弱,于 1912 年花了 9 万金马克重造他的"日耳曼尼亚号",以便击败"流星号"——在当时他手下的一个工人的月收入约为 10 金马克。"基尔周"划艇比赛成了一桩著名的国际事件,有来自全球各地的国王、总统和百万富翁光顾。

然而,蒂尔皮茨依然是他所称的"精神要旨"的宗师。只有社会民主党人和里克特的左翼自由派仍不受他的魅力影响。蒂尔皮茨造访联邦诸亲王以获其青睐;他前往弗里德里希斯鲁以吸引俾斯麦;他在办公室里接见帝国议会代表,向他们透露军备秘密;他派遣军官去影响航运业和工业界巨头;他还邀请后者在军官俱乐部(Kasinos)宴饮,并且登上新战舰出航游弋。不仅如此,他在自己周围集合了一小撮助理作为朋党,这些人忠于他,在圣布雷辛消夏,起草年度海军预算,他们是卡佩勒、达恩哈尔特、费歇尔、霍普曼、赫林根、比歇塞尔、科埃佩尔、英格诺尔、舍尔和特罗塔,全都注定是要在海军指挥阶梯往上攀爬的军官。

这些策略并非劳而无功。国民自由党人、自由保守党人、农业协会会员和中央党议员全都太容易受这宣传勾引。保守党人最初于1879年在俾斯麦之下聚合起来，口号为"黑麦和铁"，以便阻挡愈益高涨的社会主义潮流，而眼下他们在约翰尼斯·冯·米克尔的"联合政策"（*Sammlungspolitik*）旗下与资产阶级抱成一团。贵族和市民（*Bürger*）再度被要求携手合力，在一个松散的、队列从国民自由党人直至保守党人的帝国议会联盟里，后者在其中将同意不再反对"可恨的舰队"，投票赞成海军建造，以换取对外国谷物征高额关税。这个同盟因海军在1898年和1900年得到了保守党人的支持而证明有效；转过来，农业协会会员在1902年实现了更高的关税。

　　1898年4月10日，帝国议会通过首次海军法案，要求到1904年4月1日建造19艘战列舰、8艘装甲巡洋舰、12艘大型巡洋舰和30艘轻巡洋舰。重型舰只每25年将自动替换掉，轻巡洋舰则每15年自动替换掉。建造费用将不超过4.089亿金马克，与此同时经常性海军支出被限为500万金马克。该海军法案将包括现有的12艘战列舰、10艘大型巡洋舰和23艘轻巡洋舰，因而将仅需在接下来六年里新建造7艘战列舰、2艘大型巡洋舰和7艘轻巡洋舰。这样一支舰队被认为强大得足以对法俄两国持有限攻势。但它不构成对英国海军地位的严重威胁。

　　1900年6月14日，进一步受布尔战争和中国义和团运动影响，帝国议会通过第二次海军法案。该法案要求将舰队规模翻番，达到38艘战列舰、20艘装甲巡洋舰和38艘轻巡洋舰。舰只分布将如下述：2艘舰队旗舰，三个分舰队各有8艘战列舰，8艘大型巡洋舰和24艘轻巡洋舰编入主舰队，4艘战列舰、3艘大型巡洋舰和4艘轻巡洋舰充作后备，3艘大型巡洋舰和10艘轻巡洋舰构成一支海外舰队。与首次海军法案截然相反，第二次海军法案没有给建造设立费用限制。海军支出的一大部分到头来不得不由帝国债券（*Reichsanleihen*）支付，因而被延推给后代人。不仅如此，像保罗·肯尼迪在其载于《军事史通报》（1970年）的对第二次海军法案的绝佳研究中已显示的，蒂尔皮茨将这38艘战列舰构成的舰队只看作是个中期阶段，在1899年9月就已对威廉谈论45艘战列舰外加重巡洋舰的计划了。确实，1900年，海军部甚至详细讨论了是否可能从议会抠出"第三支双倍分舰队"，亦即一支由48艘战列舰构成的舰队（表格 5）。

1900 年海军法案——尽管瓦尔特·胡巴奇宣称它在英国"绝无反应"——等于德国单方面对不列颠帝国宣告"冷战"。这么多战列舰在北海的集中再度确认了蒂尔皮茨的信念，即"与拥有更大海军实力的欧洲国家的海外冲突将在欧洲解决"——按照肯尼迪的说法乃"匕首封喉"战略。这个总政策不可能再被掩盖下去。海军现在明目张胆地评论道："倘若我们想促进一种强有力的海外政策，获得重要的殖民地，我们就必须首先准备与英国或美国发生冲突。"

1898 年和 1900 年的两个海军法案给德国海军建设开了绿灯。不少于 12 艘战列舰得以建造，并在 1900—1905 年间完成，而英国海军部估算德国到 1906 年将是世界二号海军强国。

蒂尔皮茨治下建造的第一批战列舰乃维特尔斯巴赫级系列："维特尔斯巴赫号""施瓦本号""梅克伦堡号""韦廷号"和"扎赫林根号"。1900—1901 年间下水，它们于 1899—1904 年建造完成，每艘耗费 2270 万金马克。维特尔斯巴赫级战舰是首批得到新的"堡式舰壳装甲"（citadel belt armour）保护的舰只。它们载有与其前驱（德皇弗雷德里克三世级）同样的武器，并增加了一根 45 厘米口径的水下舰尾鱼雷发射管。

随后的以德国诸邦命名的布伦瑞克级（"布伦瑞克号""阿尔萨斯号""黑森号""普鲁士号"和"洛林号"）则据第二次海军法案而来。这些舰只在 1902—1903 年间下水，到 1906 年已完成，每艘耗资 2400 万金马克。在总设计师鲁道夫的主持下，对舰炮进行了改造，将快速炮击原理延伸至 28 厘米口径舰炮已被证明是可能的，由此布伦瑞克级战舰得到了四门这样的舰炮，装置在首尾两个双炮塔上。

更具深远意义的是：凭借热力发动机的发明，鱼雷的射程已从 1898 年的 900 米左右翻了一倍。陀螺仪，由奥地利人路德维希·奥布雷改装并应用于鱼雷，进一步加强了鱼雷的效能和精度，达到射程 1800 米的舰炮水平。到 1905 年，更进一步的机械改进已提供高达近 2700 米行程的精确火力。这不仅开启了驱逐舰建造、中程武器和机关炮的新发展，而且促使德国设计师们选择增加战列舰的次级武器。随鱼雷行进得更快更远，且因为 15 厘米舰炮的最大初速度由于内膛磨损而无法再提高，遂决定增大中级舰炮的数目和口径。维特尔斯巴赫级战列舰因而得到了 14 门 17 厘米口径和 18 门 8.8 厘米口径舰炮（表格 6）。

从 1903 年至 1908 年，德国建造了无畏级问世以前的最后一个系列的战列舰，即德意志级。"德意志号""西里西亚号""石勒苏益格—荷尔施泰因号""汉诺威号"和"波美拉尼亚号"在 1904—1906 年间下水，每艘耗资 2450 万金马克。舰炮和鱼雷装备一如布伦瑞克级而无改动——除了添加两门 8.8 厘米口径舰炮——但装甲再度被增强。

德国的装甲巡洋舰发展就速度、防护和替换而言均参照英国而造。菲舍尔勋爵热烈提倡速度最快和载有尽可能最重的武器的装甲巡洋舰，用作偕同主力作战舰队的侦察舰。这些舰只被意在强行穿经轻巡洋舰构成的敌方屏障，监察对手航行，报告其位置和作战舰队的可用实力；简言之，能够击垮任何在海上的巡洋舰，并且搜索经武装的攻击性商船——包括最高航速达到 25 节的德国跨大西洋轮船，倘若后者在什么时候被改造成经武装的辅助型巡洋舰。最佳情况下，战列巡洋舰将能在一场胜利的海战之后搜索、追击和摧毁一支受重创的敌方舰队。起初被说成单纯的大型装甲巡洋舰甚或"快速战舰"，它们在 1911 年被正式命名为"战列巡洋双型舰"（battleship-cruisers），翌年又被改称为"战列巡洋舰"（battlecruisers）。以其喜好的口号"速度即装甲"，菲舍尔在 W.H.加尔德指导下发动皇家海军"无比号"项目，在 1907 年建造了 3 艘这样的战列巡洋舰。无敌级——如其被人所称——将在下一章谈论。

德国在 1904—1908 年报之以"沙恩霍尔斯特号"和"格奈森瑙号"。这一对战舰耗资 2030 万金马克建造；装甲被牺牲掉，以求更快的速度。这两艘战舰以著名的 19 世纪初普鲁士军事改革家的名字命名，载有 8 门 21 厘米口径、6 门 15 厘米口径和 8 门 8.8 厘米口径舰炮。它们被设计来偕同作战舰队效力。

无畏级问世以前的最后一艘装甲巡洋舰是"布吕歇尔号"，在 1907—1909 年间建造，耗费巨资达 2850 万金马克。冯·蒂尔皮茨海军上将反对即将到来的"超级"装甲巡洋舰造舰竞赛,因为他将这些舰只视为纯侦察舰只。英国人因而能在 1907 年通过泄露一个消息令他惊诧,那就是"无敌号"将被装备23.8 厘米(9.2 英寸)口径舰炮,而事实上"无敌号""不屈号"和"不挠号"得到了 8 门 30.5 厘米(12 英寸)口径舰炮。由于要改变"布吕歇尔号"的军械为时过晚,它仅被装备 12 门 21 厘米口径舰炮,分布在六个双炮塔上,其中一个在舰首,一个在舰尾,两个在每一侧(六角形装置)。当然,它以拉昂和滑铁卢的胜利者的名字命名。"布吕歇尔号"在以后的年代里通常被算作是战列巡洋舰(表格 7)。

按照 1898 年海军法案建造的舰队被组织进第一分舰队,由 4 艘勃兰登堡级战舰以及 4 艘较早的萨克森级战舰组成。到 1901—1902 年间,德皇弗雷德里克三世级战舰接近完成,使得第一分舰队能由 8 艘现代战列舰构成。1903年年中,海军上将汉斯·冯·克斯特尔指挥的第一分舰队只包含德皇弗雷德里克三世级和最后的维特尔斯巴赫级舰只;勃兰登堡级在 1904—1905 年间重造。可用的舰只在 1903 年被重组进"现役战斗舰队"。1900 年第二次海军法案内规定的舰队直到 1907 年才实现,其时布伦瑞克级和德意志级战列舰构成的第二分舰队创立。这令威廉二世能在 1907 年 2 月设立"远洋舰队"(*Hochseeflotte*),一直保持到 1918 年 11 月。皇帝的弟弟、普鲁士亲王亨利希海军上将成了它的首位司令官,将他的旗帜升起在"德意志号"上(那自 1906 年往后一直是舰队旗舰)。

德国船厂还继续发展型号统一的、以 19 世纪 90 年代的羚羊级开始的轻巡洋舰。"不来梅"系列("不来梅号""柏林号""但泽号""汉堡号""哥尼斯堡号""莱比锡号""吕贝克号"和"慕尼黑号")在 1902—1907 年间建造,并且按照 1903 年皇帝指令,以德国城市赋名。这些巡洋舰装备 10 门 10.5 厘米口径舰炮,显有三联烟囱和老式相貌的"延展撞角"舰首。值得提起的是,1904年 3 月下水的"吕贝克号"是帝国海军的第一艘涡轮机驱动的巡洋舰;什切青的伏尔甘公司给它装上了 14000 马力的帕尔森蒸汽涡轮机。

三联式引擎(在德皇弗雷德里克三世级上为 13500 马力)到头来证明不能使战列舰长达 8 小时保持最高航速而不遭受损坏,而且它们的最高航速五花八门,差别很大。到 1900 年,燃煤水管式锅炉已开始取代惯常的圆柱(苏格兰)锅炉,从而使重量得以减轻。在一艘巡洋舰内的涡轮机有希望进一步减轻约 120 吨重量,而泰恩河畔船用蒸汽涡轮机公司率先从事的涡轮机实验,则于 1901 年在英国驱逐舰("快速号")上开始,继而 1903 年在英国轻巡洋舰("紫石英号")上进行;后者成功达到了 14000 马力,最高航速达 23.6 节。1906 年 2 月下水的"无畏号"是第一艘装备涡轮发动机的战列舰。

1901 年底,蒂尔皮茨要求冯·埃克斯泰德海军少将为首的一个专门委员会调查涡轮机的开发,然而形形色色的德国原型(席肖、舒尔茨—日耳曼尼亚、里德勒—斯塔姆夫[AEG]、佐利和柯蒂斯)尚未成熟可用。不仅如此,1902 年,一个访问了英国和苏格兰的专门委员会断定,只有帕森斯涡轮机才适合海上任务。海军部将足够的资金包含进 1903 年预算,以便实验性地将帕森斯涡轮机装入鱼雷艇 S125 和"吕贝克号"。布朗—博韦里公司代表德国帕森斯船用有限公司提议以 75 万金马克为价向"吕贝克号"提供涡轮机。1911—1912 年间建造的"德皇号"将是第一艘装备涡轮机的德国战列舰。与往复式引擎相比,涡轮机较轻,较紧凑,相对于引擎重量产生更多动力;并且它速度更高而用煤较少,并在高速运转时有更大的经久性,因为它的运动部件较少。到 1908 年,所有德国巡洋舰都装上了涡轮发动机,而鱼雷艇以 V161 起始,在前一年就不再使用往复式引擎(表格 8)。

第二系列轻巡洋舰,纽伦堡级,也在这一时期里下水,每艘耗费 556 万金马克。1905—1908 年间,3 艘排水量 3500 吨的舰只被建造出来:"纽伦堡号""什切青号"和"斯图加特号"。这 3 艘军舰载有 10 门 10.5 厘米口径舰炮以及标准的两侧水下鱼雷发射管。如同先前的羚羊级,这些巡洋舰先是偕同作战舰队效力,继而被派到海外据点。

在 1900—1907 年这个时期里,鱼雷艇建造也继续进行。希乔公司 1900 年建造的 S90 是第一艘现代大型 T 级鱼雷艇,被设计来偕同舰队使用(见第二章)。这个时期里,一个颇有代表性的系列是 T137 至 T139,由 660 吨鱼雷艇构成,载有 10000—16000 马力的推进器,可使最高航速高达 33 节。T137 于 1904—1905 年间建造,耗资 176 万金马克,而后来的 T180 至 T185 鱼雷艇耗资增至每艘 202 万金马克,航程 1250 海里(北海服役),平均航速 17 节。到 1908 年,柴油已被引入,用作 T 级鱼雷艇的燃料。

奔马般的海军建造速度几乎留不下时间去作组织或行政管理上的变动。1900 年 2 月,海军军校与海军学院正式分开;前者于 1910 年 11 月迁至弗伦斯堡附近的米尔维克。1909 年 3 月,威廉二世开启在基尔的天主教小教堂。

事后来看,德国主力舰造舰狂潮系在欧洲事务的一个关节点上来临。第二次海军法案在 1900 年通过,正好紧随布尔战争的爆发,且在中国义和团运动期间。德意志帝国与英国、意大利介入一场 1902—1903 年对委内瑞拉港口的国际封锁,从而进一步恶化了英德关系,促使德皇临时在 1904 年谋求增进海军,并在美国激起了对德国意欲攫取西半球领土的严重猜疑。在头两次海军法案下造舰的那个时期结束于 1905 年,恰逢俄国的远东舰队和波罗的海舰队在旅顺港和对马岛附近的朝鲜海峡被日本歼灭。这转过来令 16 艘战列舰组成的德国舰队上升到世界第三位,次于英国和法国。

然而,德国对英国海洋霸权的挑战,如在第二次海军法案里表明的,在德国引起了忧虑,特别是在陆军高级将领中间。早在 1896 年 1 月,冯·瓦德西上将就指出皇帝显得"完全置身于海军扩张",告诫说德国卷入一场与英国的海军竞赛将是"冒昧放肆的","我们在这方面只可能显得愚蠢透顶"。还有,1901 年 5 月,作为威廉的"世界元帅"(Weltmarschall)的瓦德西——他就导致俾斯麦 1890 年 3 月被免职一事出力非微——却在远东反思"世界政策"这一"新方针":"假如他[俾斯麦]还活着,这里的事情就会有大为不同的面貌;世界缺乏一位俾斯麦。"

英国的反应是愤怒,连同迎头抗击德国挑战的决心。诚然,没有人能够否认,德意志帝国有权取得足够的制海权,足以保护其愈益增长的海外贸易及其零散的殖民地。到 1889 年 3 月,凭"海军防卫法",英国已鼓励海军建造,途径是将皇家海军的所需实力界定为这么一支舰队,它与接下来两个海上强国(当时是法国和俄国)的舰队总和相等。这个纲领要求有至少 70 艘军舰,包括 10 艘战列舰和 42 艘巡洋舰;它在 1893 年 12 月由斯潘塞勋爵进一步改进,以便实现同类舰型的系列化建造。荷兰 1900 年通过一项十年造舰大纲。西班牙 1908 年 1 月以一项长期计划尾随其后。较小的海军国家并未免受"海军至上主义"病毒感染。像 1901 年的墨西哥一样，葡萄牙 1895 年发动一项五年计划。然而，根本区别在于，德国拥有工业能力和技术知识以及意志去实现它的巨型造舰计划：荷兰 1914 年时仍在规划其 6530 吨的战列舰；西班牙 1914 年时仅拥有一艘 15700 吨的战列舰；葡萄牙 1914 年自称有一艘 3000 吨的战列舰，最初于 1876 年下水；墨西哥 1914 年时还在规划建造两艘 2400 吨的巡洋舰。相反，德国在 1914 年已实现一支有 15 艘战列舰和 6 艘战列巡洋舰服现役的海上兵力，另外 6 艘主力舰正在建造中。简言之，要赞同于尔根·罗威尔教授的下述说法就会误导人：德国的海军扩张可以简单地在"海军至上主义"这大伞下，与西班牙、墨西哥、葡萄牙或荷兰的计划归在一处。

没有人比海军上将约翰·菲舍尔爵士更认识到这一点，他 1904—1909 年任第一海务大臣，1914—1915 年再度担任此职。当他 1902—1903 年成为第二海务大臣时，菲舍尔发觉英国战舰在射击练习期间，每三轮就有两轮以上未击中。事实上，皇家海军最近对一个海军强国发射毁伤炮火是 1856 年在克里米亚海岸外。菲舍尔立即让帕西·斯科特舰长发起的炮术改革放手大干，后者人称"袖珍大力神"，舰炮命中率高达 80%，而舰队平均命中率仅 30%。"只要他击中目标！我不管他是否酗酒、赌博和勾引女人。"不仅如此，菲舍尔还引入了后面要谈论的广泛的人事改革，意在提高训练水平，消除悠久的偏见和老旧方法。

菲舍尔早先的人事改革以及他的炮术改进自然挫败了蒂尔皮茨的计划，即鉴于德国优越的人员和炮术，能以 2∶3 的战列舰比例去考验英国。更有毁伤性的，是菲舍尔 1904—1905 年间作为第一海务大臣对舰队进行的彻底重组。有如首相巴尔福所说"大笔果敢一挥"，菲舍尔在 1905 年报废了至少 154 艘军舰，包括 17 艘战列舰。菲舍尔将自己的更新政策描述为"大胆若拿破仑，彻底若克伦威尔"。他不仅大刀阔斧地淘汰了皇家海军杂乱的慢舰劣舰组合，而且改组了英国既存的海军指挥构造。在太平洋、南大西洋、北美和西印度群岛的各支独立的分舰队被合并进一支以新加坡为基地的东方舰队。本土舰队，即更名了的英吉利海峡舰队，增大到拥有 12 艘战列舰，以多佛为基地。前英吉利海峡舰队现为大西洋舰队,驻扎在直布罗陀——离本土不到四天航程,拥有一支 8 艘战列舰组成的兵力。地中海舰队现在驻扎马耳他,而且在欧洲水域的每支分舰队被分派有 6 艘装甲巡洋舰。装备和战术也予以更新,使之符合新近的技术进展。跟在德国发生的一样,19 世纪 90 年代引入无烟火药;穿甲弹得到部署,舰炮口径被增大,快速射击舰炮得以建造;还有,围绕新的热力引擎以及奥布雷陀螺仪,鱼雷得到改进。纳尔逊式战术,即在距敌人一英里之内部署战舰,然后以冰雹齐下似的优势火力令其窒息,依然时髦;1900—1903 年间,战斗距离仅从 2000 米增至 3000 米。如后所述,到 1906 年,菲舍尔已急速结束了这一状态。

然而,最重要的是,国际舞台上的事态发展令如此广泛的变更成为可能。1902 年 1 月的英日盟约使皇家海军可以减少在东亚的存在。它还令威廉二世大为恼火,他宣称英国的这一步舍弃了欧洲和白种人。1904 年的英法协约进一步使英国可以减少其地中海兵力,反过来将兵力集中于北海——蒂尔皮茨总计划的枢纽——成为一种明确的可能。而且,对英国来说,日本在对马海战中大获全胜消除了俄国这个海上威胁。德皇当时丧气地写道:"形势开始愈益显得像七年战争以前那般。"

旧有的英国双强标准现在可被遗弃而不需考虑风险,英国注意力可以转而指向来自北海对面的挑战。菲舍尔在 1906 年 10 月直言不讳地说:"我们唯一的敌人最可能是德国。德国总是保持其整个舰队集中在离英国几小时航程内。我们因而必须保持一支两倍强的舰队,集中在离德国几小时航程内。"两年后,菲舍尔告诉国王:"我们最终不得不打去德国……这确定无疑"。因而到 1909 年,鉴于 1907 年英法俄协约,菲舍尔的重组计划已使得英国能将其四分之三的战列舰准备好随时打击德意志帝国。这位首席海军大臣从不厌倦援引纳尔逊的格言:"战场应是训练场。"双强标准的再界定是对蒂尔皮茨大战略的一记毁坏性打击。

德国强烈的反英情绪非同小可地助成了菲舍尔贯彻其大胆改革的能力。流行的"入侵恐惧"特别便于他去利用。早在 1896 年 2 月,柏林参谋本部的巴龙·冯·吕特维茨上校就发表一篇很快就被翻译成英文的文章,在其中他宣称"英国固若金汤仅系传奇"。冯·戈尔茨上将在四年后，还有巴龙·冯·艾德尔沙伊姆中尉在 1901 年，发文提出入侵英国的可能性。海军上将利福尼乌斯向国人保证，英国皇家海军不再具备特拉法加和圣文森特角海战那时的品格和能力，德国能够在海上击败它。这种入侵谈论恰好时逢为 30 万官兵登船而扩建埃姆登码头，时逢海军上将亨利希亲王 1902 年 5 月率领一支有 8 艘战列舰的分舰队访问英国。

布尔战争，更何况威廉在其中保证德国支持布尔人反叛的 1895 年"克鲁格电报"，在德意志帝国造成了一阵反英情绪大潮。报界谴责英国的"海盗式"冒险，辱骂英国陆军是一群"雇佣兵"，以令人厌憎的漫画诋毁维多利亚女王，并且热忱欢呼英国遭遇的逆境。殖民地事务大臣约瑟夫·张伯伦反过来火上浇油，因为他提及普法战争期间普鲁士部队据称的残忍。而且，虽然比洛政府保持一种正确态势，但它无法令报界闭嘴。1904 年 8 月，尼曼的小说《世界大战：德意志之梦》引发一时轰动，因为它呼吁法德俄三国结盟反英，以便实现重新瓜分世界。此外，1902 年 10 月，德皇在给沙皇的一封信上签名"大西洋海军统帅"，这加剧了英国人的恐惧和猜疑。当爱德华七世 1904 年 6 月访问基尔时，威廉二世不顾蒂尔皮茨的更好的判断，拿出每一艘可得的德国战舰以炫耀实力。英国的反应是 1904 年夏天在海军上将、巴滕堡亲王路易领导之下，起草第一份正式的对德战争计划。

"入侵恐惧"依旧继续。1904—1905 年冬季期间，英国战舰被从远东召回，休假统统取消。报界立即猜测新恐惧的根源乃德国阴谋，而《名利场》在 1904 年 11 月论辩说："倘若德国舰队被摧毁，欧洲和平就将延续两代人。"厄斯金·奇尔德斯以小说《金沙之谜》作了他的和平努力，斯潘塞·威尔金森的《不列颠困境》同样如此。社会党人的《号角》杂志告诫提防来自北海对岸的德国"晴天霹雳"，《陆海军公报》编辑阿兰·H.伯若英则发表《不可避免的战争》一书。《19 世纪》和《国民评论》加入这潮流，威廉·勒丘的《1910 年入侵》亦如此。该书连载于《每日邮报》，按照德皇的直接命令得到德国海军司令部和参谋本部分析。勒丘和 A.J.里德少校实际报道英国有 6500 名德国间谍。

事情的关键在于,威廉二世照旧给这些想象入侵的小说提供谈资。1905年3月他在丹吉尔的不幸的演讲——在法国侵犯面前维护摩洛哥的独立——是一项旨在打散英法协约的笨拙的努力。就此而言,它惨败无遗。虽然这举动迫使法国外长泰奥菲勒·德尔卡塞辞职,但下一年在阿尔及西拉斯召开的国际会议显露了德国外交的破产。德意志帝国的外交家们着力疏离了四个强国(英国、法国、美国和意大利),只剩下与奥匈携手。在一番使自己挣脱外交孤立的戏剧性尝试中,德皇在比耶尔科与沙皇尼古拉二世缔结了一项密切的攻守同盟,而这正是他在1890年不顾俾斯麦的渴望而推翻了的。然而,这项盟约证明胎死腹中:在柏林与圣彼得堡的两个政府都拒不批准这绝技之作。威廉闷闷不乐地谈论"这可怕的法俄邪恶"。

或许,没有任何单独一项行动能够阻抑——更谈不上扭转——愈益高涨的英德敌意和猜疑大潮。到1906年,外交业已失败,且看来无人急于再度尝试之。德国人至此已偏执地狂信"菲舍尔进攻在即"。1907年初,这惊呼促使基尔的父母们两天不让自己的孩子上学。柏林证券交易所也爆发惊恐。不仅

1918年10月,威廉二世和海军上将舍尔在基尔

海军上将舍尔

军建造并非针对英国，而是为了确保德意志帝国的远东贸易，亦即针对日本。然而，不列颠帝国没有报答这些恩惠，就此德皇勃然大怒："你们英国人疯了，像三月的野兔那么疯。"同一年，威廉或许最恰当地描述了他关于英德海军竞争的感觉：

> 我无意为对英发展良好关系而牺牲德国的海军发展。如果英国只是以我们限制自己的海军发展为条件伸出其

如此，乔纳森·斯坦伯格所云也依然如旧，那就是"爱恨交织的关系，在一位半英裔的皇帝与一个从未完全接受他的英国之间"。1908 年 10 月 28 日，《每日电讯报》披露前一个冬天威廉二世的言论，那是在海尔克利夫城堡对斯图亚特－沃特利上校说的。威廉在其中宣称：他给维多利亚女王提供了对布尔人的成功的作战计划；他拒绝了调解布尔战争的法俄试探，甚至将这些提议交给了女王；德国海

冯·兴登堡上将和冯·施罗德
海军上将视察德国西线防务

1911年时的战列巡洋舰 "冯·坦恩号"

友谊之手，那就是肆无忌惮的鲁莽无礼，就是对德国人民和他们的皇帝的严重侮辱……我们将详尽无遗地彻底贯彻［海军］法案；英国人喜欢或不喜欢都无所谓！如果他们想打仗，他们可以开始打，我们不怕！

阿瑟·马尔德尔教授断定，"1900—1905 年间英国对德不信任的根源，在于对德国对外政策的方法和目的的简直心理变态似的猜疑"。

随后的海军发展必须对着国际事态发展与英德间恐惧和猜疑这背景来看；没有这么一种理解，接下来的事情就几乎全无意义。因为，伴随 1906 年 4 月 2 日皇家海军在朴次茅斯船坞下水世界上第一艘"统一口径全重炮战列舰"，欧洲狂热地发起一场致命的海军军备竞赛。

第四章　无畏舰挑战

总规划出错（1905—1911）

海军上将冯·蒂尔皮茨在战后声称，1905—1906 年间的无畏舰"跃进"是海军上将菲舍尔方面的一个根本错误，因为它使所有主要海军国家能够开始新舰的建造，仅稍稍落后于英国人，因而英国人丧失了他们在无畏级问世以前在战列舰方面特别是巡洋舰方面的压倒性优势。这些观点首先在蒂尔皮茨《回忆录》（1919 年）里得到阐述，而后在他发表的两卷本《政治文件集》（1924—1926 年）里得到扩展。它们很快被信以为真，不仅被这位海军统帅的前助理们，而且被许多海军史家；不仅如此，所有人一致认为，蒂尔皮茨设法迎应而且最终抵消了这毒辣的英国挑战。然而，晚近依据档案成就的著作证明他们错了。最重要的是，沃克·R.贝格汉的《蒂尔皮茨计划》一书（1971 年）揭示，问题远非一度被设想的那么简单。种种微妙复杂的战略、财政和战术因素起了作用，到头来破坏了蒂尔皮茨的总规划。

菲舍尔以其建造"统一口径全重炮战列舰"的决定，粗心大意地赌输了英国在重型战舰和巡洋舰方面的优势：这一论辩自然极为肤浅。这位第一海务大臣只有在时间方面才有选择的余地。对马海战已分明显示未来的方向：日本赢得遭遇战是因为优越的速度、炮术控制、新的高爆炸力炮弹和——最重要的——决胜的 30.5 厘米口径大炮。而且，日本人基于在日俄战争中收集的信息，决定开始建造两艘两万吨级战舰（"萨摩号"和"安芸号"），这自然影响了菲舍尔建造第一艘"超级"战列舰的决定。

菲舍尔明白，其他海上强国即将创建"超级"战列舰。俄国人在 1904—

1905 年间打算作这样的设计；美国在 1904 年已起草计划，要建造一艘新的、大型的战列舰，而且国会在 1905 年授权建造两艘已经在此范畴内的舰只（"密执安号"和"南卡罗来纳号"）。不出意外的是，德国海军学者作了对菲舍尔的最有说服力的抨击：按照他们的说法，对"超级"战列舰，德意志帝国"毫不吃惊"（希格弗里德·布雷耶尔），因为它完全准备好建造新级别的战舰。威廉宠爱只装备重炮的"快速主力舰"，那是他从 19 世纪 90 年代起一直提倡的，并在一次访问意大利期间见诸"维托里奥·伊曼纽尔号"。受这宠爱的项目激励，海军部设计局到 1904 年已提交计划，旨在建造一艘只装备重炮的战列舰，排水量约 14000 吨。1905 年 10 月，这起初的题为"第 10A 战列舰项目"的设计让位于"项目 C"，后者设想了一艘 17000 吨的舰只，装备八门统一口径的重炮。这将是德国拿骚级无畏舰的前身。如果说德意志帝国如此接近"超级"战列舰建造，菲舍尔怎么可能搁置他的计划？

菲舍尔可不是个坐视不理、让主动权转到他最可能的对手那里去的人。他指示加尔德为一个称为"皇家舰永固号"（HMS Untakeable）的项目起草若干设计，而在 1904 年 10 月被任命为第一海务大臣时，他立即建立一个包括加尔德在内的"设计委员会"。到 1905 年 1 月，它已拿出"H"设计，"无畏号"的前身，一艘最高航速 24 节的 17000 吨战列舰，装备 12 门统一口径（30.5 厘米）的重炮。在这设计中，菲舍尔无疑受到维托里奥·库尼贝蒂载于《简氏战舰年鉴》（1903 年）的文章鼓励，在其中这位意大利海军总设计师将"H"设计之类舰型准确地说成是"英国皇家海军的一种理想的战列舰"。威廉 1905 年作了一项影响英国海军部规划工作的尝试，即给退休海军上将维克托·蒙塔古送去老式德国战列舰的详情细节，希望蒙塔古会将它们传递过去。无疑，这笨拙的外行伎俩至少会令菲舍尔忍俊不禁。

一旦有了"H"设计，菲舍尔就迅捷行动。1905 年 10 月 2 日龙骨板得以铺设，1906 年 2 月 10 日仅仅 130 天后，"超级"战列舰便由国王主持下水。该舰的海上试验于 10 月 3 日进行，即在它开始建造之后一年零一天。1906 年 12 月 3 日，在仅仅 14 个月的创纪录建造时间之后，它就被编入现役。它被命名为"无畏号"。在它的七艘以此为名的先驱中间，第一艘曾在 1588 年击败了"不可战胜的"西班牙无敌舰队,第五艘曾在特拉法加与纳尔逊为伍。菲舍尔将他的创造物唤作"《旧约》之舰"。大卫·劳合·乔治没那么仁慈。他将"无畏号"称作"一通恣意放肆和挥霍无度的卖弄"。

"无畏号"排水量17900吨,且是第一艘由涡轮机驱动的主力战舰。然而,最大的革命发生在它的舰载武器。它载有10门30.5厘米口径重炮和22门7.6厘米口径机炮。在它之前的战舰使用两门30.5厘米口径前炮和四门侧炮,而"无畏号"却有五个双炮塔(一个在前,两个在后,两个在侧)。这种布局使它的火力,就舰侧而言相当于两艘无畏级以前的战舰,就前炮而言相当于三艘。纳尔逊式的"冰雹火力"方法被放弃,以利于用30.5厘米口径重炮作远距决斗,那由一台装在三脚架里的测距仪引导,指引一整个舰侧(其金属重量3085公斤)。

在其富有才华的分析《从无畏舰到斯卡珀湾》第一卷(1961年)内,马尔德尔教授证否了德国的一项宣称,即无畏舰是被专门设计出来遏阻德国的海军野心的。在委员会报告或设计报告里,没有任何一项文件哪怕间接地说到德国。菲舍尔建造这艘战舰也非仅仅考虑到德国需要拓宽和加深德皇威廉运河及船闸,尽管后来他指出,"超级"战列舰的建造将使得花费1250万英镑去疏浚该运河成为必需。确实,菲舍尔做了的,是"无畏号"建造之机密和快速,使英国在这革命性的发展中极为领先。他在1907年11月向国人保证,他们现在能"高枕无忧"。

菲舍尔的"设计委员会"还藏着另一个惊人之举,尚未大白天下。到1906年,"皇家舰无比号"项目,依凭一种特殊级别的大型装甲巡洋舰的"E"设计,已结硕果。这个系列以"无敌号"得以发动,该舰于1906年4月至1908年3月间由W.G.阿姆斯特朗公司在埃尔斯威克建造,保密程度甚至大于"无畏号"。设计排水17000吨,"无敌号"由四个帕森斯涡轮机驱动,其八门30.5厘米口径重炮分布在几个双炮塔内(一个在前,一个在后,两个在侧成对角偏移)。火力和速度的增大伴之以装甲的减少。第一次世界大战期间,"全重炮巡洋舰"在福克兰证明了它的武器威力;另一方面,日德兰半岛海战暴露了它在防护上的缺陷。简言之,问题在于,这些舰只被加诸了种种过分的要求。就海外服役而言,速度第一,装甲次要;可是,就配合舰队而言,它们甚至缺乏起码够用的防护。战列舰和战列巡洋舰的通用术语"主力舰"系在 1909 年的海军惊恐期间引入,到 1912 年已在皇家海军内得到普遍采用。

菲舍尔的"无畏号"和"无敌号""跃进",连同影响人员、训练、炮术、战术和舰队集中的其他改革,有效地挫钝了德国的 1900 年海军挑战。在质和量两方面,菲舍尔 1906 年破坏了蒂尔皮茨的体现在 2∶3 比例中的深思熟虑冒险方略。德国人员优越和军械优越现在是个虚构。不仅如此,德国已经将其总收入的约 60% 用于陆军。建造无畏级战舰的钱来自何处? 这些舰只需要的单舰费用比前一个级别德意志级高出 1500 万—2000 万金马克,加上所需的运河和港口航道疏浚和拓宽(1907—1918 年耗资 24400 万金马克),造成了一种极可怕的两难。未能迎应英国挑战实际上意味着放弃蒂尔皮茨的总规划。迎应英国挑战则将开启一场巨大的海军竞赛,直到财政消耗迫使参与者之一出局为止。

注意到这么一点饶有趣味:蒂尔皮茨在 1906—1907 年间从未提出论辩,说菲舍尔的无畏舰政策使英国没有了海军优势,从而给所有其他海军国家平等的追赶机会。事实上,蒂尔皮茨对北海对岸的"超级"战列舰和战列巡洋舰建造消息深感不安。1906 年夏季,他始终埋身于他的黑森林隐居处,竭力避免遭遇德皇。因为,后者很快就从 1903 年《简氏战舰年鉴》了解到无畏舰事实上是库尼贝蒂的设计,而且他曾以其"快速主力舰"项目再度骚扰过蒂尔皮茨。

蒂尔皮茨身陷困境。建造无畏级舰的决定将移除任何掩饰,暴露出德国的意图,使英国领导人明了柏林意在与皇家海军竞争。这么一支巨型舰队无法被掩藏起来。然而,成本因素令人很惊恐。蒂尔皮茨仔细地制定了他的分阶段计划(*Etappenplan*),因而海军建造将基于德国工商业的扩展,亦即战舰替换将只是缓慢地提升,每系列约 2000 吨,贯穿一个漫长的时期,为的是不在伦敦引发惊恐,并将费用增长保持在限界之内。

蒂尔皮茨起初仍希望,他将舰只排水量增加到 16000 吨就能摆脱困境。即使如此增加,德国的运河、军港和船厂设施也会承受最大重负;威廉港的船闸将船宽限为 23.2 米,排水量超过"布伦瑞克号"或"德意志号"的任何舰船都有在德皇威廉运河内搁浅的危险。1905 年 9 月 22 日,在蒂尔皮茨的柏林办公室举行了关于无畏舰建造的决定性会议;那时,离议会开幕日已只差几个星期。从一开始,国务秘书就规定每艘无畏舰的造价不得超过 3650 万金马克。同时,战列巡洋舰的造价限度被定为 2750 万金马克。新战列舰的排水量将被保持在 19000 吨以下。蒂尔皮茨的参谋人员搞出了一个数字即 94000 万金马克要请帝国议会拨付,此外还需 6000 万金马克用于疏浚德皇威廉运河。蒂尔皮茨最信任的心腹爱德华·冯·卡佩勒上校计算,海军扩张将使每年增税 13000 万金马克成为必需。据估计,这预算将使德意志帝国久久承受重负直到 1910—1911 年,当一项 60 艘战舰计划被放在议会代表面前时。

换言之,蒂尔皮茨现在感到菲舍尔已对他形成了挑战,他决定迎应。为了在北海打击一支英国舰队时真正有希望占上风,他不能允许他的兵力在数量上比敌人弱三分之一以上。他也不能允许英国人在兵力质量上显著地优于他。如果总规划不至于流产,那么除了从事海军竞赛就别无选择。到 1905 年 9 月 19 日,宰相冯·比洛已同意扩充海军;威廉二世在 1905 年 10 月 4 日予以批准。

可是还有帝国议会。关于摩洛哥的国际危机现在被充分利用来服务这个目的。此外,俄国舰队在多格尔沙洲外与英国渔船发生了小冲突,还有阿瑟·李的鲁莽的"哥本哈根"之说,刺激了公众对扩充海军的热忱。1906 年 5 月,继与德皇就"快速主力舰"项目作最后一次争辩(其间蒂尔皮茨以十足俾斯麦式的方式提出辞呈,为的是逼迫批准他的计划),海军扩充作为增补法案(*Novelle*,"修正案")获得通过。它要求建造 6 艘巡洋舰和拨付前述 94000 万金马克,用于建造无畏舰以及改进运河、军港和船坞。这些加起来,构成 1900 年第二次海军法案之上 35% 的增长。每年将开建 3 艘无畏舰和 1 艘战列巡洋舰。

以德国船厂所曾尝试过的最大保密程度为基础,4 艘拿骚级战舰("拿骚号""波森号""莱茵兰号"和"威斯特法伦号")在 1907 年 6 月至 8 月间开建。与无畏舰相反,总设计师汉斯·比尔克内尔更强调防护而非武器,并且由此确立了一条通则,即舰壳装甲的厚度要等同于重炮口径。第一艘德国"超级"战列舰在 1908 年下水，1909—1910 年间完成，平均每舰耗资 3740 万金马克，从而超过了蒂尔皮茨设的上限 3650 万金马克。

比尔克内尔坚持最佳水下防护，从而有了一种蜂窝状的舰壳分隔；"拿骚号"有 16 个防水密舱，其后继者有 19 个。这转过来要求有更宽的横梁以加强稳定性。然而，主要创新集中于"拿骚号"的舰载武器。往复式引擎占用了中段的大量空间，因而装置全都在同一水平线上的六个炮塔不很成功。全无可能装置顶层射击炮塔，因为无法给它们的弹舱和升降机找到舱间。因此，比尔克内尔不得不选择六边形装置，舰侧装两座炮塔。当然，这意味着舷炮开火时，"拿骚号"不得不搁置舰侧两座炮塔（四门舰炮）。德国人由此在设计上劣于英国的体系，后者按一条中线和一条翼线排列炮塔（one-centre line, one-wing system）。只有在朝前和朝后开火时，德国人才能够发动最大数量的舰炮去起作用。换言之，与德意志级战列舰相比，将舰炮数量增加两倍只是导致舰舷金属重量翻番。涡轮发动机全无可能，一方面因为蒂尔皮茨只同意巡洋舰上装载它们，另一方面因为海军部造舰局在 1905 年仍规定"在重型战舰上使用涡轮发动机不可取"。拿骚级战列舰装备 12 门 28 厘米口径、12 门 15 厘米口径和 16 门 8.8 厘米口径舰炮，并且最终组成远洋舰队第一分舰队。

直到 1914 年，德国的无畏级战列舰仍以下列特性为人所知：较小的舰炮口径（首先是 28 厘米对 30.5 厘米），较厚的装甲（300 毫米对 279 毫米），还有较慢的速度（20 节对 22 节）。它们被承认有较好的水下分隔舱，因而有较大的稳定性（表格 9）。

德国还在 1914 年开始建造它的第一艘战列巡洋舰。该舰为"冯·德·坦恩号"，在位于汉堡的布洛姆—沃斯船厂建造，该厂到 1918 年为止建造了五艘德国战列舰。"冯·德·坦恩号"的建造费用达 3550 万金马克，比国务秘书的预算上限多出约 900 万金马克。它装备较轻，装有 8 门 28 厘米口径舰炮，置于前后各一座双炮塔和两座舰侧甲板上的对角偏移炮塔内。新颖之处在于，"冯·德·坦恩号"是第一艘涡轮机驱动的德国主战舰。两台帕森斯涡轮机赋予它最高航速 27 节；巡航航程被定为平均速度 14 节时 4400 海里。它 1910 年 9 月入役，作为一艘前锋战列巡洋舰加入舰队。"冯·德·坦恩号"在

1911 年的海上加冕阅兵式上给人印象甚深(表格 10)。

轻巡洋舰建造照旧继续,有 1907—1909 年造的"德累斯顿号"和"埃姆登号",耗资分别为 750 万金马克和 596 万金马克。"埃姆登号"注定要成为大战期间最著名的德国轻巡洋舰,造有 13 个防水舰体密舱,12 座燃煤水管锅炉产出 16171 马力,以便最高航速达到 24 节;巡航航程在平均速度 12 节时为 3760 海里。它的防护很差,仅有 10—15 毫米的装甲甲板和 80—100 毫米的舰壳装甲。它的武器装备由 10 门单独安装的 10.5 厘米口径舰炮构成;这些都是快速射击武器,每分钟 16 发,每发皆由 150 磅高爆炸力炮弹填充。该舰在德国轻巡洋舰建造中占据一个中间位置,就它起初未加入舰队而言是个例外,1909 年 7 月投入现役后被直接派到远东。

紧接"德累斯顿号"和"埃姆登号"而来的是科尔堡级舰的陆续问世。"奥格斯堡号""科隆号""科尔堡号"和"美因茨号"在 1907—1911 年间建造,每艘耗资约 800 万金马克。这些舰只排水 4400 吨,装有 12 门 10.5 厘米口径和 4 门 5.2 厘米口径舰炮。它们是头一批装置水雷的巡洋舰,每艘载有约 100 枚。这一级战舰全都得到涡轮引擎,1916 年里又获补充的燃油器。德国轻巡洋舰总的来说适航性很高;然而,赫莎级的头五艘舰因其高甲板,在公海相对无用(表格 11)。

德国财政部深感造舰狂潮之痛。英国头三代无畏级舰的建造费用实际上逐步下降,从"无畏号"的 178.3 万英镑降至"伯勒罗丰号"的 176.5 万英镑,再降至圣文森特级战舰的 175.4 万英镑。反之,德国的图景表现出相反的趋向:费用急升,从"拿骚号"的 3839.9 万金马克到"赫尔果兰号"的 4619.6 万金马克和德皇级战舰的 4499.7 万金马克,三年里上升 17.2%,对比英国之下降 1.6%。换言之,到 1909 年,为建造无畏级战舰,德国已比英国多花费近 20%。就战列巡洋舰而言,德国舰只造价从"冯·德·坦恩号"(1908 年)的 3652.3 万金马克增至"德弗林格尔号"(1912 年)的 5600 万金马克,四年里增加了 53.3%。另一方面,英国的战列巡洋舰造价从"无敌号"(1906 年)的 167 万英镑跃增至"狮号"(1909—1911 年)的 208 万英镑,五年里增加了 24.6%。在此,与伦敦的代价相比,柏林也苦于近 30% 的增量。不仅如此,这些数字还不包括德意志帝国旨在拓展运河、军港和船坞的支出。蒂尔皮茨就德皇威廉运河作的最初估算 6000 万金马克，证明不现实。这一联系纽带的拓展从 1909 年开始，于 1914 年 6 月 24 日完成，耗资 11489 万金马克！

至此，海军开支已变得极其巨大。1907 年，约 29100 万金马克被花费在舰队上，而从 1897 年至 1914 年，海军建造给国债增添了至少 104070 万金马克。在柏林，人们估计到 1908 年，收支赤字将达 50000 万金马克。汉堡—美洲商船公司经理阿尔贝特·巴林在 1908 年开始认识到，"我们不能让自己陷入与富得多的英国人的无畏舰竞争"。议会反对声浪也在高涨。农业协会成员与之携手，从而毁了帝国议会内的所谓"比洛俱乐部"，令蒂尔皮茨新的海军资金无法实现笃定通过。这位国务秘书还见证了天主教中央党中间海军热的冷却，他们被蒂尔皮茨谴责为就这问题"怀藏匕首"。宰相冯·比洛正被帝国严重的财政拮据逼得穷于招架。早在 1907 年，他就粗率地问蒂尔皮茨："你的舰队何时才能达到足够的水平……以致无法容忍的政治局势会得到缓解？"舰队前线军官在 1908 年也开始抱怨无休止的资金短缺。伴随新添无畏舰，那需要约两三百新增人员，工作过度成为常态。还有，许多人在慢慢地认识到英国人不允许德国消除战列舰差距，而这转过来在前线产生了一种自卑氛围。海军将领比希塞尔 1908 年直言不讳：德国舰队"不足以"应对一场"严重"挑战。蒂尔皮茨当然将这种悲观主义只归因于海军司令部参谋班子和外交部的鬼蜮伎俩，在 1909 年 1 月设法从威廉二世取得一项规定，即海军部是"能充分监察的唯一机构"，监察一切海军事务。

1906 年"修正案"之后的一段时期还招致了德国国际形势的恶化。1907 年，在阿加迪尔的祸患因为英法俄协约而加剧，英德关系则随着入侵恐惧、"哥本哈根"威胁、《每日电讯报》采访以及 1906—1908 年间大卫·劳合·乔治和查尔斯·哈丁奇爵士不成功的赴德使命而恶化，该使命是试图做出某种关于激烈的海军竞赛的安排。有如贝尔格汉教授指出的，德国的外交孤立，加上国内紧张，在帝国内造成了一种恐惧气氛和简单化的非友即敌心理。

然而，他的总规划越是捉襟见肘，蒂尔皮茨就变得越是决心不惜一切代价地墨守成规。英国将战舰排水量从 17900 吨（"无畏号"）增至 20000 吨（"巨人号"），迫使德国为不被甩在后面而支付数量愈大的款项。结果当然是1906年"修正案"给出的资金——起初意在保证海军一直支用到1911年——在迅速耗竭。海军建造因而需要一个助推器，以便跟上英国。

蒂尔皮茨在1907年1月选举后发觉了机会，这所谓"霍屯督人"选举由政府举行，针对中央党和社会党拒绝表决拨付为镇压德属西南非土著起义必需的资金，结果社会民主党人受损，诸中产阶级政党相应得益。实际上，蒂尔皮茨热衷于宏大的海军膨胀愿景，敦促他的顾问们尽其"合法"所能从议会挤出尽多的钱。关于英国，他极力主张最大程度保密，为的是掩盖他的计划。战列舰费用上限4700万金马克和战列巡洋舰费用上限4400万金马克将予保密；可以容易地从价格上扬觉察出来的技术改进将被掩藏，办法是只公布造舰的统一费率；舰只的下水和入伍日期将被当作国家秘密；帝国财政部被要求不披露关于增添海军人员的统计数字。后者事实上从1905年的40800人增至1911年的60800人。

然而，财政部的储备大幅减少。单是海军支出就从1901年的20780万金马克（总支出的17.9%）增至1908年的34740万金马克（23.7%）。财政部国务秘书赫尔曼·弗雷埃尔·冯·斯坦格尔不为蒂尔皮茨所动，后者论辩说自由派在英国1906年大选中的胜利将使海军预算可以削减；因为无法找到一条德国财政走出危境的途径，赫尔曼·弗雷埃尔·冯·斯坦格尔于1908年初提出辞呈。

尽管如此，帝国议会仍以显著多数在1908年3月通过了"修正案"。该增补法案将所有主力舰的寿命从25年减至20年，从而带来了舰队实力的一种增长，因为过时了的战列舰和巡洋舰将更快地被无畏级舰和战列巡洋舰取代。在数量上，这意味着德国舍弃它每年建造三艘战列舰的速度，以便从1908年至1911年每年建造四艘。帝国到1914年将拥有16艘战列舰和5艘战列巡洋舰，到1920年将拥有一支由58艘主力舰（38艘战列舰和20艘战列巡洋舰）以及38艘轻巡洋舰和144艘鱼雷艇组成的舰队。

诚然，1908年的"修正"暂时迫使蒂尔皮茨偏离其总规划，以便取得所需资金去跟上英国造舰。然而具有讽刺意味的是，增补法案已经内含了未来的海军扩展的理由：每年建造四艘战列舰的速度将在 1911 年到期，1912 年时将被减至每年建造两艘，从而造成计划内的一个所谓"空洞"。如果那时他能说服议会同意再新建造仅仅两艘主力舰，蒂尔皮茨就能达到他先前的目标，即一支由 60 艘主力舰组成的舰队，每 20 年将被自动更换。

然而，根据贝尔格汉的看法，这也只是个最低限度计划。德国工业至此已经极端依赖政府的造舰合同，蒂尔皮茨则满心指望海军军械大承办商们"以大量资金"发动一场鼓噪，争取到 1911 年以后每年建造三艘战列舰。倘若成功，这将使蒂尔皮茨能够从 1912 年至 1917 年建造 18 艘主力舰，从而达到那神奇的——尽管难以实现的——对英 2∶3 比例，那是他从世纪之交往后一直追求的。

1908 年的增长将英德海军竞赛激化到极其白热化程度。1907 年 4 月，德国人建立了一所位于森德堡的专门的"海军炮校"，而就 30.5 厘米口径新重炮做的实验展示了它对第二代无畏舰的可应用性。最大高度上的测距仪现正显露端倪——德国在大战期间给所有主力舰装上了设在旗杆上的顶端观察仪，而中线炮塔安装法到 1909 年已被引入大多数重要海军。"大口径"狂热也已到来。到 1914 年，克虏伯公司已在测试 38 厘米、40.6 厘米、45.6 厘米甚而 50.8 厘米口径巨炮。

从 1908 年至 1912 年，德国建造了四艘赫尔果兰级战舰（"赫尔果兰号""奥尔登堡号""东弗里斯兰号"和"图林根号"），平均耗资 4600 万金马克。这些舰只排水 22800 吨，最高航速 21 节，由燃煤三联膨胀式引擎提供动力（补充性的燃油器在 1915 年安装，舰只的双底部［double bottoms］存有 197 立方米油料）。有如前述，主要创新是采用 30.5 厘米口径重炮，装置在六座双炮塔内，一座在前，一座在后，两座在各一侧（六边形设计）。鱼雷直径被增至 50 厘米，而这一口径现在成了整个国王级系列的标准。由于仅为该级战列舰而回返到的三联式烟囱，设计者不经意地增大了这些舰只的轮廓。最后，应当指出，舰炮安装方式依然与拿骚级舰上的一样，而非中线设计里的超级开火炮塔。

为第三代德国无畏舰——德皇级——制订的计划到 1907 年已经起草，在赫尔果兰舰只完成以前。它们从 1909 年至 1913 年以 4500 万金马克的平均耗费得以建造,排水量为 24700 吨。最重要的设计改动集中围绕驱动设备。三台引擎形成 55000 马力,令最高航速可达 22 节。然而,"路易特波尔德摄政王号"被构造为安装一台大型柴油发动机以便巡航,可是当霍瓦尔特动力工厂未能达到海上服役所需标准时,它仍只有两台帕森斯涡轮发动机。这些舰只也是最初的带有补充燃油器的德国战列舰。除了常规的四艘替换舰只"德皇号""皇后号""阿尔贝特国王号"和"路易特波尔德摄政王号",一艘追加舰只"弗雷德里克大王号"被造出来作为旗舰(1912—1919 年)。所有德皇级战舰在 1914 年组成远洋舰队第三分舰队(表格 12)。

改用涡轮机驱动最终使得帝国海军能够舍弃六边形舰炮安装。德皇级舰只载有 10 门 30.5 厘米口径重炮,分布在 5 座双炮塔内:一座前炮塔;两座后炮塔,中央的一座高出另一座;两座侧翼炮塔,作对角偏移,如此它们就能双向开火。在德国,此乃首次此类设计。虽然比赫尔果兰少一座炮塔(两门重炮),但德皇级战舰并未减损任何火力,因为它们能够在一次猛烈炮击中释放所有五座炮塔(射出金属重量 3900 公斤),而赫尔果兰级只能将其六座炮塔中的四座对准任何一边(射出金属重量 3120 公斤)。五艘德皇级战舰大致类似于英国的"海王星号"(1909—1911 年)。

1909 年后,从"猎户座号"开始,英国人建造了三个系列的四艘战列舰和三艘战列巡洋舰,其全部重炮炮塔都沿舰只中线安装。10 门 13.5 英寸口径舰炮分布在五座双炮塔内,前后各两座(较靠中间的一座高于另一座),还有一座炮塔在舰只中部。这使得所有 10 门重炮都可以朝这个或那个方向部署作一番猛烈炮击,由此开启"超级"无畏舰时代。这种设计从美国南卡罗来纳级战舰(1906—1910 年)学得(只添上了中部炮塔),很快也被俄国、日本和若干南美国家采用。相反,德国的设计师们照旧使用较小的 30.5 厘米口径重炮,颇大程度上仰赖于 15 厘米口径次级舰炮。

德意志帝国也没有为第二系列战列巡洋舰毛奇级改用更大的口径的火炮,其在 1908—1912 年间建造,成本为"毛奇号"4260 万金马克,"戈本号"4160 万金马克。这两艘战舰被装上两台帕森斯涡轮发动机,最高航速 28 节。

28厘米口径火炮保留下来，而且像在"冯·德·坦恩号"上那样，10门炮管被布置在几座双炮塔内，一座在前，两座在舰侧甲板成对角偏移。然而，一座超级火力炮塔，即第五座（因而另两门28厘米口径舰炮），被插在后炮塔之前，因而前舰楼被朝后大大延伸。这些是最先得到较大的50厘米口径鱼雷发射管的战列巡洋舰。"毛奇号"1911年9月加入远洋舰队；"戈本号"1912年7月被编入德国地中海分舰队，并在1914年8月16日作为"贾乌斯·塞利姆苏丹号"加入土耳其海军。

单舰"塞德利茨号"保留了毛奇级的基本概念。舰载武器在口径和布局两方面都照旧不变。"塞德利茨号"是第一艘长度达到200米的德国主力舰，从它的两套帕森斯涡轮发动机获得高达29节的最高航速。重炮射程为18100米，然而通过减去炮塔内某些保护炮孔的装甲，其射程在1915年被增至19100米。如同几乎所有德国主力舰一样，8.8厘米口径快速连发舰炮在1916年被拆除，代之以两门或四门8.8厘米口径的防空高射炮。更有甚者，如同在不少其他舰只内发生的情况一样，锅炉管材料容易蚀损，因而需要工程师和司炉们累得半死地频频更换管子（表格13）。

德国型号统一的轻巡洋舰不断地继续建造。马格德堡级（4600吨）于1910—1912年建造，每舰耗费700万—800万金马克。四艘舰都安装蒸汽涡轮机，而且是头一批得到补充燃油器的德国轻巡洋舰。舰载武器由12门10.5厘米口径舰炮、两根50厘米口径舰侧水下鱼雷发射管——较大直径鱼雷在这类舰上的首次使用——和120枚水雷构成。

"卡尔斯鲁厄号""罗斯托克号"和"格劳登茨号"构成的第二系列在1911—1915年建造。这些舰只的排水量增加了500吨，而舰载武器（舰炮、鱼雷和水雷）没有改变。它们都是涡轮机驱动的，最高航速、航程或马力输出未作显著变动（表格14）。

如果试图对帝国海军军械给出一个准确的概览，并将其表述为德国的海军建设得以贯彻而无重大的政治反响的话，那就会是误导性的。大为相反。1908年"修正"与1914年8月战争爆发之间的那个时期或许是现代欧洲史上最忙碌、最混乱和对德意志帝国来说最致命的。战列舰和战列巡洋舰继续以每年开建四艘的常规节律建造。舰只排水量每系列增加 2000 吨。重炮口径继续攀升，鱼雷直径也是如此。吃水增大。舰宽增进。单艘舰长首次超过200 米。克虏伯装甲板持续加厚。涡轮发动机招致推进力以及舰炮安装方面的革命。战列舰最高航速达到了 22 节；战列巡洋舰则近乎 30 节。而且，超级火力炮塔沿舰只中线分布，这大大增进了一次猛烈炮击时射出金属的重量。无畏级舰已经过时；"超级"无畏舰到来。

海军建造亦非与德国政策绝缘，无论是对内还是对外。在地方，武器、钢铁、电力装备和机器的制造商们狂热劳作，以便完成愈益增进的海军合同；同样，他们变得愈益依赖政府订单。在 1909 年前的五年里，克虏伯在埃森的工业帝国在规模上翻了一番多，达到 10 万工人。位于汉堡的布洛姆—沃斯船厂从 1906 年时 4500 名雇员增至 1914 年时 10000 名，主要是修建战列巡洋舰而造成的。而且，一大批工人、夯土机、打桩机、疏浚船、拖船、驳船、起重机等等从 1909 年起劳作不迭，以便使德皇威廉运河和其他内陆水道适合新的无畏级舰。船闸必须加宽，下水滑道必须加长，以人员、金钱和时间上的巨大花费——特别是在威廉港，那里的情况被认为极难处理。1907 年，海军上将菲舍尔预言，德国在 1914 年晚春以前无法令北海—波罗的海联结以用于无畏级舰。这一猜测事后被证明是正确的（表格 15）。

而且，这一切都花钱——许多许多钱。1911 年的成本估算显示，下一艘战列巡洋舰（"德弗林格尔号"）的耗费将跃增 1000 万金马克，以便跟上英国舰只"狮号"和"虎号"。即使对赋税改革的最死硬的反对者来说，有一点也在变得清晰无误，即对消费品的间接税不再能支付这支巨型作战舰队。不仅如此，已经出现一批反思蒂尔皮茨大战略的德国军政领导人。首先，1909 年 7月接替比洛的新宰相泰奥波尔德·冯·贝特曼-霍尔维格极关心"蒂尔皮茨"计划的财政及外交后果。陆军领导人也厌倦在德国军备计划方面退居二线，叫嚷要重构最优先事项，为的是建设他们的兵力，以对付可能的对法俄两国的两线战争。而且，当陆海两军在 1911 年提交一项 10 亿金马克的预算时，德国正处于内部灾祸的边缘。

第五章 "我们将其逼入绝境"

结局(1912—1914)

  1908 年的"修正"触发了 1909 年的严重"海军恐慌"。根据其规定,德国将每年开建 3 艘战列舰和 1 艘战列巡洋舰,以便从 1908 年至 1911 年拥有总共 16 艘主力舰。另一方面,英国计划到 1908 年建造仅仅 2 艘新主力舰,到 1909 年 8 艘,1910 年和 1911 年各 5 艘——总共 20 艘。这当然会在无畏级舰建造上造就一个不利于英国的 5∶4 比例。面对来自大卫·劳合·乔治和温斯顿·丘吉尔要求进行急需的社会改革的强大压力,伦敦的自由党政府勉强论辩说英国到 1912 年将有 20 艘新主力舰服现役,来对抗最多 17 艘德国战舰;保守党人驳斥说德国可能占 21∶20 的优势。令形势变得更糟的是,蒂尔皮茨命令德国船厂储存关键原材料,特别是镍,并且提升军械能力。而且,令浑水更浑的是,他在议会批准拨款以前,就签订了新的造船合同,订购一艘战列舰("奥尔登堡号")和一艘战列巡洋舰("戈本号")。这非法提议亦被蒂尔皮茨在奥地利的同级人物格拉夫·蒙泰库科利海军上将采用,他在 1910 年订购了两艘(后来增至四艘)联合力量级主力舰,从而将奥地利舰队增至 28 艘主力舰。当英国人建议各自的海军武官被允许监察无畏舰建造时,德皇大发雷霆:"他们肯定疯了。"1909 年惊恐业已到来。

  如果蒂尔皮茨希望跟上英国从容应对 1908 年增补法案的步伐,那他就可悲地错了。不列颠帝国以这么一个口号集合在皇家海军周围:"我们想要八艘,我们不会等"。海军部转过来以在 1909 年成本估算中要求六艘而非通常的四艘主力舰予以回应。自由党左翼像蒂尔皮茨希望的一样,反对这一年内增长 50% 的预算。经过特别是菲舍尔为一方与劳合·乔治和丘吉尔为另一方之间的辛辣刻薄的辩论,议会做出妥协,赞成建造通常的四艘主力舰,同时添上一项保留,即另四艘将予开建,如果德国的行为证明它们实属必需。然而,任何情况下它们都不会危及被期望的、1910 年成本估算制订的惯常四艘战舰。而且,当维也纳计划开建四艘主力舰的消息传到伦敦时,问题已成定局。菲舍尔 1909 年得到了他的三艘无畏级舰和一艘战列巡洋舰,还有更多。皇家海军再度增大其舰载重炮口径;海王星级得到 10 门 34.3 厘米(13.5 英寸)口径重炮。

柏林以四艘国王级战舰回应。"国王号""大选帝侯号""边疆伯爵号"和"王储号"构成第四代德国无畏舰;这些舰只从 1911 年 10 月至 1912 年 5 月开建,每舰平均耗资 4500 万金马克。它们于 1914 年 8 月和 9 月编入现役,成为远洋舰队第三分舰队的组成部分,1916 年 5 月在日德兰半岛外服役。

国王级战舰是德意志帝国海军的最后一个完整的战舰系列,排水量 25800 吨,其三台布朗—波弗里尔—帕森斯三级蒸汽涡轮机提供最高航速 21 节。国王级舰的主炮阵由五座双炮塔内的 10 门 30.5 厘米口径重炮组成,这些炮塔全在中线上(与德皇级的舰侧炮塔不同),其中两座超级火力炮塔一前一后。改为涡轮级推进使得这一新布局成为可能,因为它使得舰内有较此前大得多的空间可用。每座炮塔有一个在炮舱下面的操作间,还有一台转动的炮弹吊车通往弹舱。炮靠液压提升,单独地或一起地,而且每座炮塔都完全由电力运作。全部橱柜桌椅皆为钢制,以便降低火灾危险。防鱼雷网被重新引入和载带,直到日德兰半岛海战为止,此后便被弃置,既因为它们将航速减至 8 节——全不适合舰队运作,也因为卷起后它们如果受损就会缠住螺栓(表格 16)。

四艘国王级战舰独一无二的方面是:它们起初被规划成每艘都安装一台 MAN 六缸两冲程柴油发动机,产生 12000 马力,并且使巡航航速可以达到 12 节。然而,有如德皇级"路易特波尔德摄政王号"的情况,柴油发动机未及时准备就绪。

与此同时,组织的变动也产生了重要的战略意义。1910 年春,最新的拿骚级无畏舰组成的远洋舰队第一分舰队从基尔移至位于北海的威廉港——距离英国近了120公里。在布伦斯比特尔的港口设施建设全力进行，那里德皇威廉运河与易北河入海口和北海相汇合。还有，在威廉港，两个能容纳最大战舰的码头现成可用，第三个接近完成。毫不意外的，在伦敦的英国海军部害怕德意志帝国会将其整个舰队驻扎在北海军港。

此外，英国正感觉到在基地设施以外的领域中海军竞赛带来的财政压力。1909年铺设的诸多龙骨给它的船厂能力添加了重负。从"狮号"（1909年）到"虎号"（1911年），战列巡洋舰的建价增长25%。从"铁公爵号"到"伊丽莎白女王号"，无畏级舰的造价攀升21%。总的来说，自1899—1900年往后到1914年，海军成本估算将足足增长74%，而自"无畏号"下水往后的递增等于39%（从1905年至1906年68110万金马克增至1914年94500万金马克）。1905年时，英国将其防务预算的54%花费于海军，46%花费于陆军，而到1914年，海军的份额已升至64%，陆军的份额降至36%。

德国的图景更暗淡。帝国防务预算从1905年92860.9万金马克（比较英国125726.9万金马克）升至1914年224663.3万金马克（比较英国160487.4万金马克）——增加142%。1914年德国防务法案总金额比英国高64100万金马克（40%），而1905年时，约低于英国33000万金马克（35%）（表格17）。

仅就海军支出而言，蒂尔皮茨总规划的账单已从1905—1906财年的23340万金马克升至1914年的47896.3万金马克——9年里激增105%；而那段时期里的英国海军成本估算只增加了28%。著名的海军史著作家、威廉二世和希特勒两人的侍徒弗里德里希·鲁格海军中将在其英文出版物中宣称，德国海军支出从1903年至1913年只增长了100%。瓦尔特尔·胡巴奇，另一位从海军军官转为历史学家的人物，欣然承认费用增长了300%！

就专项而言，德国最大的预算超支照旧出现在战列巡洋舰的制造中。海军部1910年的成本估算显露，下一项设计（"德弗林格尔号"）将需要5600万金马克，比"塞德利茨号"（耗资4468.5万金马克）激增25.3%。更糟的是，为规划好的马肯森系列做的1913年成本估算进一步增至6600万金马克，或曰比"塞德利茨号"增多47.7%。威廉二世完全不担心海军竞赛带来的财政紧张,在1911年8月他告诉海军上将冯·米勒:"钱有的是。帝国财政部不知道如何花费这些钱。"

财政部可不这么看。尽管皇帝作出了相反的保证,多数负责任的德国领导人到1910年也已承认,对消费品征收的间接税不再能支付舰队耗费——不管有多少啤酒和白兰地被消费掉。问题在于,任何解决办法都将自然而然招致社会和政治变动。而且,这些变动是保守派和农业协会会员无论如何都不愿接受的。在斯坦格尔之下,他们已同意一项遗产税——帝国议会制定的首次直接税——但没能走得更远。此外,各邦给予的专门"捐款"从未达到每年哪怕2500万金马克,结果到1904年国债已攀升至30亿金马克,而年度开支超出收入2400万金马克。

1907年选举给了宰相冯·比洛聚合一个"联盟"的机会,其中包括从前俾斯麦时代各卡特尔政党,保守党人和国民自由党人,还有联合在进步人民党内的民主党人和左翼自由派。在斯坦格尔的继任者莱茵霍尔德·冯·聚多夫指引下,比洛在1909年提出一项强硬的预算案,意在涵盖目前已达5亿金马克的巨额年度赤字。具体地说,比洛谋求增加遗产税,提高旧的或引入新的对白兰地、瓶装果酒、香槟、烟草、啤酒、煤气、电力等等征收的消费税。但事与愿违。社会民主党人和进步党人回避消费税增长,而保守党人和农业协会会员顽固反对继承税或遗产税。结果比洛辞职,聚多夫就解决财政梦魇问题几乎一无所成。

泰奥波尔德·冯·贝特曼-霍尔维格,比洛的后继者,试图另辟新径。经阿尔贝特·巴林斡旋,他发起了1909年8月至1912年6月与英国领导人的间接会谈。简括地说,贝特曼-霍尔维格的建议是主动向伦敦提出可放慢德国海军建造,换取一项在德国遭第三国攻击情况下的中立协定。此乃索取高价,但这位宰相认为拖长谈判,"一点一滴地"获取让步是聪明之举。

可是,外部事态将再次打断外交商谈进程。外交部国务秘书阿尔弗雷德·冯·基德伦-瓦希特尔在1911年夏愿将摩洛哥留给法国人,但要求以德国在刚果建立租借地作为补偿。为了推动法国人朝这个方向移动,他授权派遣炮舰"豹号"去阿加迪尔——既无海军部亦无海军司令部参谋班子的同意。

这被称作"豹的跳跃"的发生在 1911 年 7 月 1 日的事件导致英法关系变得更加紧密；他们各自参谋本部官员之间的联合会商立刻在伦敦和巴黎得到批准。孤立确实不再可能，更谈不上辉煌。

英国对"豹号"事件的反应激怒了蒂尔皮茨，以致他决心再来一轮海军规模扩大。历史竟是如此的相似：正如 1905 年的第一次摩洛哥危机被利用来帮助其通过 1906 年"修正"，第二次摩洛哥危机将有助于 1912 年增补法案通过一样。早在 1911 年 7 月 8 日，海军部的一位发言人曾直言不讳地说"阿加迪尔行动不管如何出笼，都将大有利于海军宣传"，旨在一次新"修正"的海军宣传。1908 年的增长已规定造舰放缓到 1912—1917 年每年两艘，如果整个海军大纲要得到拯救的话，这个"空洞"蒂尔皮茨现在必须填补。

海军部在冬季乐观地准备了一项增补法案，要求从 1912 年至 1917 年新添六艘主力舰；换言之，恢复每年三艘的增率。然而，贝特曼-霍尔维格在他正试图就此事与伦敦达成一项谅解的时候，断然拒绝考虑舰队规模的这种增长。不仅如此，1912 年选举即将举行，保守党人照旧顽固地拒绝讨论引入一种更严厉的继承税去弥补海军支出。

皇帝再次成了个问题。他从在《每日电讯报》事件中受到的羞辱恢复过来后，现在乐意驾驭德国国务。1910—1911 年间，威廉坚持要亲自为造舰向有关船厂发出电令；这本将粗鲁地突出他那经常遭批评的"个人政权"。最重要的是，1908 年以前岁月的狂暴口气再度凸显。以下述话语，"奢侈"舰队被解释给英国驻德大使爱德华·戈森爵士："我们不想被哥本哈根化。"当贝特曼-霍尔维格起而反对为 1912 年规划的巨量军备增长时，他被告诫要小心：他对威廉讲话就是对大选帝侯和弗雷德里克大王的后裔讲话。事实上，这位君主反复告诉内圈心腹：贝特曼-霍尔维格一钱不值，他只能指靠蒂尔皮茨、参谋总长赫尔穆特·冯·毛奇将军和普鲁士陆军部长约西阿·冯·黑林根将军提供帮助。"我必须是我自己的俾斯麦。"在一旦斗胆向威廉指出德国可怕的财政困境时，银行家阿瑟·冯·温纳被告知："对此我无动于衷。"胆敢暗示帝国的国际孤立的外交官们则被告知他们"神经极为紧张"。

反英情绪照旧被放任无边。德国驻圣詹姆士宫廷的大使保罗·格拉夫·

沃尔夫-梅特涅·祖·格拉希结果大受其苦。他追求安排一项德英谅解的努力,1911 年 11 月,在蒂尔皮茨面前遭到谴责:"荒唐,胆怯,虚弱,纯梅特涅垃圾。"深受蒂尔皮茨影响的德国海军武官(威廉·威登曼)被允许直接向皇帝汇报,结果后者不断地从驻伦敦的两位使节收到彼此冲突的评价。1912 年 3 月,无所不在的巴林提议威廉能大大缓解英德紧张,办法是向因罢工而歇业的英国运送煤炭,但皇帝反诘道:"煤炭?我要向他们投去一枚手榴弹,别无他物!"同一年,威廉二世告诉他的海军军官们:假如他一旦处于他爷爷在 1871年的境况,那么他的头一项和平条件将是"交出法国舰队";并且,他还以人所熟悉的反英辞藻结束这长篇激烈讲话:"英国人都是绵羊。巴尔福先生是头绵羊,张伯伦先生也是一头,爱德华·格雷最大。"

如此明显的轻浮在海军军官方面或可宽恕;但作为德国政体内的关键人物的宣告,它们不可能被轻易撇去。德皇的自闭症似的行为方式,经这些非理性的发作以及许多被载入国家文件的小评论相伴随和见证,与他那简单化的和自娱的、关于英德关系的非敌即友的判断直接相关。

1911 年 8 月,威廉在汉堡要求增进海军,"如此我们就能确保没有任何人会争议太阳底下我们的正当地盘"。这次演讲是个历史性重复:1899 年,他已经为海军建设发表他那著名的"急需"演讲,一次紧接布尔战争而来的演讲;最近的这次则紧随第二次摩洛哥危机。可是在 1911 年,还有别的索要德国纳税人的金马克的有力角色。普鲁士陆军长久站在一边,很不情愿地看着海军的成本估算十年里增加两倍以上。从 1904 年至 1912 年,陆军支出增长 47%,即从 64700 万金马克增至 94800 万金马克;相反,同一段时间里,海军资金攀升了 137%,即从 20655.5 万金马克升至 46198.3 万金马克。事实上,像下面的清楚地显示的,自 1898 年往后,海军预算相对于陆军预算不断增长:

1898 年海军预算 = 陆军预算的 20%不足

1901 年海军预算 = 陆军预算的 30.7%

1903 年海军预算 = 陆军预算的 34.1%

1905 年海军预算 = 陆军预算的 35.3%

1907 年海军预算 = 陆军预算的 37.8%

1909 年海军预算 = 陆军预算的 48.5%

1911 年海军预算 = 陆军预算的 54.8%

冯·黑林根将军在 1911 年试图恢复陆军在军备支出上的首要地位，建议增加三个陆军军团兵力，约 19000 名军官和 117000 名士兵。黑林根论辩说，在 1911 年，德意志帝国仅有 0.99% 的人口被武装，相比之下，法国的比例为 1.53%。

聚多夫在财政部的继任者阿道夫·威尔穆特和宰相贝特曼-霍尔维格经受了羞辱，因为 1911 年的陆海军联合预算高达 10 亿金马克。1912 年 1 月将举行选举，而对这位宰相来说，以这么一项预算去搞选举投票的前景没有吸引力。另一方面，蒂尔皮茨依然拒不让步，坚持至少建造四艘新的主力舰，并且指责贝特曼-霍尔维格和威尔穆特"用铁丝网将帝国财政部团团围住"。他的心腹卡佩勒在 1911 年 10 月大胆地——如果是错误地——论辩说："英国在将来的岁月里必须并且将会联德反法……英国必须并且将会靠向我们一边。"可是，1912 年 1 月的选举——那召出 84.5% 的选民——将软化这一立场：社会民主党人，任何防务开支的热烈反对者，获得惊人成功，得票 425 万，在议会有 110 席。这使他们（按照皇帝的说法是"人渣"）无疑成为帝国议会内的最大派别。正是在这关键时刻，理查德·伯顿，克罗恩的哈尔丹子爵，1905 年以来的英国陆军部长，与欧内斯特·卡塞尔爵士一起前往德国，为的是商谈海军竞赛中一项可能的削减。

哈尔丹从亨利·坎贝尔-班内尔曼爵士那里得到一个绰号"叔本华"，部分地因为他将这位哲学家的《作为意志和表象的世界》译成了英文。他装作一名民间旅行者，于 1912 年 2 月抵达柏林。他获威廉二世以及海军上将冯·蒂尔皮茨和冯·米勒接见。哈尔丹仅与皇帝一人从事最初的商谈，并且极为乐观："已造就的新气氛极好……此刻的前景甚佳，我似乎受到了一种新力量激励。"

没有什么可以比上述言论更远离真实的了。他的使命注定是一无所获的，主要是因为蒂尔皮茨已下定决心会谈不应该或者说是不能有任何成果。这位国务秘书完全知道与英国的任何协议都只能以 1912 年提议的增长为代价去获得,那是一个将使他的总规划——创建一支有60艘主力舰的舰队——破产的逆转。他因此以下面的话回应哈尔丹:"透过我你将看到英国的梦魇。"他将哈尔丹的旅伴卡塞尔谴责为"一名犹太叛徒,在其邸宅里英法协约将最终缔结"。而且,他使用了俾斯麦式备用策略,即威胁辞职,当所有别的都失败后——确实他在1912年3月10日提交了这么一份条陈。因而,几乎毫无意外的是,哈尔丹几天后向贝特曼-霍尔维格将蒂尔皮茨描述为"一个危险人物"。

哈尔丹使命的惊人之处不在于实际商谈了什么,而在于后来伦敦和柏林声称商谈了什么。哈尔丹宣称,他只在德国人面前摇晃了一下做出某些小的殖民让步的可能性,以换取英国参加巴格达至柏林铁路修建的资格和一项英德之间总的海军协议。另一方面,柏林断言哈尔丹主动做出了一项坚定的提议,给予坦噶尼喀海岸外的两个海岛桑给巴尔和奔巴。1911年已成为首席海军大臣的温斯顿·丘吉尔未给哈尔丹的任务带来任何轻松。1912年2月9日,哈尔丹恰好在柏林之际,丘吉尔在格拉斯哥宣告"从某些观点看,德国海军对它们来说更多地具有奢侈品性质"。这事后被证明是个十足的炸弹。德语词"奢侈品"(*Luxus*)有一种贬义意味,即就它而言的豪华铺张,其应用于远洋舰队令人大为光火。

威廉二世很快自认为是英国诡计的受害者。"我和德国人民的耐心到头了。"另一方面,海军上将冯·蒂尔皮茨现在乐意利用公众对阿加迪尔危机和丘吉尔演说的狂怒,以便安然实现新的海军增长。意在公众消费的反英辞藻很快被抛在旁边。不仅如此,对六艘要添加给舰队的新主力舰的要求已被有意抬高,以有利于对付宰相。仅剩两艘新舰就将实现有60艘主力舰的舰队这一梦想。1912年4月,新的防务成本估算被提交议会,四周后获得通过。与此同时,贝特曼-霍尔维格1911年10月的企图,即要招致一项基本决策以决定陆军与海军孰先孰后,因为冯·黑林根将军的拒绝被拖入军种间竞斗而失败。

即使在威尔穆特修剪之后,总预算也达到83100万金马克。海军的份额用于建造三艘新的无畏级舰和两艘轻巡洋舰以及增加15000名海军官兵。这三艘新战列舰,连同第二艘舰队旗舰和作为物资储备的四艘战列舰,将构成舰队的一个新分舰队的核心。远洋舰队于是将由一艘舰队旗舰和五支分舰队组成,每支分舰队有 8 艘战列舰、12 艘大型巡洋舰和 30 艘轻巡洋舰;海外兵力则由 8 艘大型巡洋舰和 10 艘轻巡洋舰组成。第六支分舰队,包含老的"海岸防卫"分舰队的替换舰只,将在后来被添上,就如已建造或正在建造的 8 艘战列巡洋舰后来那样。不仅如此,蒂尔皮茨现在计划将 8 艘在海外服役的大型巡洋舰改编入一支追加的战列巡洋舰分舰队,持久地驻在威廉港。于是,到 1920 年,人员 10.05 万名的帝国海军将拥有一支包括 41 艘战列舰、20 艘大型(战列)巡洋舰和 40 艘轻巡洋舰。当然,这些数字没有包括为第六支分舰队做的计划中的,或曰将得自海外舰队的那 8 艘战列巡洋舰。或许最重要的是,舰队一切时候都将被维持在完全可战状态,物资储备将被废除。

威廉二世喜不自胜。哈尔丹已被不客气地送走。贝特曼-霍尔维格珍爱的英德海军协议已被搞得胎死腹中,没有同时发生宰相辞职,那几乎肯定会激发一场新的国家危机。蒂尔皮茨以他被夸大的最初要求,已设法令"社会党人支配的"帝国议会觉得满意,因为将他的预算削减到了三艘新主力舰。海军大纲内的"空洞"至少就三年(即直到 1914—1915 年)而言已被堵塞。皇帝处于一番成功之潮的浪峰,得意扬扬:"我们已将他们(英国人)逼到了墙角。"

在 1912 年春季总的欣快氛围中,只有纠缠不休的财政难题拒不消退。3 月间,保守党人第三次拒绝一项累进遗产税,这促使威尔穆特像其前任斯坦格尔和聚多夫那样,坚持必须接受他的辞职。一项资本得益税最终在 1913 年被通过,但战争的爆发和该税的被弃使人无法评论它可能有何效果。到 1913 年,德国已在防务上花费了它其收入的 90.1%;1914 年,国债已达 50 亿金马克,较之 1898 年增加了约 125%。

1912 年"修正"以极代价高才得以实现。它不得不与陆军预算绑在一起提交帝国议会,这对蒂尔皮茨来说是史无前例。陆军现在被牢牢地重新确立为德国防务需要的老大。1911 年海军预算等于陆军支出的 54.8%——13 年来不断提高的顶点,此后便急剧走低:从 1912 年的 49.4% 到 1913 年的 32.7%。此外,陆军关于一场欧陆战争在近期未来不可避免的战略概念取代了蒂尔皮茨自 1898 年以来的"世界政策"（*Weltpolitik*）模式。1912 年 12 月，冯·毛奇将军宣告"我认为战争无法避免，而且它来得越快越好"，而在那时蒂尔皮茨却只能答道海军至少需要将冲突推迟 18 个月才能准备完毕。海军上将亨利希亲王在 1912 年 8 月觉得，帝国不再经得起建造无畏级舰。这位亲王告诉他的皇帝兄长：他"许久以前"就放弃了希望，蒂尔皮茨的宏大规划能实现的希望。

最糟的事情还在北海彼岸翘首以待。首席海军大臣证明，在促进海军拨款上，他就像自己作为内政大臣时曾反对它们那样坚决果敢和咄咄逼人。1912 年 3 月，丘吉尔告诉下院：蒂尔皮茨每新添一艘主力舰，英国海军部就将开建两艘。同一个月里，海军部将马耳他为基地的战列舰移至直布罗陀，并将驻扎在直布罗陀的大西洋舰队转入本土舰队，作为第三战斗分舰队。这一洗牌实现了菲舍尔的信念，即"我们无法拥有一切，也无法处处强大。在辅助性战区却强大有力、在决定性战区不占压倒性优势乃徒然无用"。

在地中海的战略变动亦予从事。德国人 1910 年已将无畏舰问世以前的"选帝侯弗雷德里克·威廉号"和"威森堡号"卖给土耳其，并在 1912 年 11 月以新战列巡洋舰"戈本号"和若干轻巡洋舰创建了一支专门的地中海分舰队。此外，奥地利现在冲上舞台，宣布它又将建造一艘即第四艘主力舰（替代君主级），因为它觉得其所谓的盟国意大利不再可靠。丘吉尔正确地断定，"无论我们做什么，对地中海的海军控制正在迅速地从我们手里脱落，与此同时我们依然单枪匹马"。与法国人的商谈很快开花结果：1912 年 9 月，法国将其大西洋分舰队从布雷斯特移至地中海畔的土伦（英帝国先前的"喉咙"），而且到 1913 年 4 月，在英吉利海峡和地中海进行联合防御作战的计划已经准备就绪。

丘吉尔还推进了菲舍尔的人事改革（"塞尔伯恩计划"），通过在 1912 年 8 月的一项提议，那就是经一年见习期，将格外有才的海军士官和准尉接纳进委任军官行列。唯有业绩才将是皇家海军的任职标准。据此，首席大臣忽略了若干海军高级将领，以便使海军少将戴维·比蒂成为他的海军大臣，并且在 1911 年 12 月将约翰·杰利科，22 名海军中将中资格倒数第二浅的，提拔到本土舰队副司令的职位。

丘吉尔不惮与德国公开对抗。1912 年 3 月 18 日，他在下院将德国说成是英国唯一可能的海上敌人。随之，他在那年夏天提议设立一个所谓"海军假日"，据此德英两国都将同意一年不造任何主力舰。威廉二世对他所称的"傲慢"演讲勃然大怒，因为丘吉尔的提议当然会维持英国的战列舰优势。蒂尔皮茨担心，丘吉尔要求"海军假日"纯为伪装，旨在发动一场针对德国的"哥本哈根化"。英德海军竞赛至此已使得柏林被笼罩在猜疑、惊骇和敌意气氛中。蒂尔皮茨公开谈论一种"恶性循环"。威廉二世从伦敦召回沃尔夫-梅特涅大使。

首席海军大臣——他能就 1912 年的"修正"发现"现代海军国家的先前做法中史无前例"——还有最后一张王牌要打。丘吉尔在 1912 年披露，英国能建造五艘新的"超级"无畏舰，充当主要作战舰队的一个新分支。这些伊丽莎白女王级战舰的最高航速为 25 节；它们的排水量从 31000 吨到 33000 吨。它们是最先装备纯燃油引擎的英国战列舰，被认为是世界上头一批快速战列舰。海军上将菲舍尔十年前就已被称作"油料狂"，领先给"无畏号"装备补充燃油器；1911 年时，美国海军装备了纯燃油的"俄克拉荷马号"和"内华达号"。英国不同于德国，能确保从中东获得源源不断的供油。仅为保险起见，伦敦政府 1914 年 8 月用 220 万英镑购买了英国—波斯（后为英国—伊朗）石油公司的控股权。

第二项革命性发展来自舰载武器领域。美国在 1910—1911 年间在德克萨斯级战舰上改用 35.6 厘米（14 英寸）口径重炮，就像日本金刚级战舰那样。菲舍尔将英国舰载军械从 30 厘米（12 英寸）口径舰炮提升至 34 厘米（13.5 英寸）口径舰炮，炮弹重量从 850 磅提升至 1400 磅，比德国海军发射过的最大抛射体还要重 40%。丘吉尔现在引入 15 英寸（38 厘米）口径舰炮，它能将一个 1920 磅的抛射体投掷 30 公里。计算证明 8 门 38 厘米口径舰炮优于 10 门34.3 厘米口径舰炮，于是决定取消舰腹单一的双炮塔，安装前后四座被抬高的、总共有 8 门重炮的超级火力炮塔。

首席海军大臣 1912 年期间采取勃然有力的反制措施，加上 1912—1913年巴尔干战争的爆发，引起了北海对岸又一番近乎惊恐的扰动。许多德国人，包括"高级军官",提取他们的储蓄,转存入瑞士银行。按照巴伐利亚陆军武官的说法,威廉二世"命令参谋本部和海军司令部参谋班子制定出宏大的入侵英国计划"。英国再次被谴责为"一个店主民族",与德意志"英雄—武士"民族截然相反。在其暴怒发作之中,德皇将他多年前接受了蒂尔皮茨的作战舰队大纲忘得一干二净,现在主张:"对英国在斯凯尔特河或经敦刻尔克的部队运输进行直接的潜艇战,还有在泰晤士河的水雷战。告诉蒂尔皮茨:迅速建造潜艇等等。"然而,这位国务秘书不打算颠覆他的整个舰队理念以利"劫掠战"(*guerre de course*)。

德国一年后将以拜仁级战舰追随英国的海军军械发展,可是在1912—1913年期间,它反而集中于德弗林格尔级战列巡洋舰建造。三艘舰只从1911年夏季至1912年秋季被设计出来,1912—1913年间开建,每艘耗费5600万—5900万金马克。"德弗林格尔号"1914年9月编入现役,"吕佐夫号"和"兴登堡号"则分别在1915年8月和1917年5月编入现役。伴随此级,帝国海军就战列巡洋舰而言改用30.5厘米口径重炮,因而在最终布局中仅有8门炮管被安装在4座超级火力炮塔内。中央炮塔于是被取消。拜仁级将继续这一从美国"南卡罗来纳号"(1905年)学来的设计。"吕佐夫号"和"兴登堡号"装配有更新更大的60厘米直径鱼雷,而"德弗林格尔号"是第一艘得到8.8厘米口径防空高射炮的德国主力舰。然而,这些战舰有个阿喀琉斯之踵,因为它们的舰首未有充足的防护;因为缺乏空间,惯常的鱼雷舱壁已被取消,从而使得前炮塔之前的舰侧鱼雷舱易遭炮击损毁。日德兰半岛海战表明这个缺陷是致命的。德弗林格尔级战舰排水约27000吨,最高航速26—27节。

伦敦的绝技,即建造伊丽莎白女王级战舰,令蒂尔皮茨别无选择,只能接受这最近的英国在质量上的挑战。他在1912年的应战是拜仁系列。头两艘舰只,德意志帝国完成的最后的无畏级舰,于1913年9月开建,每艘耗费4900万—5000万金马克。这两艘战列舰在1915年3月和10月完成,来不及参加日德兰半岛海战,却于1918年11月被扣押在斯卡珀湾。"拜仁号"和"巴登号"是涡轮机驱动的战舰,最高航速达22节。它们每艘排水28600吨,载有全员1171名官兵(表格18)。

1911年时的战列巡洋舰"冯·坦恩号"

英国人在伊丽莎白女王级战舰上改用38厘米口径重炮,这自然在柏林莱比锡广场(海军部)引起了惊恐。英国海军部就猎户座级采用34.3厘米口径重炮,未令德国人特别烦恼,因为德国人觉得他们的30.5厘米口径舰炮优于英国人的13.3英寸舰炮。然而,丘吉尔引入38厘米口径重炮的决定令德国别无选择,只能再次追随英国人,否则就被甩在后面。因而,在1913年决定用38厘米口径重炮装备战列舰,用一种新的35厘米口径重炮装备战列巡洋舰。意大利、奥匈和俄国使用的三联炮塔做的实验表明,此举首先必须克服重大的技术困难,而且就重量而言,六座双炮塔相当于四座三联炮塔。因此,军部同意增大重炮的口径,但保留双炮塔。结果,"拜仁号"和"巴登号"被装上8门38厘米口径重炮,分布在一前一后两座超级火力抬高式双炮塔内,连同16门15厘米口径舰炮和(在1917年)4门8.8厘米口径防空高射炮。

战列巡洋舰"德弗林格尔号"

擦拭舰炮炮膛

两艘追加舰只，"萨克森号"和"符腾堡号"，1914年和1915年开建，但最终没有完成。在1914年4月和8月下订单，战争结束时建造终止；直到那时，"萨克森号"离建完还差九个月，"符腾堡号"还差十二个月。它们在1921年遭分解和拆除。希格弗里德·布雷耶尔声称，以拜仁级为标志，德国的无畏舰建造达到了它的"完美巅峰"，接下来二十年将无任何重大的设计变动。

拜仁级结束了德国的无畏舰建造。只有马肯森级战列巡洋舰还将在1914年以后开建。这要在后面一章（第十章）谈论。到1914年，德国已照搬了大多数英国设计创新：补充燃油器、38厘米口径重炮、蒸气涡轮机、超级火力双炮塔、中央及舰尾重炮安装。只有纯燃油战舰未被采纳，一部分是因为德国的规划者们坚持认为在鱼雷舱壁外，舰侧煤仓提供了追加的水下防护，另一部分则是因为蒂尔皮茨无法确保德国有能力来不断供给燃油。

德国1912—1913年间，还为和平时期最后两个系列的轻巡洋舰订下了合同。"雷根斯堡号""皮劳号"和"埃尔宾号"于1912—1915年间建造，每艘耗费约880万金马克。这些舰只起初为俄罗斯帝国海军开建，但在1914年8月5日被没收。另一方面，"威斯巴登号"和"法兰克福号"更大，是5200吨级舰只。所有五艘轻巡洋舰都在1915年加入舰队（表格19）。

只为在中国服役而专门设计的三艘内河炮舰也在1902—1910年间建造。

"青岛号""祖国号"和"水獭号"是1918年以前在德国完成的最后炮舰,而且这三艘——有如它们的前驱掠食者级——都由三联膨胀式引擎驱动。"臭鼬号""美洲豹号""虎号"和"猞猁号"1914年被摧毁在胶州;"豹号"1913年在国内拆除;"野猪号"1917年被扣押在巴伊亚之后遭凿沉,"青岛号"1917年同样如此,当时中国对德宣战;"祖国号"和"水獭号"1917年被中国人没收。

就鱼雷艇建造而言,T180—T185系列(1909—1910年)往后的时期殆无变化。到1911年底,位于基尔的日耳曼尼亚船厂已经造完T192—T193和T195—T197鱼雷艇。这些660吨、每艘耗资180万金马克的船只都像T180—T185一样配置武器,而且几乎有同样的航速和巡航航程。到1914年,在基尔的伏尔甘公司已建造了800吨的V25—V30鱼雷艇,装备3门8.8厘米口径机炮和6根50厘米口径鱼雷发射管。这些鱼雷艇亦由涡轮机驱动,可以达到34节的最高航速,并在航速20节时巡航航程达1080海里。所有这些鱼雷艇都被设计来在北海协同远洋舰队执行任务(表格20)。

海军航空侦察方面,德国也有一个不怎么样的开端。早在1891年,观察气球试验就已在赫尔果兰岛外进行,但那时的海军部国务秘书冯·霍尔曼海军上将报告说,归因于雾霭和恶劣气候,无法从它们得到任何军事价值。蒂尔皮茨同意这看法,将进一步试验全部终止了。陆军和海军在1895年都看不上斐迪南·格拉夫·冯·齐普林的飞艇。11年后,海军再次拒绝齐普林的发明,论辩说海上紧急降落太危险,而且飞艇每小时12英里的最高航速不足以对抗北海强风。1909年,这位国务秘书又拒绝了来自"莱特飞行器"的一项提议,这种飞机可以从战舰上起飞——尽管事实上威廉二世鼓励海军深入观察航空发展。下一年里,蒂尔皮茨终于允许一名海军军官前往康斯坦茨湖考察齐普林的试验飞行,但他再度反对就飞机开发作任何讨论。只是在1911年,他才准许组建一个位于但泽附近普齐格的实验性的航空站。

海军的齐普林计划于1912年正式起步,其时蒂尔皮茨同意给出200万金马克供"海军飞艇支队"使用,在1911年的试验令他相信下面几点之后:飞艇可用于北海侦察,可针对敌方的潜艇和水雷部署,可用来向敌方的码头、船闸和弹药厂投掷炸弹。结果，海军购买了它的第一艘飞艇，于 1912 年 10 月以 L1 的编号编入现役，耗资 85 万金马克。它的航程约 1440 公里（在空中持续飞行 30 小时），不足以用在英国近岸。L1 装备两挺机关枪以便防空，并可装载实验性的 80 公斤炸弹。

接着，1913 年间，蒂尔皮茨经德皇核准购买了 10 艘飞艇，每艘的寿命预期为 4 年。同年 5 月，这位国务秘书创建了一个"海军飞艇分部"，位于柏林附近的约翰尼斯塔尔。然而那年秋天，灾难两次来袭。9 月的编队演习期间，L1 毁于强风暴中，其 20 名艇员中有 14 名丧生；下一个月里，L2 偕同其所有艇员陨于氢氧混合时的一次意外导致的爆炸。L3 于 1915 年 7 月编入海军，但先前两次灾难冷却了蒂尔皮茨对飞艇开发的兴趣，因而他取消了 10 艘飞艇的订单，这些飞艇本将在 1914—1918 年间交付。甚至过去的两项齐普林订单也从未兑现，到 1914 年 8 月帝国海军只拥有 L3。令人惊奇的是缺乏大的飞艇库（1914 年以前的一个太小，容不下 32000 立方米的齐普林飞艇），这意味着 L3 及其后续者不得不被辗转弄出现存的小库，那是个冒险的操作，在刮侧风期间尤其如此，因而它们并非在所有时候都可用于舰队侦察。只有杰利科海军上将才敬畏齐普林飞艇的海军侦察潜能，总是痛惜帝国海军舰队本可凭这些飞艇而拥有绝品"眼力"的。

飞机开发甚至更慢。只是在 1910 年 10 月蒂尔皮茨才同意深入观察此事，并在第二年下拨了微薄的资金（10 万金马克）。在但泽的帝国船厂（Imperial Yard）被责成海军飞机开发，1910 年 11 月，时年 48 岁的海军总监海军元帅亨利希亲王成了获得飞机驾驶执照的第一位海军军官，这对飞机开发是个巨大的促进。

与此同时，埃利中尉于 1910 年和 1911 年设法从巡洋舰"伯明翰号"的甲板上起飞，并降落在装甲巡洋舰"宾夕法尼亚号"的甲板上。然而，直到 1917 年，任何地方都没有进行进一步的甲板降落的尝试，德国海军部则照旧藐视将飞机降落在舰船上的任何尝试。在英国，丘吉尔从一开始便对水上飞机的创新性感兴趣，1913 年 5 月，老巡洋舰"赫尔墨斯号"被改成一艘海上飞机母舰。于 1914 年被改装过的商船"皇家方舟号"取代；到大战爆发时，英国已拥有 7

艘飞艇、31架海上飞机和40架陆基飞机。然而除了菲舍尔、杰利科、斯考特和舰长休特,绝大多数皇家海军军官都将海上飞机视为"首席大臣的玩物"。

在德国,海上飞机实验1911年间围绕阿尔巴特罗公司开发的单浮筒型号进行。下一年里,双浮筒飞机受到青睐,而蒂尔皮茨在1912年拨出20万金马克用于海上飞机的竞争性试验。常规预算允许用15万金马克建造一个飞机场,用两倍于此数的资金发展海军航空。一项"全国航空捐款"刺激了这场竞争,它由美国柯蒂斯海上飞机赢得,因为阿尔巴特罗公司和鲁姆普勒公司开发的德国原型交货过晚。海军司令部参谋班子现在提倡用海上飞机侦察在北海的潜艇和水雷,但蒂尔皮茨论辩说这不成熟。经妥协后,他布置了一个长期计划,据此德国到1918年将创建出六座海军航空站(两座在波罗的海),每座有八架海军飞机。到1913年,四架已经在手,包括美国柯蒂斯飞机和英国索普威思飞机,因为"德国工业未搞出任何有用的东西"。1913年9月,将海上飞机从水面吊升到巡洋舰"弗雷德里克·卡尔号"和从该舰将它们吊降到水面的试验令蒂尔皮茨确信这几乎没有军事价值,因为飞机只能载5公斤炸弹,而且既无炸弹舱,又无准确的瞄准器。

远洋舰队1914年演习期间,四架飞机被试验从事侦察活动。其中,D14在赫尔果兰岛外坠落,D7无法飞离水面,仅D12(英国型号)能够试验及格。此外,在被送往胶州的两架陆基飞机中间,第一架在其1914年7月31日首航中坠落。到1914年8月,12架海上飞机和1架陆基飞机已可供海军使用。1914年的飞艇和海上飞机预算达845万金马克。总的来说,到1914年,德国已在海军航空上支出1840万金马克,相比之下,为单独一艘战列巡洋舰("德弗林格尔号")就耗资5600万金马克。

到1914年,潜艇也已被添入"追捕战"武库。1898年1月,法国下水"古斯塔夫·泽代号",它在模拟战中击沉战列舰"马冈塔号"。对这新武器的兴趣在巴黎勃发到狂热的程度,那里它被广泛欢呼为击毁英国水面军力的理想杀手。然而,问题在于潜水器如何应用于战争。美国革命者曾以一个单人驾驶的潜水器"乌龟号"在英国皇家军舰"老鹰号"的包铜舰壳上钻孔和放置炸药,但失败了。直到1864年在查尔斯顿军港,一艘水下艇即南部邦联的"亨利号"才击沉了联邦的小型护卫舰"胡萨托尼克号"，它采取的办法是在它艇首前面悬浮一枚鱼雷并猛撞这艘军舰。最重要的是，水面和水下推进问题继续令潜水器的战时价值变得微不足道。A.K.威尔逊海军中将，英吉利海峡分舰队司令和注定要在1909年继菲舍尔任首次海军大臣的人物，于1902年表达了许多人的看法，当时他将潜艇说成"诡诈下作、不公平和极度非英国的"，并且希望其艇员像海盗那样被抓获和被绞死。

有讽刺意味的是，德国，其潜艇（Underseeboote）20世纪里将两度成为世界的祸害，竟是潜艇开发的后来者。蒂尔皮茨对战列舰的酷爱几乎全未给开拓其他领域海军武器留下余地，而且这位国务秘书拒绝创建他所称的"实验博物馆"。尽管如此，在心腹们的压力下，1904年4月4日，他最终同意发出订单去订购一艘潜艇。迟至1899年12月，忙于更加有利可图的主力舰建造的德国诸船厂还祝贺帝国海军，祝贺它"没有被拖入昂贵和令人厌烦的潜艇实验"。在1905财年，蒂尔皮茨拨出150万金马克用于潜艇实验，结果在1906年12月14日，克虏伯属下位于基尔的日耳曼尼亚船厂向海军的鱼雷开发监察局交付了第一艘潜艇（U1），该局直到1913年为止一直负责所有潜艇。当时，U1在德国海军界几乎全未引发激动。《航海》和《海军评论》晚至1907年10月才报道U1加入现役，而且这两个刊物都说海军"极不乐意地"建造了这艘舰艇。

U1建造耗资190万金马克，水面排水量238吨，水下排水量283吨。它的六缸两冲程油料或重油（煤油）引擎使其水面航速达10.8节并在航速10节时航程达到1500海里；电池能提供8.7节的水下航速和航速5节时的50海里航程。艇载武器由一根艇首45厘米口径鱼雷发射管（3枚鱼雷）构成，没有火炮；它能够在100秒内下潜到艇塔以上8米水深。

德国潜艇的基本型号保持了这种双壳艇结构，它已由法国人洛伯弗在1897年予以完善，将潜水舱置于贯穿潜艇后四分之三的主舱之外。在德国，柴油引擎在潜艇上的装配也来得颇晚，而法国于1904年便完成了此举。首批18艘德国潜艇，唯U2例外，都使用重油作燃料。油料引擎，特别在U5至U8上，往往暴露了潜艇的位置，其散发浓重的白烟和响亮的燃爆声，使其在夜里在很远的距离外便能被察觉到。因此,1905 年以后,便进行了柴油推进器试验。1910 年 8 月改用柴油,这首度在德国的计划中将潜艇从一种"追捕战"(*Kleinkrieg*)武器提升为一种决定性的战略手段,意在大量杀伤敌方的战列舰力量。先前的计划,即部署潜艇作为沿北海线——雅德河口至赫尔果兰岛至利斯特尔深水道——的浮动火力组,现在被舍弃了。当时尚无用潜艇攻击商船航运的计划。

克虏伯又一次在恰当的时机端出恰当的设计。除了在但泽的帝国船厂,只有他的日耳曼尼亚船厂在大战前生产出潜艇。海军部 1907 年决定再订购 3 艘潜艇,而且 1910—1914 年间有 26 艘柴油动力潜艇(U19 至 U41,U44 至 U45)在建。海军用于潜水装置的预算从 1905 年的 150 万金马克增至 1910 年的 1500 万金马克,到 1913 年则已达 2000 万金马克。

1906 年的 U1 之后,德国的潜艇建造迅速推进。例如,U19 于 1910—1913 年建造,体积翻了一番多,达到 650 吨排水量,耗资 290 万金马克。其航程增大四倍,达到航速 8 节时续航 7600 海里——在伦敦未被普遍认识到的一个事实。下潜到艇塔以上 8 米水深的时间已被缩短到 90 秒。艇载武器已升级到艇首艇尾各两根发射管,存有 6 枚 50 厘米口径鱼雷;后来又装上一门 8.8 厘米口径火炮。建造时间为 31 个月。

U19 是第一艘装有两台 850 马力 MAN 柴油引擎的德国潜艇,提供 15 节水面最高航速和 9 节水下最高航速。这些双螺旋桨潜艇等同于英国的 D 级潜艇。U19 系列被设计成潜水 50 米(164 英尺)深,但是偶尔也可达到 80 米(275 英尺)。海军部 1913 年还计划建造布雷潜艇(UC 潜艇),但直到 1914 年 11 月才实现该计划。

1912 财年预算展望一支最终有 72 艘潜艇的潜艇舰队,然而战争爆发时,德国仅有 28 艘,相比之下法国有 77 艘,英国有 55 艘,美国有 38 艘。1908 年时采用陀螺仪,以取代磁罗盘,这大大增强了潜艇在战争中的效用;鱼雷经"加热"推进和其本身装备陀螺仪,这些改进使潜艇成为一种不可忽视的武力。

1909 年,潜水装置首次被允许参加远洋舰队演习——虽然隔着一段距离,而且只在实验基础上,可是蒂尔皮茨仍然对它们极为冷淡,反复投票反对它们参加秋季演习。然而,在1912年,冯·卡佩勒海军上将趁蒂尔皮茨不在柏林,将它们纳入秋季演练。9月,一支"潜艇小舰队"和一所位于基尔的专门的"潜艇学校"也建立起来。不过,冯·蒂尔皮茨海军上将照旧怀抱他对马汉战列舰概念的顽固执信。无论是德国的"飘渺飞翔"热还是1914年以前的潜艇大勃发——皆为"危险的""追捕战"偏离——都不受莱比锡广场的青睐。

德国的海上力量1914年时正在以尽可能最快的速度膨胀。"风险"时期,德意志帝国容易被英国"哥本哈根化",已被安然度过。远洋舰队按规划要拥有一艘旗舰和五支分舰队,每支分舰队由8艘战列舰以及12艘大型(战列)巡洋舰构成,那是1912年"修正"规定开建的。就此而言,到1914年底蒂尔皮茨可以依靠下列舰只:17艘无畏舰(1艘旗舰"弗雷德里克大王号";第一分舰队由4艘拿骚级舰和4艘赫尔果兰级舰组成;第三分舰队则有4艘德皇级舰和4艘国王级舰);8艘无畏级以前的战列舰(4艘布伦瑞克级舰和4艘德意志级舰);4艘战列巡洋舰("冯·德·坦恩号""毛奇号""塞德利茨号"和"德弗林格尔号");还有4艘装甲巡洋舰("布吕歇尔号""阿达尔贝特亲王号""鲁恩号"和"约克号")。未来还有4艘拜仁级无畏舰和2艘德弗林格尔级战列巡洋舰——以及3艘计划在1916年替换老的赫莎级大型巡洋舰的舰只。

就很年轻的德国海军来说,这是个值得称颂的成就,然而伴随开发辅助型武器如飞艇、飞机和潜艇的迫切需要,这也使德国海军一直处于财政窘迫之中。1913年10月威登曼从伦敦(很不正确地)报告说英国人正在考虑减小其重炮口径,德皇立即松了一口气:"此乃天降福音。"下一个月里,威廉告诉蒂尔皮茨:1912年"修正"规定的舰队"超过了可用人员的限度,更不用说钱袋了"。这位君主公开谈论"这无休止的旋拧"的"可怕"性质。他告诉在伦敦的威登曼"这里弓绷得太紧,像在英国一样"。

至此,威廉的性情和行为有了一种可察觉的变化。19世纪90年代里,作为自命的"贫民的国王"(*roi des gueux*)——借自弗雷德里克大王的又一典型——他会见帝国议会议员甚至工人代表团,而1900年以后他不再见后者,

《每日电讯报》事件(1908年)过后则不再见前者。不仅如此,直至1906年,他屡屡访问英国和俄国;现在,他从外交报告和更频繁的陆海军报告中获得信息,而这些报告经他的工作人员挑选,以便支持他事先已有的想法和偏见。威廉倾向于自闭,只见陆海军将领、内阁部长、宫廷内臣等等,形成了一种危险和简单化的"非友即敌"心理。因而,当丘吉尔1914年重申其英德海军"假日"呼吁时,威廉作了狂暴的反应:"英国突袭在即。"

舰队方面继续接连不断地向蒂尔皮茨抱怨缺乏资金。当它1913年提议创建一个专门的"鱼雷艇部队司令"职位时,蒂尔皮茨因财政考虑而予以否决。以类似的方式,他制定了一个计划,不用专门的老舰去训练新兵,而是将他们经久地置于最新的战列舰上,希望由此缓解人员短缺。海军部综合局局长莱茵哈德·舍尔海军少将在1912年论辩说,仅工程师而言,舰队将不得不一直等到60艘主力舰完成以后两年,即1921—1922年,才能够充分补足。1912年11月,在访问基尔和威廉港之后,海军上将奥尔德柯普对海军人员问题提交了一项阴郁的评价。他论辩说,舰队艰苦不堪,以致"精疲力竭",而这艰苦缘自1912年"修正"规定的造舰狂潮,搞得"每个可用的人"都被用去充实现存的舰只:

> 几乎全无更多的地面人员。不再能按照规章操作驻防监察任务。例如,师级学校的机械师和见习机械师须被用于夜间警卫任务。从[在威廉港的]站长到最年轻的军官,我收到关于这些状况的无休无止的抱怨。[在基尔的]海军各单位像在威廉港的一样精疲力竭。关于缺乏地面人员的怨言亦无二致。

冯·蒂尔皮茨海军上将完全了解这糟糕的局面,但他的首要关切在于装备。他推断,一旦战舰现成可用,就能找到人员。因而,在1912年至1913年冬,海军部制订出一项增补法案,意在将德国置于一个经久的、每年三艘主力舰的造舰速度上。只有以此方式,才能达到对英国皇家海军的10∶16比例。然而,宰相和陆军立即压下了这项提议,显示了到1912—1914年间在德国的业已改变的形势。相反,陆军在 1913 年获得约 13.6 万新人员,而且蒂尔皮茨——他在财政部首脑斯坦格尔、聚多夫和威尔穆特的倒台上作用颇大——1913 年间允许财政部新首脑赫尔曼·屈恩通知他:任何情况下,1914 年海军成本估算都不可超过法律规定的数目。还有,蒂尔皮茨在 1914 年 4 月以可想象的最阿谀的方式试探性地告诉皇帝,海军在接下来六年到八年将需要新税入中的 1.5 亿—2 亿金马克追加资金,以便达到充足实力,可是这证明全然无效。特别是,得到冯·毛奇将军领导的陆军坚定支持的贝特曼-霍尔维格,很快挫败了这项提议。宰相的心腹库尔特·里兹勒在 1914 年表达了一个信念:就无畏舰而言,“英国人能够、而且总是会能够建造两倍于我们的”。

蒂尔皮茨到 1897 年已为威廉二世制订的大纲是个全面的设计,旨在减抑国内纷争,允许“宏大的海外”扩张。这位国务秘书论辩说,建造一支巨型舰队将使德国各政党联合起来反对社会民主党人,以稳定的工作和更高的工资将德国工人集合在帝国周围,经一支强大的德意志武装力量使形形色色的特殊主义的各邦团结一致,抬高皇帝的国内外形象,消除帝国议会对德皇的政策的“扰乱性影响”,令德国作为诸较小海军国家的盟友的目标更有吸引力,并且用一支集中在其东部海岸外的巨型作战舰队威胁英国的欧洲安全,从而从伦敦榨取殖民让步。此外,优越的装备、人员和战术将使远洋舰队能有以仅仅 2∶3 的比例战胜皇家海军的“真正机会”。

相反,到 1914 年,总规划已经出错。社会民主党到 1912 年已经成为最大政党;曾经被包括在“比洛俱乐部”内的各资产阶级政党就耗资巨大的财政互相争执;海军不再是造就统一的力量,不再是蒂尔皮茨曾吹捧它的“民族宠儿”;皇帝的光辉已被布尔战争、摩洛哥危机、《每日电讯报》事件、比耶尔科协定和英法俄协约严重玷污;帝国议会比任何时候都更紧紧地捂着钱袋;没有哪一个欧洲海军国家谋求与德国结盟;没有任何殖民地由英国自愿交出;而且,在阿尔及西拉斯会议(1906 年)以后,德意志帝国在欧洲孤立自处,除了奥匈这致命的例外。此外,蒂尔皮茨的策略谋算也被证明错误。英国以菲舍尔的改革、兵力之重新调配到本土和 1906 年以质取胜的无畏舰建造去迎对德国的单边海军挑战,而丘吉尔六年后将面对德国在 1908 年和 1912 年的加码继续并推进所有这些计划。就质量而言,英国海军部没有被甩在后面。人员得到精良的训练。他们的挑选方式和教育方法先进。德国的 2∶3 比例未被接受。战列舰实力未被浪费在许多海外据点中间。北海未被出让给德国。而且,英国未被带到财政破产边缘。相反,德意志帝国海军在 1914 年发觉它建造 8 艘战列舰和 13 艘巡洋舰的计划落在后面。

然而,对蒂尔皮茨的最具毁灭性的打击,是 1912 年普鲁士陆军重返到军备考虑中的头号优先地位。早在 1898 年,冯·瓦德西将军就愤懑地评论道:

> 海军越来越甚地培育一个观念,即未来战争将在海上决胜。然而,假如陆军被击败,不管是在东线还是在西线,那么海军会做什么?那些绅士们不喜欢早早去想这个问题。

特别是 1912—1913 年的巴尔干战争再度令人认识到,战列舰无法保护德国并抗击巨量俄国大军和法国大军。不仅如此,一场胜利的陆上战争可以给德国带来欧洲霸权,那是海军军备竞赛许诺但未能给予的。兼并和赔偿将有助于在其接下来对民主化的特别是在普鲁士的斗争中恢复国内的和谐以及皇权的光彩,蒂尔皮茨的总规划破产后留给威廉二世的显然只是一场赌博。弗里德里希·冯·贝恩哈尔迪将军 1912 年出版的《德国与下一场战争》只是这一事态发展的一个外向表征。德国陆军和海军对 1914 年 7 月的全面迎头进攻(*Flucht nach vorn*)都未做好充分准备,这一点并非冯·蒂尔皮茨海军上将对威廉德国历史作出的最小贡献。然而,在转向 1914 年 7 月的诸项事件以前,需要略为谈论造舰以外的海军政策。

第 二 部 分

第六章 阳光下的地盘

德意志殖民帝国与海军(1884—1914)

1870 年,海军上将阿达尔贝特亲王建议普鲁士夺取法国的全球性堡垒,例如西贡、马提尼克、圣皮埃尔和密克隆岛,宰相奥托·冯·俾斯麦当即无礼插话:"可是我不想要殖民地。它们只适合作供应基地……对我们来说,这殖民地事务将类同于连衬衫都没有的波兰贵族家庭的柔滑毛皮。"英国历史学家 A.J.P.泰勒,称不上是个亲德人士,用下面的话结束他的研究著作《德国初争殖民地》:"德国殖民地是一个流产的法德协约的偶然副产品。"

尽管泰勒如此断言,德国海军军官和历史学家们却仍喜欢指出,德意志帝国拥有"最悠久和最丰富的殖民传统之一"。确实,典故不难找到。除了维京人和汉萨同盟的遗产外,还有韦尔泽和富格尔这两个显贵家族在委内瑞拉、巴拉圭和乌拉圭的早期殖民冒险。17 世纪里,库尔兰的雅各布短暂地在多巴哥和冈比亚拥有过土地。勃兰登堡/普鲁士大选帝侯 1650 年以后在印度购买了特兰克巴尔,并且在非洲黄金海岸建造了大弗雷德里克堡要塞。然而,这些事业结果甚微。费雷德里克·威廉一世国王将普鲁士的非洲领地转让给了荷兰人,仅为少得荒唐的 7200 达科特和 12 名奴隶。只有舰队梦留存下来。

1848 年革命短暂地重新激起殖民追求。海军将领利福尼乌斯呼吁建立一个普鲁士海外帝国。海军上将阿达尔贝特亲王预示了后来的论辩:"对一个愈益成长的民族来说,没有扩张就没有繁荣,没有海外政策就没有扩张,没有海军就没有海外政策。"这一立场将成为一种十足的循环论证(*circulus vitiosus*):殖民地需要一支舰队去保护,与此同时一支舰队需要殖民地,为的是不被束缚在自己的海滨。直到 19 世纪 80 年代初为止，俾斯麦横堵在通向此类志向的道路上。

1871 年，他拒绝法国主动予以交趾支那殖民地的提议；三年后，他拒绝从桑给巴尔苏丹获得一块保护地以及婆罗洲部分土地；1876 年，拒绝来自德国商人的一项建议，不肯在南部非洲建立一个殖民地；1880 年，他同样拒绝一项在新几内亚殖民的计划；两年后，他拒不在一个经规划的德国殖民协会中扮演任何角色。不仅如此，他关于殖民地的否定性评论不胜枚举。在 1889 年，他作了或许是其关于这个问题的最受广泛宣扬的宣告："从一开始，我一直不是个殖民人。"

一个德意志海外殖民帝国在 1884—1886 年间建立起来：这主要是欧洲事态发展的结果。诚然，19 世纪 80 年代，德国的殖民热衷者将其努力加以组织，以使其系统化。一个"殖民协会"在 1882 年得以建立，因为"必须将民族精力应用到殖民领域"；其成员从 1883 年 3260 人增至两年后 10275 人，而且有一张报纸《殖民报》遍布德国各邦宣传其方针。法国在红河三角洲和突尼斯的扩张，意大利在红海地区的势力，英国在印度和埃及的征服，促使殖民协会于 1887 年与卡尔·彼得斯的"德国殖民会社"合并，组成"德意志殖民社团"。然而，尽管 1867 年和 1871 年宪法的第四款规定将德国法律延展到"殖民地和海外土地定居点"，但这样的殖民地尚未存在。

德意志殖民帝国系在 1884 年的所谓"非洲大狩猎"期间获取。一整年里，俾斯麦始终追逐一个难以成真的梦想：法德接近。有如这段时间里他对法国驻柏林大使阿尔丰瑟·德·库尔瑟尔所言："英国必须慢慢地习惯一个观念，即德法同盟并非没有可能。"而且，德国扩张的条件似乎成熟。俾斯麦已经结束他与天主教中央党的斗争（"文化斗争"）。三国同盟和三皇联盟（1881—1884 年）使德国在欧洲安然无恙。茹费里暂时终结了最好斗的法国复仇理念。英国在 1875 年和 1879 年两度拒绝了俾斯麦的结盟提议。而且，法国似乎即将为了突尼斯而忘怀"孚日山脉缺口"。在这有利的综合形势下，德意志海外帝国几乎一夜之间就得以成形。

1884 年，俾斯麦将保护国关系延展至多哥和喀麦隆、德属西南非洲、德属东非和前"新不列颠群岛"(现在延展到包括马绍尔群岛、新几内亚的四分之一和所罗门群岛的一组岛屿)。英国历史学家刘易斯·C.B.西曼后来恰当地概括道:"对德国人来说,情势纯为铁砧,政策乃是一系列不可抵挡的铁锤捶击,锻造必不可免的结局。"

然而,梦想迅速消散。1885年5月,茹费里倒台;布朗热主义在法国甚嚣尘上;而且,俾斯麦的敌人威廉·格莱斯顿去职,较合得来的本杰明·迪斯累利取而代之。法国纽带现在被舍弃。德皇威廉一世曾自豪地评论攫取德属西南非,说"我现在能当面看着大选帝侯,在我跨过柏林长桥的时候",俾斯麦却公开谈论德国未来作为"二流海上强国"的作用。非洲政策一向是他的欧陆政策的一个延伸,现在休眠。1888年12月,这位铁血宰相粗率地向非洲探险者尤金·沃尔夫解释他的殖民政策的根本点:"你的非洲地图确实很妙,但我的非洲地图摊在欧洲。这里俄国,那里法国,我们夹在中间;这就是我的非洲地图。"

对俾斯麦来说,殖民地是被保护国,他找特许公司去管理它们,为的是避免政府花钱。他获取它们,部分地是要平息少数游说者的喧嚣,然而他的计划从不生效。重工业界起初将非洲领地视为"月亮上的殖民帝国";埃米尔·基尔多夫拒绝以哪怕"一吨煤"去支持它们。当无法为多哥和喀麦隆找到特许公司时,柏林颇不乐意地步入殖民地管理领域(表格21)。

这些领地是被和平地获取的,因而海军的作用限于运输。1884年,战舰"伊丽莎白号""莱比锡号"和"沃尔夫号"帮助在德属西南非升起帝国旗,而"伊丽莎白号"和"鬣狗号"在新几内亚履行类似的任务。只有桑给巴尔苏丹反对德国在东非的宣称,但四艘装甲护卫舰的海军示威很快使他确信这一行动不明智。1884年,"俾斯麦号"和"奥尔加号"运送部队登陆喀麦隆,三年后"哈比希特号"对杜阿拉部落做了一次惩罚性远征。

威廉二世1888年登基似乎预示一种勃勃有力的海外政策。是年10月,"野猪号"在南海的磷酸盐岛瑙鲁升起德国旗;殖民扩张方面亦有的一种"新方针"看来即将来临。可是,两年后威廉承认英国对维图和索马里海岸、乌干达以及桑给巴尔的保护国关系,以便换取北海岩岛赫尔果兰,随即德国的殖民热衷者们便表示出一极大的失望。卡尔·彼得斯刻薄地宣称，"牺牲'两个王国'，为的是北海的一个浴缸"。

确实，威廉统治的头十年见到的主要是针对土著人造反的德国海军远征。1888—1890年，海军少将卡尔·德因哈尔德与非洲奴隶打了一场对阵激战，激发起土著人造反，反对德国在东非的统治。只是在德因哈尔德封锁了整个海岸、一个德国海军营猛攻了达累斯萨拉姆以及其他较小的海岸港口之后，秩序才由六艘德国战舰恢复。1891年和1894年喀麦隆的土著起义两度迫使海军投入行动，而1894年又一场东非造反要求巡航舰"海鸥号"和"海鹰号"进行干涉。

海军方面1897—1898年间以一种故作炫耀的方式步入殖民领域。多年里，一直有关于可能在中国取得租借地的猜测和传言。1896年春，海军少将阿尔弗雷德·蒂尔皮茨作为德国远东分舰队司令在中国海岸搜寻，以求一块可能的德国人定居地。有如他前面的爱德华·冯·诺尔海军上将，蒂尔皮茨起初青睐长江口，后来将他的选择改为一个较北的地点，即山东省的胶州。但这一设想有一个难题：所谓《喀西尼合约》已授予俄国15年胶州湾租借权；威廉害怕在此问题上与沙俄闹纠葛。可是，1897年11月好运突然来临，在那时在该地区的两名德国传教士被杀害。威廉二世立即看到机会。既未问外交部，也未问海军部，他便命令海军中将奥托·冯·迪埃德里希夺取胶州地区。1897年11月10日，迪埃德里希将巡航舰"德皇号""鱼鹰号""威廉公主号"以及"艾琳号"和"阿科娜号"投入胶州湾；一支717人的登陆部队很快驱退2000名中国士兵。可能的俄国干涉被买通了，办法是保障俄国对旅顺军港的拥有权；英国人方面，对在他们的长江地盘与俄国的满洲地盘之间有个德国"缓冲区"，非常情愿。海军少将海因里希亲王、军舰"吉菲昂号""德意志号"和"奥古斯塔皇后号"以及奥斯卡·特鲁佩尔海军上校麾下的1155名海军陆战兵和303名海军炮兵，被紧急地从国内派出前往中国。1898年3月6日，德国取得在山东半岛99年的正式租借权。

一时间，威廉二世极为欣快。他立即谈论创建一个"新的德意志汉萨同盟"。尼古拉二世被告知"黄海入口的俄德两国可被认为由圣乔治和圣米歇

尔代表,保护在远东的圣十字架,捍卫亚洲大陆门户"。海因里希亲王在离开
中国时被告知,"日耳曼的米歇尔已在地面上牢牢树立起他的盾牌,上面饰有
帝国之鹰"。这位亲王从他的兄长得知,所有反对都须被击溃:"以武力击
溃。"比洛后来称,德国在华立足地"在国内与(1898 年的)海军法案有直接的
关联",且是"走向世界政策(*Weltpolitik*)的第一个实际步骤"。一种较清醒的
分析来自冯·施里芬将军,时为 1905 年日俄战争期间:"这胶州湾能够令人
夜夜不眠。"然而,关于海军的这个模范殖民地,本章稍后要作更多讨论(表
格 22)。

　　甚至,1898 这一年似乎要给德国在远东的扩张提供更大的前景。1897 年
1 月,蒂尔皮茨已经焦急地致电柏林,说西班牙帝国看来处在崩溃边缘。威廉
二世再度准备好出手。"我决心一旦机会浮现就从西班牙购买或干脆夺取菲
律宾——当它的'清偿'临近时。"蒂尔皮茨现在身处柏林,不再那么热衷,叹
道,对他来说"美西冲突政治上来得太早",即早于德国的海上力量能够起"一
种决定性作用"时。尽管如此,他仍建议德国战舰应当驻扎在马尼拉海岸外,
说美西火拼提供了"我们购买库拉索岛和圣托马斯的最后机会"。

　　海军司令官诺尔同意这个看法。1898 年 4 月 20 日他告诉德皇,在西印
度群岛夺取一个基地的时机已经成熟。事实上,痛惜世界几乎完全"在大国
中间被瓜分",诺尔敦促君主"夺取"合适的基地(*Stützpunkte*)。他特别界定这
样的基地是将护卫未来巴拿马运河东端的荷属和丹属岛屿。

　　与此同时,德国海军司令部敦促威廉采取行动。"我们差不多在世界任
何地方都缺乏一个安全的基地。"海军司令部谋求"系统的规划"以确定合适
的基地,将整个萨摩亚群岛、加罗林群岛、菲律宾的一部分(棉兰老岛)和非洲
西海岸外的费尔南多波岛辨识为可能的目标。更明确地,外交部首脑比洛通
知索尔兹伯里勋爵:德国"期望不空手参与任何新的世界瓜分"。

　　1898 年 5 月 18 日,德皇命令海军中将迪埃德里希从胶州奔赴马尼拉;6
月 12—20 日间,迪埃德里希在那里集中了一支海军舰队,规模大于海军准将
乔治·杜威的封锁兵力:巡航舰"鱼鹰号""艾琳号""德皇号""奥古斯塔皇后
号"和"威廉公主号"。这炫耀武力反过来促使冯·诺尔海军上将在 1898 年 7

月 1 日向威廉二世提交一份关于可能的攫取的新订单。这位海军上将主要推荐菲律宾的棉兰老岛，此外还有苏禄群岛和巴拉望岛，以便补充柏林在新几内亚和大洋洲的地盘。再次，比洛也认同这种政策："德皇陛下认为，德国政府的首要任务是不让出自美西冲突的任何可能的机会——在东亚获取海军基地的机会——未经探查而失落掉。"

然而，德国在马尼拉的存在构成"过犹不及"的一个经典实例。它令杜威大为恼怒。7 月 10 日关于美国监查权的若干小事故招致杜威与迪埃德里希的侍从副官保罗·冯·欣策对抗。按照后者的说法，杜威在会见时大发雷霆："嗨，我要拦住每艘舰船，不管它挂哪国旗帜！而且，如果它不停下，我就对它开火！那意味着战争，你懂吗先生！还有，我告诉你，如果德国想要战争，那好，我们随时可打。"鉴于如此激愤的情绪，美西战争得到解决而柏林方面没有得到任何重要收益，就不足惊奇。相反，威廉·麦金莱总统兼并关岛、夏威夷、威克岛和波多黎各，并且接受菲律宾作为"上帝赐物"，以便"提升、文明化和基督化"该群岛。

美国的行动有效地超越了迪埃德里希的计划，后者要夺取菲律宾的一个大岛、加罗林群岛、马里亚纳群岛和帕劳岛。这位海军将领在给柏林的电报中严厉责骂"盎格鲁－撒克逊世界"，告诫说美国"侵犯西班牙领地"和英国"强奸德兰士瓦"只是旨在创建一个英美"贸易垄断兄弟会"。威廉二世 1898 年 10 月 29 日告诉比洛：德国的惨状出自它缺乏制海权。"二十年后"，当作战舰队现成可用时，"我将用不同的口气说话"。

另一方面，现已任海军部国务秘书的蒂尔皮茨海军上将提供一种视野，使人可以领悟他的"基地政策"（*Stützpunktpolitik*）。1898 年 4 月他告诉威廉二世：他将"特别是进一步扩展[我们的]殖民领地、但首先是创建海外一连串海上基地"视为自己的主要职责。1899 年 1 月，蒂尔皮茨向比洛透露，他支持一位海军上校冯·克里斯马-迪尔基尼-霍姆菲尔德提议的计策，即让德国企业家为政府购买西印度群岛的圣约翰岛。不仅如此，蒂尔皮茨还承认汉堡—美洲商船公司的阿尔贝特·巴林赞成该计划，那将给帝国提供一个海军基地，在至关紧要的战略性的巴拿马运河东部终端——在开凿完成之际。不幸的是，德皇此刻不喜欢这么一个欺骗性的和潜在地极易引发争执的计策。

在远东,蒂尔皮茨渴望有个位于前往胶州途中的加煤站。就此,他觊觎马六甲海峡内的兰卡威岛。"该岛将成为我国未来必将完成的基地链条中最有利的一个连接点。"这位国务秘书还将兰卡威设想成一个至关紧要的基地,在世界范围的海底电缆网络内,那是柏林必然要在下个十年内创建的。最后,"为我们今后在东亚的进一步扩张",该岛将绝对必不可少。虽然这些主要是扩张主义的抱负和希望,但是它们显示德国野心的未来方向——如果国际关系允许这样的事态发展。

较具体地说,1898—1899 年德意志帝国成功实现与英国、美国瓜分萨摩亚群岛。起初,威廉街并非特别渴望获取这些熔岩堆。比洛吐露说,"整个萨摩亚问题""对我们绝无物质利益,仅有理想的和爱国主义的兴趣"。他的副国务秘书奥斯瓦尔德·冯·里希托芬男爵挖苦地评论说,萨摩亚"不值在阿皮亚来回电报上花的钱"。然而,蒂尔皮茨顽固坚持认为它们有战略价值。1899 年 10 月 11 日他告诉比洛:萨摩亚"作为从胶州到南美的路线上的一个重要站点,对于当今的德国海军具有最大的战略价值"。此外,该群岛还将提供对巴拿马运河开通的新海路的某种控制;它们对已被规划的"德国世界电缆"也必不可少,那将从南美铺设到萨摩亚,再从那里经新几内亚到东非,并且跨越该大陆到西非德属殖民地。同一天,海军司令部参谋长菲利克斯·本德曼海军少将附和蒂尔皮茨的宣称,即"军事观点"要求德国必须控制萨摩亚群岛。本德曼特别渴望萨摩亚作为帝国在南海与南美的地盘之间的一个进一步的连接。事实上,1899 年秋季的和平协议将萨摩亚群岛的大部分(乌波卢岛和萨瓦伊岛)赋予德国,而美国得到图图伊拉岛,英国得到汤加群岛、野蛮岛、豪勋爵岛和大部分德属所罗门群岛。柏林的殖民热衷者们欢呼雀跃,将托马斯·桑德逊爵士所称的"悲惨群岛"说成"南海珍珠"。

在最后一阵海外扩张冲刺中,德国于 1899 年花 420 万美元从西班牙购得加罗林群岛、帕劳岛和马里亚纳群岛(关岛除外)。这批珊瑚岛礁和潟湖群岛被设想来服务最终的"德国世界电缆",并且推进了比洛的信念,即沿"世界政策之路"德意志帝国取得"长足进展"。结果,这些领地——连同"开胃菜"

（比洛语）萨摩亚——完成了威廉二世治下柏林的殖民冒险。"新方针"下的总的领地增加了区区 2000 平方英里，或 0.18% 净得。尽管如此，到世纪之交德皇仍自豪地宣布"德意志帝国"现已被转变为一个"世界帝国"。如威廉在另一个时候所说："世上无论何处，只要他能找到一个钉子去挂他的盾牌，他就会将它挂在那里。"较次要的是，海军上将冯·迪埃德里希作为海军司令部参谋长，1898—1900 年获取了红海法拉桑群岛的一个岛，作为前往东亚途中的一个至关紧要的加煤站。显然，在柏林没有一个人费心去指出，不仅在亚丁可以得到更廉价的煤，而且法拉桑群岛完全由英国人通过苏伊士运河和亚丁湾来支配。

在这些领地中间，最辉煌的未来被寄予胶州。它立即被转变为一个要与香港竞争的自由港，并且有别于德意志帝国的其他殖民地，被直接置于海军麾下。它的总督一向是最高衔级的海军军官，其行动即使不在理论上也在实践中对蒂尔皮茨负责。甚至卫生、教育和公共工程之类事务也在海军的监察下。早年，约 1500 名官兵守护德国在华立足地：新建的第三海军陆战营的 22 名军官和 1132 名士兵，海军炮兵队的 7 名军官和 272 名士兵，连同约 100 名中国官兵。1902 年，一连骑兵和一个追加的炮兵队部抵达胶州，总兵力增至 1850 人。

炮兵被经久地置于两个炮台上，它们从俾斯麦山和伊尔蒂斯山俯瞰该城。然而，租借地里很少有麻烦。甚至在驻北京的德国公使克林德被杀后兴起的所谓义和团运动期间，也没有哪怕一个外国人死在山东。出自胶州的 51 名海军陆战官兵参加了首都救援，其时陆军元帅冯·瓦德西麾下的远征军——8 月 14 日北京解围之后抵达——忙于镇压胶州附近特别在直隶的地方起义。应当注意到，蒂尔皮茨反对这花里胡哨和全无必要的显示武力，它耗费了德国纳税人 1 亿多金马克。

海军选择统治该殖民地，为的是将它转变成一个模范租借地，从而保证将来议会支持海军及其在殖民地管理方面的地位。仅在头两年里，德国就向该殖民地倾注了 2300 万金马克。每年都细心准备一份给人印象深刻的进展报告，以便强调海军在经济、卫生、教育等等方面的模范管理。确实，为此不得不做许多事情。1898 年时的卫生状况极差：痢疾、疟疾、结肠炎、性病和斑疹伤寒泛滥不羁。然而到 1907 年，胶州已作为远东最卫生的港口闻名遐迩。那年德国部队中间的疾病率接近国内水平，外国外交官们则找到了"远东布莱顿"来消遣假日。

总督冯·特鲁泊，其格言为"在山东，德国总督即领主"，简直像一位 18 世纪的开明专制君主一般统治这块租借地。拆毁该镇的中国部分，开启德式的"城市更新"。挖掘深水井，建造专门水库。植树造林，以便保持山坡水分和防止洪泛。良好的煤炭储量（烟煤和无烟煤）慢慢得到开发。到 1904 年，从胶州到济南的 247 英里铁路已现成可用。不到十年，在这殖民地上的欧洲人已从 200 名增至 1650 名。大战前夜，这租借地有 53000 名中国人和 2700 名欧洲人（德国人 1855 名）。胶州成了在中国的最重要的排行第六的港口，特别是日本人急切寻求它当地产的深色和浅色的"日耳曼尼亚"啤酒。海军不仅运作该镇的屠宰场和发电厂，而且买下了约 8% 的当地采煤（1913 年时 61.3 万吨）。

海军进而希望将胶州转变成一个一流的海军和商船航运中心。仅在占领的第一年里，就有 1400 万金马克被分拨出来，以便将港口疏浚到深达 10 米。最终，一道 3 英里长的半圆防波大堤被建成来保护面积达 725 英亩的主要港区；一条铁道贯行于整个大堤，其尾端建造起一个私用码头和一个政府码头。该港不久便设置了三个深入海中的突堤：两个供货船用，且有一条铁路岔道伸至船边；第三个供运送油料，装置一条从船到岸的管道。大港内的堤坝末端建有海军船坞，那是一个欧洲强国在远东所曾尝试过的最现代的企业之一。到 1907 年，已有约 1100 码长的码头，包括一座 16000 吨的浮动码头；后者是此类中最大的，装备一台电动起重机，能够吊起 150 吨重物。以后七年里，胶州建造了 22 艘船舶，其中 70% 为帝国海军军舰。1914 年时，这块租借地是德意志帝国第一个（也是仅有的一个）一流的海外海军基地。

然而，这事业花销很大，投入了很多钱。约翰·施雷克尔估计，到 1913 年，德国已在它的模范殖民地上挥霍掉差不多两亿金马克。这个数额中，仅 3600 万金马克在当地筹集，促使中央党议员马蒂埃斯·埃尔茨伯格挖苦说以如此的补贴，一个人能够"造出世上最精美的花园，甚至在勃兰登堡侯爵领地之外"。迟至 1913 年，该殖民地设法筹集的钱仍只有它的 1680 万金马克总预算中的 720 万金马克；巨大的海军船坞一项就占当地筹集岁入的 50%。政府统计记录支持施雷克尔的说法。1898—1909 年期间，在运作这模范殖民地方面，帝国花费远超过每年 1000 万金马克（表格 23）。

不仅如此，1905 年左右，有一点对德国人来说变得清晰可见：控制胶州，并不意味着就可以进入中国，实现这一渴望，相反却是德国远东政策的最后阶段。中国的民族主义改革阻止了诸胶州总督将其势力超出租借地，延展进山东省，而且 1902 年英日同盟——虽然主要针对俄国——进一步孤立了在山东的德国人。此后，日俄战争有效地铲除了作为英国远东竞争者的俄国人，与此同时在国内，帝国议会中央党、社会民主党和进步党联合起来，反对"世界政策"的飙升所带来的代价。到 1905 年，走私已占到被运进胶州的所有货物的差不多一半。德国现在很不情愿放弃它的租借地的自由港地位，以换取被筹岁入的 20%并将胶州置于中华帝国海关范围内。事实上，胶州只从德国进口其需求的约 8%，此数大略相等于其他中国港口的相应数字。日本人到时候以大致 55%的比例，完全支配了胶州贸易，迫使汉堡—美洲商船公司将其在那里的航班减至每月一趟。日本人还开始取代德国人充当在华军事教官。而且，作为一记最后的、或许最有力的打击，帝国政府证明，它完全无法按照为该租借地制订的总规划，向德国私有企业出售它在胶州的设施——特别是码头和电力设备。克虏伯反复否认对浮动干船坞有任何兴趣。迟至 1914 年，帝国对胶州的出口仍只有 220 万金马克，而它从该殖民地的进口仅为区区 42.5 万金马克。

如果说就财政偿付能力和德国利益而言，海军的远东模范殖民地的图景显得暗淡，那么其他领地的际遇甚至更糟。德属西南非证明是对帝国资金的最大消耗。超过 700 万金马克被耗费于斯瓦科普蒙德港的码头建设；1904年，给该殖民地的年度补贴仍达 3200 万金马克。1904—1907 年的赫雷罗族起义——历来被说成是威廉德国的第一场战争——使得 3.23 亿金马克的额外开销势所必然。

由于这些造反，海军也感受到财政紧缩。如前所述，对华远征耗费 1 亿多金马克，并且涉及战列舰"勃兰登堡号""选帝侯弗雷德里克·威廉号""威森堡号"和"沃特号"以及 8 艘巡洋舰、10 艘货船、3 艘鱼雷艇和 6 个海军陆战团。德皇的过度反应亦未令德国在远东的角色变得轻松。威廉即刻命令海军陆战队前往中国，宣布北京"须被夷为平地"，并且夸夸其谈地宣称启动"亚洲与全欧之间的斗争"。他的"世界元帅"冯·瓦德西在 1900 年 7 月闷闷不乐地写道："我们被设想执行'世界政策'。假如我知道被设想的是啥就好了。"

甚至显示国旗的代价也开始飙升。"秃鹫号""老鹰号""羚羊号""兀鹫号"和"比涅塔号"之类巡洋舰周期性地显见于海地、委内瑞拉、西印度群岛、墨西哥、巴西、智利、秘鲁、加利福尼亚和英属哥伦比亚海岸外。1902—1903年间，"比涅塔号"和炮舰"美洲豹号"炮轰在卡贝略港和马拉开波的委内瑞拉古要塞。两年后，轻巡洋舰"哈比希特号"在赫雷罗族起义期间将德国海军陆战队送上斯瓦科普蒙德海岸，而在 1905—1906 年间，"秃鹫号""海鹰号"和"忒提斯号"投身于镇压德属东非的麻吉麻吉反叛。甚至小岛波纳佩也经历过土著麻烦，并在 1911 年动用了战舰"埃姆登号""纽伦堡号"和"秃鹰号"。一个典型年头（1909 年）里，和平时期在德国海外殖民地保持一支海军小舰队的成本不低于 140 万金马克。

从这些花费得到的回报微不足道。1903—1914 年间，德意志帝国的殖民地贸易从 7100 万金马克增至 26300 万金马克，但与德国本土的贸易不足一半（1914 年时 11000 万金马克），而且在 1914 年仅占德国贸易总量的 0.5%。1894—1913 年间，柏林与其殖民地的累计通商总值依然抵不上在它们上面耗费的；事实上，补贴从 1897 年的约 800 万金马克攀升到 1909 年的 3200 多万金马克，结果 1912 年时殖民地债务达 1.7148 亿金马克。只有萨摩亚和多哥才自负盈亏。最后，应当指出，以邮政和航运补贴、海军防护和特殊低息贷款为形式的间接扶持还没有被包括在这些数字内。

殖民地也未能成为德国工业的原料供应者。迟至 1910 年，它们仍只提供了德国棉花的 0.25%、德国原油和油脂的 2.12% 和德国橡胶的 13.6%（任何进口达到的最高数）。海外领地也未浮现为德国银行家和实业家的一流投资场所：到1913年，仅5.05亿金马克被输入殖民地，约等于德意志帝国19世纪80年代在南非兰德金矿的投资量。事实上，这到大战爆发时，仅吸收了柏林海外投资总量约250亿金马克的3.8%。总的来说，德国仅将其国民财富的10%置于海外——与之相比，英国27%；另一方面，这项投资的回报仅构成其国民收入的2%。显然，殖民地从未下过俗话说的金蛋。

海外领地也未吸收德国备受议论的过剩人口。1871—1901年间，德意志帝国对外移民约275万人，而且迟至1893年，这些人当中的90%以上仍然偏爱前往美国。1904年时的德意志海外帝国面积250万平方公里，约为母国幅员的五倍。然而，在殖民地只有5495名德籍居民，约等于一个德国村庄的平均规模。这些人当中，大部分定居者去了西南非洲。而且，到1900年，离开本土的德国人中间只有千分之一选择移往德国海外领地。尽管如此，主张要殖民地和要保护它们的制海权的论辩从未消减过。迟至1905年，当殖民冒险显然已经失败时，德国殖民协会依然通过一项尖刻的决议，说"舰队实属必需，因为它们[殖民地]没有枪炮背景就无法存在"。简单的事实在于，殖民地主要被视为德国的权势和威望的一个象征，而不是它的经济或金融生活的不可或缺的一部分。世纪之交，西南非洲总督洛塔尔·冯·特罗塔上将巧妙地评论帝国的殖民政策："它不是政治的，因为我们缺乏热情，也不是经济的，因为起初我们缺乏资本……它只是纯粹的投机。"

还有，备受议论的、殖民地作为未来"德国世界电缆"的紧要齿轮的作用何在？保罗·肯尼迪论辩说，这同样证明是个梦幻。德意志帝国甚至缺乏器械去建造一个海底电缆网络：英国拥有28艘电缆铺设船，德国却只有1艘。此外，大多数德国电缆站雇用许多英国臣民，战争情况下几乎无法依靠他们。主要的德国电缆，即通往雅浦群岛的德国/荷兰联营线、埃姆登—维吉欧—亚速尔—纽约联缆和从利比里亚的蒙罗维亚到巴西的伯南布哥的连线，随时都有遭英国切断的危险。最后，胶州依赖俄国电缆，多哥依赖法国电缆，德属西南非、东非和喀麦隆依赖英国电缆。在伦敦的殖民地防务委员会估计，仅靠切断埃姆登—雅浦电缆，就"可能将德国实际上孤立开来，无缘于欧洲以外的整个世界"。只有中立的斯堪的纳维亚—美国连线才被认为是不可侵犯的，而且正是通过它,德国才在1917年1月将命运攸关的齐默曼电报发往墨西哥。

另一方面,英国的四芯电缆系统到1914年已经那样互补,以致在德国确实设法切断了几条缆线(在科科斯和范宁群岛)时,几乎没有受到任何伤害。相反,1914年8月5日上午,英国对德最后通牒期满之际,海军部切断了德国大西洋电缆两端,令其止于哈利法克斯和法尔默思。按照凡尔赛条约的规定,日本和美国占有德国在远东的电缆(雅浦),法国占有在南美的(伯南布哥),英法两国占有大西洋缆线。

马尔凯塞·伽利尔摩·马可尼在世纪之交发明的无线电通信看来提供了一个替代,替代英国控制的海底电缆。一条由强有力的站点构成的链结……萨摩亚,连同购买之后荷属苏门答腊。然而……8月间……就多哥、胶州、新几内亚和纳劳岛做了规划……1914年,只有与本土的多哥联结还充分运作。(原书内本段有数处遗漏,在此用省略号标出——译者注)

在蒂尔皮茨声称的"基地政策"中,依然有殖民地的位置。如前所述,世纪之交随之而来的那个时期招致了对合适的海军基地的狂热猎取,特别是出自海军将领蒂尔皮茨、诺尔和迪埃德里希的,得到威廉二世和比洛的支持和怂恿。德国的注意力主要集中围绕菲律宾、萨摩亚和西印度群岛,亦即围绕在柏林据信是"垂死的"殖民国家的领地。对德国的规划者来说,没有任何岛屿太小,没有任何珊瑚礁太微不足道;他们已完全接受英国人的假定,那就是"甚至最不起眼的孤处的大洋岩礁也将生成某种有用的效果,如果被保持得足够长久"。然而,蒂尔皮茨宣布的政策,即为德国创设一个围绕地球的海军基地链,作为供给储备站和海底电缆站起作用,却从未结出果实。

这明显的悖论有个解释,既在于这位国务秘书的海军战略,也在于1900年后德意志帝国的国际关系。蒂尔皮茨的整个计划寄希望于一场与英国皇家海军的海上全力大决战,在北海中部或东南部。德国远洋舰队被一位历史学家描述为"一把快刀,紧握在手,亮闪闪随时可用,离德国最可能的敌人[英国]的颈静脉仅几英寸之遥"。在北海外围、东亚、南美或非洲的冲突不被允许损坏这位海军上将的宏图大计,那就是集中60艘主力舰于德国近海。于是,在一个蒂尔皮茨称之为"蛋上跳舞"的时期里,殖民冲突往往以有损于柏林的方式得到解决。只有当海军建设的这个"风险"时期已被安然度过时，才会从柏林听到威廉二世曾说的"一种不同的声调"。依凭一支真正拥有对英胜利机会的舰队，德意志帝国将无情地逼迫伦敦在全球各处作殖民让步。伦敦的选择将是要么毁于北海，要么接受德意志帝国为一个同等的殖民强国。这就是蒂尔皮茨在世纪之交的坦率评论背后的含义：一旦"熊"已被杀死，"熊皮"才可被瓜分。

国际方面，1903—1907 年这几年见证了德皇的狂热努力，要铸造某种欧洲大陆的反英联盟。就此，他失败了。事与愿违，1904—1907 年法国、俄国和英国搁置海外竞争，为的是结成一个反对第二帝国的共同阵线。德国这方面报之以谴责"包围"。到头来，这位君主被迫返回俾斯麦的老政策，即德国的海外扩张从属于它在欧洲协调之中的安全。军备优先被重新赋予陆军。殖民所得依旧微不足道：1911 年，柏林获得不想要的法属刚果 10.7 万平方英里土地；两年后，它被许以葡属莫桑比克和安哥拉的英属部分。到 1914 年，它已创设了一个约 100 万平方英里、或许有 1500 万臣民的海外帝国。然而，代价高昂。因为它的强横冷酷的殖民政策，在不同时候，德国得罪了英国、日本、俄国和法国。

最后，还需考虑这些遥远广布的领地能在一场大战中得到多好的保护。

第七章 "人战而非舰战"

德意志帝国海军人员

　　当海军少将冯·蒂尔皮茨 1897 年成为海军部国务秘书时,德意志帝国海军是个相对小的实体。有 1000 多名军官:827 名执行军官,128 名工程师,142 名医务官,104 名出纳,40 名海军陆战官,57 名军械师,41 名鱼雷手以及若干鱼雷工程师和技师。此外,还有 1058 名舱面舰员,4740 名低级士官和 19378 名普通水兵,总共一支 26000 人的队伍。到大战爆发时,海军已约由 80000 官兵构成:3612 名军官,包括 2388 名执行军官和 585 名工程师,3183 名舱面舰员,15966 名低级士官和 54369 名普通水兵。1914 年时还有 30 名海军牧师,连同 1383 名陆战队员和 6343 名炮兵人员。

　　1899 年 6 月 26 日的《组织规章》将海军人员划分为"一类,军官;二类,兵众,即低级士官和普通水兵"。第一类包括附属于海军部、海军枢密院、海军司令部参谋班子和北海及波罗的海海军基地的所有军官,从而结束了资历在每个指挥岗位内部而非海军整体内部决定的制度。同时,"军官"一语限于执行军官(*Seeoffiziere*)、海军陆战官(*Marineinfanterie*)、工程师(*Marineingenieur-korps*)、鱼雷工程师(*Torpedo-Ingenieurkorps*)、军械技师(*Feuerwerks-*)、军械师(*Zeug*)、鱼雷手(*Torpedoroffiziere*)和医务官(*Sanitätsoffizierkorps*)。

一类:军官

　　1899 年 6 月 26 日的帝国敕令为海军和陆军军官确立了同等的衔级。它还严格地将晋升与资历辈分挂钩；只有德皇才可决定晋升。晋升不再需要海上服役。海军枢密院被委以所有与执行军官和工程师有关的事务，海军部则掌管鱼雷工程师、鱼雷手和技师事务。工程师和医务官被指定为"所有普通水兵的军事上级"，但在任何情况下都次于执行军官。最后，该项敕令规定了德皇首肯婚姻（*Allerhöchste Konsens*）这个重要问题。只有执行军官、海军陆战官和医务官被授予这社会荣誉；工程师需要其海军基地指挥官的首肯，而所有其他军官需要国务秘书首肯。

附属于海军陆战队的军官们组成一个特殊群体。1866 年往后，他们只从普鲁士陆军征召而来，而且只是在 1889—1890 年预算中才首次作为"海军步兵"即陆战队出现。这支部队 1905 年时由 50 名军官以及 1229 名低级士官和普通士兵构成；此外，还应添上 69 名海军炮兵军官以及 2784 名低级士官和普通炮兵。在所谈论的整个时期里，陆战队军官始终照旧借自陆军，在海军服役两年后返回之。

第一和第二海军陆战营各由四个连组成，由一名上校或将军指挥，他在 1889 年 3 月 12 日以后统率海军陆战队监察署。1901 年 8 月，一个海军骑兵连和一个机关枪连被添入这支部队。到 1895 年，海军陆战队已不再在舰上服役，而是接受殖民地任务训练。1891 年 4 月来了个规定：所有殖民地部队经海军部处于宰相管辖之下；1896 年它们被置于外交部殖民司，1907 年以后则伴同帝国殖民部。海军炮兵负责在赫尔果兰岛、威廉港、不来梅港和基尔的防御工事。然而，波罗的海地区的海岸防卫工作——基尔的除外——仍由陆军从事。

1905 年时，还有 208 名军官在医务部队。后者由海军部的一名海军军医长（*Marine-Generalstabsarzt*）指挥，衔级为海军少将。他下面一级是几位准将军医（*Generalärzte*），分别附属于基尔、威廉港、胶州和海军教育署。海军主治医师（*General-oberärzte*）系中校级别，惯常统率驻防军医院，并且作为分舰队军医行事，而少校军医（*Oberstabsarzt*）和上尉军医（*Stabsarzt*）服役于重型舰只。这些军官在舰上听命一年或两年；每年他们都须修满为时三周或四周的进修课程，上尉军医则往往被派到一所大学进修一年或两年，以便跟上他那个领域的最新发展。志愿医务生(一年)须在海军陆战队服役六个月,并在通过其医疗护理局审核之后,伴同水手队(Sailors' Division)服役六个月。

鱼雷手和鱼雷工程师(1881年设立)是另一专门部队。海军在1905年维持一个有61名鱼雷手的分部,这些人转过来指挥鱼雷监察署属下的4513名低级士官和普通水兵。虽然这个分部享有蒂尔皮茨的特殊赞护,但它仍被许多人视为太"技术性"。恩斯特·冯·魏策克尔1906年忧心忡忡,生怕自己成为"鱼雷车间里的……一名超级锁匠。这在任何情况下都不得发生。对我来说,执行军官优于技术工匠"。

海军还有一些"穿军装的文职公务员",最显著的是建造工程师。按照1899年4月10日的敕令,这些人中间衔级最高的是枢密建造官(*Geheimer Baurat*),海军少将级别,接下来是造船主任(*Schiffbaudirektor*)(海军上校)、海军建造官(*Marine Oberbaurat*)(海军中校)、海军建造稽查师(*Marine Baurat*)(海军少校)以及造船工程师(*Schiffbauingenieur*)和机械工程师(*Maschinenbau-ingenieur*)(海军上尉)。并非字面意义上的正式军官,这些人以其技术学院教育资历(*Diplom-Ingenieur*)自然看不起海军工程师,而是寻求与执行军官为伍,以便在军事地位上有所得。他们作为技术专家而非军事专家,构成军役的一个特殊分支。

然而,如前所述,帝国海军内的首要军官群体是执行军官(*Seeoffiziere*)。只有执行军官才构成一个"受委任的"军官团,获得最高统帅的婚姻首肯,在海外代表皇帝陛下,并且有资格指挥一艘舰只。他们热望取得与更有威望的陆军近卫军官或骑兵军官同等的社会和军事地位,依赖威廉对海军事务的被大加宣扬的钟爱去达到这一高高的目标。简言之,他们自称是德国的"第一等级"。

执行军官团被分为若干等级:海军将官(海军少将至海军元帅),参谋军官(海军中校至海军上校),副官(海军少尉至海军上尉)(见表格24)。每个这样的军官都"可觐见"(*hoffähig*),即有权利在宫廷露面。一名海军少尉通常可以希望5年后成为海军上尉,12年后成为海军少校,18年后在36岁左右成为海军中校。执行军官首先被分派到海军在基尔、威廉港和但泽的各个主要基地。前两处同时是波罗的海和北海海军站点的所在地，每处有一位海军上将担任司令官和港口总管。主要的训练区是北海畔的易北河和雅德河入海口，还有波罗的海畔的基尔湾。赫尔果兰岛缺乏一流军港，只是后来才有鱼雷艇驻扎在那里。

舰队名单所载的所有舰只都停泊在基尔、威廉港或但泽，随时准备起航。每年9月，"德皇演习"之后，舰只被派往基尔或威廉港作详细检修和改装。这通常延续约四周，构成该年的低点。此时，所有后备人员都离舰，指挥系统则大变。10月初，新召人员被分派到各自的新舰。此乃无备之际，因为军官和水兵发觉，他们新近被分派去的舰只大多仍在干船坞里。海军的军械储备以三个级别的有备程度寓于港口。第一级别是在舰上既有燃煤又有弹药，能立即被派出去执行海上任务；第二级别是在舰上只有燃煤；第三级别仅构成军械储备。

最受珍视的职位自然是舰长。战列舰和战列巡洋舰通常由一位海军上校指挥，轻巡洋舰由一位海军中校或少校指挥，炮舰舰长和鱼雷艇艇长则分别为海军少校和海军上尉。不管衔级如何，舰长在他的舰只的备战程度、纪律和安全方面直接对德皇负责；他还必须保证舰员和外国人对舰旗予以恰当的尊敬。

舰长在大型舰只上占有一个孤独的、差不多天神一般的地位。他在舰尾有个私用舱间，在那里他单独用餐。德皇诞辰（1月27日）是少有的几个舰长与执行军官同伴们一起在餐厅进食日期之一。

一艘主力舰的实际运行主要由该舰的大副掌管。作为副指挥，他通常拥有海军少校军衔，且被给予一名副官去协助他。大副是所有舰上人员的军事指挥官，除去那些直接在舰长麾下的，即导航官、舰长副官、医务官、总工程师、出纳和牧师。首先，他负责全体舰员的遵纪守规状况，不管是军官、低级士官还是普通水兵。有关保养、库存和训练的一切事务也由他管辖。大副携有官兵花名册（Rondelisten），并且向主要舱面军官发布日常命令。他还是舰上军官俱乐部（Kasino）的首领。不足惊奇，他通常即使不是最受普通水兵厌恶、也是最受他们批评的军官。

大型舰只上的第三号指挥乃导航官，那往往是一名海军上尉或海军少校。

他监察舰只的航线和航速,监控天气报告。大型舰只还有一名炮兵军官,通常为海军少校,负责训练舰炮人员,战争情况下指挥舰炮开火,维护所有舰炮和弹药。与他密切协同的是鱼雷手,后者被委予舰上惯有的六根鱼雷发射管。大舰还有三或四名监察官,通常为海军上尉,每人负责训练一部分水兵。大舰上有一名海军少尉作为舰长的副官行事。最后,无畏级舰载有 16 名海军士官,大型巡洋舰则有 12 名。1912 年下水的无畏级舰"路易特波尔德摄政王号"(24700 吨)载有全员 22 名执行军官、6 名工程师、2 名出纳、27 名舱面军官以及 1020 名低级士官和普通水兵。

执行军官团 1890 年 3 月 25 日从德皇获得专门的军服官职标志,1892 年12 月 19 日再度获得;后一项敕令规定,副官在其肩带上有一"W"字,其肩章上则有一皇冠和威廉的字母组合。1899 年 1 月 1 日来了个基本变化,当时肩章改为载有一个锚和一只鹰,皇冠被附着在领扣近旁。

威廉二世还引入了一些就参谋军官和副官而言的制服变化。1897 年,小型护卫舰长(*Korvettenkapitän*)被赋予陆军的中校衔级;1898 年 11 月 23 日,护卫舰长(*Fregattenkapitän*)这一新级别被引入。1888 年 6 月 29 日,军官团得到节日制服,1890 年 3 月 25 日,六角袖星被皇冠取代(皇冠饰迄此只由海军司令部参谋军官佩戴)。总之,到世纪之交,海军执行军官已有节日制服、常规海军制服、值勤制服、特殊"白昼"制服、餐厅夹克、热带制服和披风。平民便装只被允许在体育运动时穿戴。1873 年时,执行军官就已将他们的佩枪换作佩剑,而且在 1901 年 9 月 13 日沙皇尼古拉二世访问舰队时,威廉最终允许他们摘下不灵便的佩剑,代之以一把 34 厘米长的象牙手柄匕首。

海军的制服要求——那包括不少于 36 套衬衫——并非没有用意。1907 年,在解决教育局与海军枢密院之间关于接纳一名但泽监狱督察的儿子的争端时,德皇写道:"太多海军士官将从此类阶层入伍的危险已被一个事实排除,那就是父亲很少有可能取得必要的资金。"精确地说这是个迹象,表明海军用间接的金钱障碍去屏除不受欢迎的成分。

UC5 布雷潜艇，甲板上置有两枚水雷

UC35 潜艇在地中海。右为艇长阿诺尔德·德拉·佩里埃尔

1914年11月1日，科罗内尔海战之后的"沙恩霍尔斯特号"

执行军官生涯花费不菲。对代价的估计不一而足；一个资料来源就 1874 年给出的数字是 7900 金马克，就 1909 年作为三年半训练的代价给出的则是 9755 金马克。海军枢密院 1910 年将第一年训练的父母资助定为 1505 金马克；第二年耗费 1090 金马克；第三年 1000 金马克；然而最后六个月最费钱：1240 金马克，包括军官制服 1000 金马克。不仅如此，接下来四年每年需要 600 金马克，其时这名年轻人会被晋升为海军上尉，为的是维持他作为军官的地位和相伴的社会责任。据此，最后的数字被海军枢密院定为 7235 金马克。如果此外添上其他花费，例如骑马、击剑、跳舞等等，训练耗费很容易超过 8000 金马克。

比较而言，这个数字完全不离谱。在英国据估计，世纪之交海军士官训练耗费已达 1000 英镑，或曰约 20000 金马克。如菲舍尔所说："我们肯定在从一个非常狭窄的阶级吸取我们的纳尔逊们。" 8000 金马克这个数字亦非全不符合为法官训练所需的 3 万—5 万金马克，或为陪审法官（五年训练）所需的 7500 金马克。然而，要求于海军士官父母的每年大致 2000 金马克是社会较低阶层莫及的：1913 年一名熟练工人的平均年收入为 1300 金马克，舱面军官的则为 2500 金马克。

在那些能付得起的人中间，大多数参加海军要么是出于一种冒险意识，要么是因为他们在这个新军种中见到更快的晋升和更大的威望，这超过在各支不同的德意志陆军中。浪漫的海上故事，对旅行的期盼，对"实际的"而非"学究气的"职业的渴求，也导致许多年轻人加入海军。后者事实上从未经历申请者短缺；每年在那些被接纳的以外，有约 200 人过剩。

海军教育局（*Inspektion des Buldungswesens de Marine*）由皇帝敕令在 1895 年 11 月 26 日创设，负责海军士官录取委员会，其局长担任该委员会的常任主席。后者负责关于招收军官的一切事务，最终权威掌握在德皇手中。该委员会从 10 月 1 日到翌年 4 月 1 日议事，依据从各行政区（*Landräte*）首领、警察局、市政长官和军事指挥官得到的信息作出其专断的决定。它秘密议事，不留会议记录，不需透露其决定的理由——除非它们涉及一位非常显赫的社会成员，在此情况下所涉者可以直接向德皇申诉。不受欢迎的申请者往往只被告知该年名额已满;如果他们第二次申请,他们就通不过录取考试。

除了父母的支持和候选人家庭的良好社会地位,海军还要求通过前述录取考试以及具备学校全时肄业资格(school graduation with *Primareife*),亦即念完中学但未最终考试,从而没有作为中学毕业生(*Abiturient*)的证书。海军上将冯·米勒做了种种努力要引入中学毕业考试作为入伍要求,但都被海军高级将领们成功地阻绝,这些人偏爱中等或上等阶级家庭里保守的、基督教的家教(*häusliche Erziehung*),而不那么喜欢正式的学校教育。尽管如此,到 1914年,有中学毕业资格而投奔海军的候选人——通常年龄 18 或 19 岁——的百分比已从 1900 年的 35%增至 90%。普鲁士陆军也拒绝将较高的教育接受为录取要求;相反,巴伐利亚陆军自 1872 年往后就要求有中学毕业资格。事实上,年轻人通过获取一份免除全时肄业资格以及录取考试的帝国豁免书,就可以加入海军;格拉夫·卢克内尔就是个主要例子。

那么,谁有资格被接纳进执行军官生涯? 格尔特·桑多费尔留下了一项对 1907 年海军人员的颇有见识的分析,这些人他认为很有"代表性"。197 名申请者中,只有 22 名(11%)来自贵族家庭,大多来自相对穷困的低级普鲁士新教贵族。总的来说,贵族士官的数量通常在 10%与 15%之间波动;1895—1914 年间,所有贵族士官中只有 14%是天主教徒。在剩下的 197 名士官中间,90 名的父亲是学者,52 名父亲是军官,34 名父亲是商人或制造业者,10 名父亲是地主,还有 10 名父亲是专门职业者。每年,海军还从小资产阶级录取7 名候选人,另有几名取自很"低级的"社会阶层,大概为了包括其中几人,以利帝国议会。

对 1907 年海军人员的分析还修正了某些徘徊不去的神话。多数士官并非出自南德,而是出自北德。在 197 名成员中间,仅 25 名来自美因兹—科堡一线以南;130 名来自普鲁士,13 名来自萨克森,8 名来自巴伐利亚,来自汉堡和巴登各 7 名,其余出自各个不同的帝国邦和城市。不少于 69%出自北方海岸地区,汉萨同盟各城市(不来梅、汉堡、吕贝克)在士官总数中占据较多的百分比。同一年里,海军部将"值得想望的"录取人员界定为军衔陆军上校以上的军官的儿子,还有"第二等"(上校)以上的文职公务员的儿子。信仰犹太教的申请人不被接受,而且惯常以他们会给餐厅造成"饮食困难"为由予以拒绝;少数受过洗礼的犹太人,例如 1910 年海军人员——包括马丁·尼默勒和卡尔·邓尼茨——中的库尔特·登,得到录取,但他们一般是众人所称的"百万富翁俱乐部"的成员。他们的出现更多地说明了他们父母的财富而非海军的宽容。来自社会民主党人和工会活动分子家庭的儿子一概不被允许进入执行军官团,从而保证了这个群体的社会同质性及其孤立。

海军试图增大贵族军官占的比例,办法是将达到资格的高级执行军官提升进普鲁士贵族行列。此类情况的名单饶有趣味:诺尔(1896 年);克斯特尔、米勒、蒂尔皮茨、格鲁梅、霍尔曼(1900 年);普曹(1901 年);本德曼(1905年);欣策、费歇尔(1908 年);英格诺尔(1909 年);菲舍尔(1910 年);特鲁佩尔(1911 年);施罗德、卡佩勒(1912 年);克尔佩尔、普尔、兰斯、卡尔普夫、托姆森(1913 年);汉克尔(1914 年);还有经巴伐利亚国王,希佩尔(1916 年)。不仅如此,海军上将冯·米勒 1913 年时力求将此过程系统化,为的是创设出"一个新的佩剑贵族,以取代正在部分地逐渐死灭的旧贵族";前者的儿子因此将在未来作为既存的贵族士官加入海军。这个自我永恒化的过程将使海军免得从中等或中下等阶级抽取它的新人员。而且,接纳入贵族的相对高昂的代价(4000 金马克)将自动排除"那些没有财富的人"。可是,大战令这个计策无法实现。

1855 年后,加入海军的士官附属于海军士官机构(*Seekadetteninstitut*)。4月份在米尔维克被录取后,海军士官们经受一个半月的步兵操练,继之以在海军的培训舰只上从事十个半月的航海、引擎保养和司炉工作。随着晋升为海军候补军官(*Fähnrich zur See*),士官成为军士团成员,剑佩带结(*Portepee*);海军在 1890 年就让士官废弃了累赘不灵的佩枪,改为佩戴一柄 60 厘米长的短剑。

近 200 名候补军官接下来就学于海军学校十二个月。在此,他们被授以各色教程,包括航海(每周 8 小时)、舰船驾驶(5 小时)、机械(3 小时)以及火炮学、水力学、数学、造船和舞蹈。每周有一小时被用于学习舰船类型、水雷使用、英语、法语、体操、辩论和骑马。按照海军史家奥托·格鲁斯海军上将的说法,士官教育的一大欠缺,是缺乏政治事务教程,其依据将政治排除在武装部队之外这一通则。而且,伴随海军上将冯·蒂尔皮茨将舰队完全集中在北海的决定,外海巡航持久中止,士官们因而被剥夺了与不同民族、政府形态和其他生活方式接触的唯一机会。1929 年时,德国官方海军史家埃贝尔哈德·冯·曼泰海军上将回顾往昔,抱怨海军执行军官团成了"移植到铁军营上的普鲁士陆军军官团"。

海军学校的一年以为执行军官而准备的各主科考试结束。此后,专门训练课程来临,那是关于炮术、鱼雷战和战场步兵实践的,延续六周。最后,候补军官们被再度置于舰上,作最后十二个月的训练。在成功完成这段训练时,他们被晋升和委任为海军少尉(*Leutnant zur See*),并被授予军官的制服和佩剑。他们结束了训练,以宣誓效忠德皇开始他们的新生涯:

> 我……对全能全知的上帝发出个人誓言:我将忠诚和体面地效劳于德皇陛下威廉二世,我的最高战争之主,在所有情况和任何情况下,陆地和海上,平时和战时,无论可能在哪里……而且将以一种恰当的方式行事,那符合一名正直、勇猛、热爱荣誉和珍视责任的军人。

最后一步是被选入军官团,一项由普鲁士陆军在 1808 年 8 月 6 日采纳的做法。这选举系由每艘军舰的军官团进行,从轻巡洋舰到战列舰,就鱼雷艇和潜艇而言则由小舰队或半支小舰队从事。在此有秘密投票而不得上诉的最后机会,以便拒绝任何不受欢迎的候选人,他威胁军官团的同质性或排外性。

一旦成为军官团成员,这些年轻人就非常关心被称为"荣誉"的那个神秘体。为维持它关于后者的理念,海军照搬了普鲁士陆军在 1808 年 8 月 3 日引入的军事荣誉法庭(*Ehrengerichte*)。这些法庭通常为管辖如下行为而开庭:它们未被明确包含在《战争条款》内,例如冒犯阶级道德之不成文习俗(*Standes-sitten*)。只有执行军官和步兵军官才能出席该法庭;医务官和工程师都不被允许裁判执行军官。可能的最严厉判决是"绝对开除",褫夺一切军官权利和特权。

"荣誉"还与海军执行军官的求婚休戚相关。所有现役和——1907年10月26日以后——所有非现役军官为他们的求婚需要获得皇帝首肯。为了防止门不当户不对的婚姻（mésalliances），执行军官不仅须提交一份完整的概览，说明可能的新娘及其父母的社会背景，还须提交金融支持的证据。1886年1月19日，除去常规的薪金，这个数目被定为少尉每年3000金马克，中尉每年2000金马克，上尉每年1200金马克。

赌博和欠债在海军里面都不被容忍，怕的是所涉的军官会不得不从可疑的、往往是犹太裔的放贷者借钱，从而降低整个军官团的威望。德皇有时甚至伸手救援，帮助经常大饮香槟的著名军官走出困境。事实上，酗酒遭白眼，特别是海军上将冯·米勒的白眼，他举办让人害怕的"牛奶"饮席，以便吸引军官们离弃"高脚酒杯"。威廉二世以其惯常的方式，将此事搞到可笑的极端。1910年，他在米尔维克对海军士官演讲期间，将饮酒说成是"日耳曼族的古老传统"，但告诫说"消费最少量酒精的民族"将赢得下一场战争。然而，尽管1913年在基尔成立了海军戒酒联盟，许多军官仍与海军上将路德维希·冯·施罗德持一样的看法："对我来说，一位民族酒鬼比一位国际禁酒主义者更可爱。"

还有决斗问题。按照《德意志帝国刑法典》第201—210条，持"致命武器"的一切交锋将导致肇事者被监禁两个月到两年。然而，1895年7月25日和1897年1月1日的皇帝敕令无法遏止此类行为。决斗甚至在海军学校舰只上展开，而且士官们被要求在晋升至军官衔级以前提供"满足"——德皇以及海军枢密院徒劳无功的谴责的一种做法——并非罕见。1908年，无论在基尔还是在威廉港，执行军官们都发觉击剑俱乐部是个"侠义的"会所。虽然海军在德累斯顿与陆军军官的首场和末场击剑比赛证明彻底惨败，但德皇依然以金钱和奖杯支持该俱乐部。事实上，威廉不时痛斥不接受决斗挑战的军官，强调执行军官应当"以血肉方式"被灌输荣誉观念。简言之，决斗问题上存在双重标准。表面上，一个人认识到此乃工业现代化的过时现象；私下里，一个人却依然视其为荣誉问题和社会地位象征。

特别有才的军官，通常是海军上尉或少校，被指派到位于基尔的海军学院接受详细教程,意在准备他们从事参谋工作和担任海军高级职务。该学院每年有两学期,一个学期延续六个月,另一个学期九个月。然而,这样的非常专门的训练,特别是相伴随的精英主义倾向,在蒂尔皮茨看来实属可疑。后者尤其担心,该学院可能变成仅为海军司令部参谋班子军官设立的训练场,而这些人是被他不安地视为竞争者的。

执行军官薪酬颇丰。世纪之交,海军少尉、上尉和少校的基本月薪(分别为 75、125 和 225—325 金马克)不显得很高,但它们由一批奖金和补贴来补充。弥补陆上住房和取暖成本的津贴(*Servis*),提升舰舱状况的津贴,专门副官给付,重新服役奖金,海上任务加薪,给予居住岸上的已婚军官的特殊补贴:所有这些让人留在海军的诱惑加起来可以达到——但不得超过——每年 1800 金马克,令在海军生活获利多多,即使在较低军官行列里也是如此。驻扎内海时,军官薪酬须纳国家所得税;海外任务则使军官免除这项负担。低级士官和普通水兵领受工资而无须纳税。

忠诚服役多年之后,执行军官要么退休(*a.D.*,或曰 *ausser Dienst*),要么离休(*z.D.*,或曰 *zur Disosition*),领受数量可观的年金。海军内有一条不成文的规则,即执行军官 60 岁退休,而某些人幸运得足以获取海军巡视官职位,巡视军火厂和弹药厂、船坞或机器工场。在这种做法上,海军中将汉斯·萨克、海军上将奥古斯特·托姆森和海军中将胡诺尔德·冯·阿勒菲尔德极为成功。

甚至大战期间,海军也设法维持其僵硬的阶级结构(*Kastengeist*)。普鲁士陆军经受了极大的损失——11357 名现役军官和 35493 名后备军官,而且被迫将 82 名低级士官(巴伐利亚陆军 91 名)提升到现役军官地位。甚至社会民主党党员,例如尤利乌斯·莱贝尔、保罗·格雷和阿尔贝特·絮德库姆也被任命为后备军官。海军只损失了 647 名执行军官(包括 590 名海军少尉、上尉和少校,主要在潜艇上),不需放弃它的平时做法。1914—1918 年间,没有一个海军军士被晋升到军官行列。

执行军官们达到了他们的目的,即在社会和军事意义上取得与有威望的近卫团或骑兵团同等的地位。通过采纳后者的特权和权利,同时又禁绝其他军官团提升,执行军官们形成了一种仿效"悠久的普鲁士范例"的阶级结构

（*Kastengeist*）。然而代价高昂。一些专门的军官团被拒绝纳入执行军官行列，因而被永久归属于一种执行军官与低级士官之间的半吊子地位。结果，工程师尤其不满，追求基于拿破仑的格言"大路对有才者敞开"（*La carriére ouverte aux talents*）去改善自己的总的地位。

在其取得相当于执行军官享有的社会和军事地位以前，大多数现代海军的工程师军官团都经历过长期和艰巨的斗争。1899年，美国海军取消了"指挥"军官与工程师军官之间的区分；甚至在此以前，"工程师军官"一语就已被使用。海军上将冯·蒂尔皮茨同一年里只同意就"机械师"采用后一级别称号，将美国的改革指责为创设军官的"大杂烩"。

相反，在英国，海军上将菲舍尔基本赞成美国的改革，并且在世纪之交认识到皇家海军仅有961名现役工程师，而所需的是1497名，于是采取行动去弥合执行军官与工程师军官之间的鸿沟。由此而来的"谢尔本计划"——以海军部首席大臣、第二代谢尔本伯爵威廉之名命名——从1903年至1905年为在奥斯本和达特茅斯的新海军学院的所有士官引入共同的录取和训练。不仅如此，虽然1899年以后德意志帝国海军内的一名工程师达到的最高级别是护卫舰长（*Fregattenkapitän*），但是有海军中将军衔的技术军官将见于英法日意四国海军，美俄两国海军的那些则分别有海军少将和海军上校军衔。最激进的是，法国在1907年1月1日发令，所有执行军官和工程师军官中的20%将从合格的舱面军官行列中被晋升出来。显然，时代正在改变。

然而，在德国并非如此。海军工程师军官团（*Marineingenieur-offizierkorps*）的243名成员在1905年不被允许着军官腰带、皇冠袖饰、条纹袖带或节日制服。此外，海军教育局下令，执行军官候选者与工程师候选者的舰上餐厅分开，工程师学校与海军学校亦分开。工程师军官没有他们自己的军事荣誉法庭，而是在执行军官的军事荣誉法庭（*Ehrengerichte*）管辖之下；1909年9月5日以后，在涉及他们的军官团的问题上，一名工程师军官可以取代法庭上最低级的执行军官。在威廉港，有各自分开的军官餐厅，分别供执行军官与工程师军官。无论在基尔还是在威廉港，执行军官、步兵军官和医务官都被称作军官俱乐部（*Kasino*）的"正规"成员，工程师军官则被称作其"非正规"成员；工程师们在餐厅里没有投票权。这是极其羞辱的,因为议会表决为这些特殊俱乐部提供资金是基于全体军官团成员。执行军官的排外性在 1891 年阻止工程师成为在基尔的、负有盛名的帝国游艇俱乐部的正规成员。

甚至在海上,执行军官与工程师军官之间的区分也显著昭彰。在大型舰只上,仅大副才有纪律惩戒权。军官餐厅里,最高级的工程师也须等待哪怕是一名低级执行军官给予示意,才可坐下来开始进食。同样显示出两者区别的是,在帝国海军,那里执行军官与工程师军官之间被认为可取的数量比例为四比一,海军部里有 60 名执行军官,而工程师军官仅 8 名。

直到 1908 年为止,蒂尔皮茨不断反对将(1899 年)许诺的海军上校军衔授予工程师,然而 1912 年 9 月 19 日这个级别终被授予舰队的两名高级工程师,他俩都有近 40 年服役资历。早在 1906 年 7 月,威廉二世就愿意给工程师"申请人"更合适的名称"工程师士官",并且授予工程师军官被期盼的皇帝婚姻首肯,可是这两项措施都受阻于海军高级将领的反对,后者担心此类行为将造就一个"国中之国",那来自几乎不到 200 名工程师中间。确实,同一些将领明确告诉德皇:要是授予这两项改革,他们就"不再能保证舰队的随时可战状态"。

1908 年 7 月 1 日,与蒂尔皮茨的意愿相悖,工程师军官最终被授予着军官腰带的权利。国务秘书设法阻止这项皇帝敕令广而告之于海军以外,而当它刊于官方的《MVO 册页》时,它在"制服令"这无关痛痒的标题下面,藏身于例如给执行军官发放新的系带靴子等事项中间。

赞成给工程师授予较高的社会和军事地位的主要论据,是他们在运行大型舰只这复杂的机器系统方面愈益重要,还有这类军官严重短缺。1890—1891 年间,海军就已经只有所需技术人员的 68%,而且据估计这个数字在接下来两年里将下降到 52%。1912 年,当时在海军部的海军少将莱茵哈德·舍尔计算,海军在工程师军官方面将达不到充足的数量,直到 1921—1922 年为止,或者说直到 1908 年和 1912 年增补法案规定的造舰计划完成后差不多两年。到 1917 年年中,一个危机点将到来,到那时舰队里将有 190—250 个工程师职位空缺无人。

零敲碎打的措施未能缓解这一局势。1907 年 10 月 1 日，要求工程师候选人在加入海军以前需有的实际经历从 30 个月减至 24 个月；5 年后，总的训练期从 9 年减至 8 年。训练设施也得到改善。1909 年 10 月 1 日，一所新的工程师学校开张，作为在基尔的舱面军官学校的一个分部，此乃仿效在威廉港的一个先例。1916 年，一所专门的工程师和舱面军官学校在基尔的威克区开张，同样是照搬来自威廉港的较早范例。

然而，工程师的短缺依然不减。1914 年 8 月，有 419 名工程师服现役，还有 114 名已退休：对照预算数 577 名，短少所需量的 27.45%。1918 年预算要求有 768 名工程师，但现成可用的只有 529 名，另有 32 名被敌国监禁，短缺 31%。大战期间，302 名低级士官被晋升到工程师军官级别。1918 年 4 月 1 日的最后时刻改革未能精简工程师训练，那依然延续约 8 年，头 5 年半耗费 3735 金马克。

确实，工程师军官生涯既不轻松，又不省钱。训练期间，父母除了支付所有制服费用，还必须保证每月予以支持。1906 年，仅为训练头四年给予的父母支持就达到约 1440 金马克，还不包括制服费用。在其近来对工程师军官团的研究著作中，维尔纳·布雷科夫称一家父母以多达 7000 金马克补贴其儿子的事并非罕见。到 1910 年 11 月，海军枢密院已估计工程师训练耗资约 6450 金马克，包括制服费 2000 金马克。

1903 年以后，作为工程师军官候选人加入海军的年轻人需要提供证据，证明在机器操作或造船方面有 30 个月的实践经历，还要有中等学校文凭（*mittlere Reife*）证明学历，亦即成功完成九年制中学的六年学业（*Untersekunda*），并以一年期志愿者的身份拿到中学第七年文凭。21 岁是年龄上限。申请者被进一步要求通过工程、物理、数学、力学、工程制图和一门外语（通常是英语或法语）等方面的录取考试。成功越过这些障碍后，这些年轻人被正式录取为海军工程师学徒（*Marineingenieuranwärter*）。

这些学徒接受三个月的基本军训，继之以九个月的内海技术性海上任务，作为一等兵取得在司炉间和引擎间的实际经验。通过一场实作考试后，年轻人被提升为候选人（*Applikant*），并被给予海军士官地位，派遣出海又两年，继之以在工程师学校进修一年。在又一次考试之后,提升为有志者(*Aspirant*),而且进至舱面军官级别。

有志者被分派从事海上任务四年,随后是又一年在工程师学校,那里他将自己的研习集中于海军工程理论。然后,严厉刻板的工程师考试来临,继而由执行军官团和工程师军官团选举到军官地位,并且晋升为海军工程师(*Marineingenieur*),通常在29岁上。此后,这位工程师晋升以前,必须至少一整年在海上:一项未对执行军官规定的要求。

在舰上,工程师军官身处下面内舱做油污满身的工作,执行军官则从指挥台上发号施令。现代无畏舰"路易特波尔德摄政王号"配置6名工程师军官。总工程师(*Oberstabsingenieur*)由一名参谋工程师(*Stabsingenieur*)和一名高级工程师(*Oberingenieur*)协助,外加也是协助他的三名监察工程师,每名照看该舰的每台引擎。此外,舰上的总工程师有近400名机械师和司炉直接在他指挥之下。这即使不在理论上也在现实中使他成为舰上单独一位最重要的军官。然而,作为"技术"军官团的一名成员,他不被充分认作一名真正的军官。这符合威廉德国鄙视技术职业的广泛偏见,那里技术学院只是在世纪之交才被给予与大学同等的地位和颁发博士学位的权利(*Promotionsrecht*)。

诚然,工程师军官团已经从卑贱得难以置信的开端向上攀升。19世纪后期,工程师的形象依然是"涂油工"或"司机队长";按照菲舍尔海军上将的说法,他在"海军执行军官这神圣的教士群体"眼里是一类"较贱的品种"。在德意志帝国,这个军官团的首次突破在1899年4月10日到来,其时它的名称从"机械工程师团"改为"海军工程师军官团"。1903年10月1日,首批50名"海军工程师候选人"加入帝国海军。

这个时期里,还可以觉察到工程师军官候选人的社会背景的一种变化。在1905年10月录取的工程师有志者中间,最多的(18名)来自较低级或中级公务员家庭,16名来自工厂主或经理和商人家庭,7名家庭出身为学者,5名家庭出身为工程师。只有3名出自军官或高级公务员之家,4名则有体力劳动者父亲。同一年的一项调查显示,工程师军官一般从同样的、虽然略微富足些的社交圈娶妇。然而,一流工程师们提高该群体的社会层次的努力在缓慢生效。在 1911 年间被录取的候选人中间，最引人注目的增长来自 16 名出于高级公务员背景的申请者。就此而言，该群体正在从提供多数见习执行军官的那个社交圈吸收新人。

虽然在这问题上，海军枢密院院长、古斯塔夫男爵冯·森登-比朗海军上将及其后继者冯·米勒海军中将一般支持工程师军官，但蒂尔皮茨拒不做任何尝试去将他们的地位提高到执行军官水平。对蒂尔皮茨来说，工程师军官是个"技术幕僚"，只能期望掌管机器；执行军官指挥人，是个"战斗者"，在海外代表德皇，且能"在可能时拿国家命运"置于掌中。这位国务秘书是否在想他自己？无论如何，在此，在 1906 年，蒂尔皮茨提供了一项关于这两个群体的清晰的界定，它直到战争于 1918 年结束为止对帝国海军始终有效。

大战紧接的那些战前年代伴有执行军官与工程师军官之间持续的小冤仇和愤懑感。海军档案载有一项小型阶级争斗的例子，诸如工程师军官拒绝接受执行军官为他们的"女人"送的花卉，因为他们不被允许与执行军官及其"夫人"有社交来往。这两个群体彼此争吵，吵交换名片权，吵各自在学校能读什么课程，等等。虽然不得不与工程师在舰上共事的低级执行军官一般都同情工程师事业，但是海军高级指挥官坚定地站在蒂尔皮茨一边。打头阵的是海军上将亨利希亲王、海军上将奥古斯特·冯·黑林根、海军上将库特·冯·普里特维茨和舱面军官学校首领弗里德里希·冯·屈尔韦特海军上校。工程师学校主任、工程师候选人录取委员会主席卡尔·威尔勃兰特海军上校勃然大怒，因为一名特别的工程师军官竟斗胆偕同其妻礼节性拜访一名执行军官的家庭。一名战舰司令官甚至邀请了他的高级工程师军官造访他家。"将工程师们置于其适当的较低地位的唯一适当方式，是只接纳来自较低中等阶级的人。"

工程师们的不满加剧，既因为他们在舰队里愈益增大的重要性以及短缺，也因为帝国议会内就其地位进行的一场激烈的辩论，这就导致海军领导人在 1912 年 6 月 6 日引入关于执行军官团和工程师军官团的新规定。尽管迄此在所有场合，工程师军官一向被列为执行军官的属下，但这两类军官之间的关系现在要基于他们的"专业关系"。这意味着一艘军舰上的总工程师只从属于该舰的舰长和大副、分舰队首领和舰队司令；在他之下的工程师们只从属于总工程师以及在纪律问题上从属于大副，而在理论上不听命于任何其他海军将领或执行军官。工程师军官成了所有舱面军官和低级士官以及普通水兵的军事指挥员，可是这命令依然申明："没有任何一处让他们显得是海军其他军官的上级"。简言之，这命令荒唐。据海军上将冯·米勒说，蒂尔皮茨发布它，以便在此问题上令帝国议会放心。无论如何，布雷科夫认为，就工程师军官团而言，蒂尔皮茨"对拂晓中的技术时代仅有最少一点儿领悟"；他还称，甚至蒂尔皮茨的儿子，也是一名海军军官，也谈论他父亲"对工程师军官团的反感"。

军种内的争斗因为第一次世界大战而暂时止息。可是，随这斗争拖下去，加上舍尔在 1912 年预言的工程师致命短缺业已成真，工程师军官们变得骚动不安。潜艇战的紧迫需要进一步加剧了工程师军官的短缺，而且反过来提升了他们的军事价值。可是，他们的社会地位依旧未变。

为了抚慰工程师军官的军事志向，威廉二世于 1916 年 5 月 1 日为总工程师设立新级别"海军总工程师"（*Marineoberchefingenieur*），伴有上校军衔。然而，别的老怨懑依然如故。工程师军官候选人与见习执行军官依然被服侍于舰上各自分开的餐厅。他们不被允许造访在陆上的军官。工程师军官尚未被授予皇帝婚姻首肯。指挥战舰非执行军官莫属，这老格言得到严格奉行。许多指挥官，例如"汉诺威号"的舰长威廉·海内，仍旧将其工程师军官当作"供需员"对待。

1917 年 7 月，出于未知的原因，海军上将舍尔规定了关于这两个群体之间关系的新指针。在 7 月 3 日给所有指挥官的一项备忘录中，他提醒执行军官：他们被训练来形成一种"主人眼界"（*Füherblick*），工程师军官则因其教育而限于发展其"实际的技术能力"。因此，需要有两种全然不同类型的军官，"一边是在指挥台上的海军指挥将领，另一边是海军机器系统的军事首领"。此乃规制该问题的所有方面的准绳，令"往下渗透到新人员选择的种种差异"势所必然。这些"差异"不可能被消除。"指挥权乃执行军官之关切"；此项格言的任何改变都将导致"两个群体的完全合并"。问题的症结就在于此。

这项备忘录标志着完全返回到蒂尔皮茨在 1906 年采取的强硬立场。虽然允许对海军工程师的社会和军事期盼作偶尔的小让步，但舍尔在事实上将他们贬抑到执行军官与舱面军官之间的从属性和技术性地位。由此，工程师军官就得不到社会流动性。有趣的是注意到舍尔对工程师的受教育层次的强烈讥诮，那是在一个有大学学位的工程师比拥有大学学位的执行军官多出几乎一倍的时代。

舍尔的大作不知怎地被泄露给工程师们，他们自然生气。不仅如此，他们为突出自己在军官俱乐部内低下的社会地位，还抵制德皇诞辰庆祝典礼，并且在 1917—1918 年的冬季期间，对舍尔的观点采取消极抵抗的方式来抗议。潜艇司令官安德雷阿斯·米歇尔森海军上校在 11 月向舍尔抱怨，被置于海军少尉或上尉之下的工程师军官报告说病了或"情感受伤"。鱼雷艇司令官保罗·亨利希海军上校在 1918 年 5 月告诉舍尔：在被置于低衔级执行军官指挥之下的任何时候，他的工程师军官们就都装病。虽然米歇尔森、亨利希和舍尔一致认为只有"坚定的和不妥协的"措施才能平定这"生病"潮，但所做的或能做的极少。结果，大型舰只上的军纪开始受损。许多不服从军令军规的情况，特别是在司炉方面的，不被工程师们报告，后者不想唤来执行军官在引擎间内援助自己。尽管就这类事件没有可用的数据资料，但几乎毫无疑问存在这样的情势，而且它们最终助成了 1917 年和 1918 年的兵变。1918 年 8 月 8 日，冯·米勒海军上将就这整个两难作了一项恰当的评论，当时他说关于工程师军官问题的"喧闹"将以如下方式结束："要么[两个军官群体]完全平等化，要么经历一场政治危机"。

二类：低级士官和普通水兵

1899 年 6 月 26 日的《组织规章》将"兵众"划分为剑柄带结的低级士官、剑柄不带结的低级士官和普通水兵。根据 1871 年宪法，所有年龄在 17—45 岁的男子都可被征募入伍。习惯上，入伍年龄为 20 岁，除非一个人选择志愿当兵，在此情况下是 17 岁以上。海军服役为 3 年，继之以 4 年海军后备役，还有再 5 年在海上防卫队(*Seewehr*),后备役的最后一个范畴。志愿再入伍起初为 4 年,后来增至 5 年,最后增至 6 年。

最难界定的级别为舱面军官(*Deckoffiziere*)。当然,这个术语本身是误导性的;该群体被专门命名为"兵众"而非"军官"。不过,舱面军官领受薪酬而非工资,而且有如执行军官,保有他们自己的勤务兵。此外,他们被配给就餐费、餐厅补贴以及其他只给军官的额外津贴。而且,他们的制服较接近执行军官而非低级士官。

无论在普鲁士陆军还是在英国皇家海军内,都没有人可类比于舱面军官。由 1854 年 7 月 7 日《海军规章》确立为一个独立的军官群体,舱面军官监察舰上各色不同的专门人员支队:舵手和负责水雷鱼雷的机械师,作为木工效力的水手长,技师,信号兵,等等。简言之,他们是执行军官与普通水兵之间的紧要联结。

然而,时代在改变。风帆被蒸汽取代,木制舰只构造让位于钢制的,炮塔代替了舷边甲板上的机动火炮。这些变化,连同舰只的愈益增进的电气化,造就了拥有一批经高度训练和专门化的技术人员的需要,他们既不能被分入普通水兵,也不能被分入低级士官群体,因而被置于舱面军官中间,结果后者的行列膨胀。他们行使的高要求的技术功能增大了他们对一支现代海军的重要性,但与此同时也减小了他们的军事作用。越来越多的执行军官现在承担这一作用。此外,工程师入伍了。由于他们趋于受过较好的正式教育,并且往往出自优于舱面军官的背景,因而工程师们威胁到舱面军官的军事地位和社会地位,并且在舰上取代他们作为典型的技术专家。在"蒂尔皮茨"海军内,舱面军官的斗争集中围绕他们要保持自己处在执行军官与低级士官之间的传统地位不受侵犯的种种尝试。

舱面军官主要来自普通水兵行列;在三年强制性服役之后,水兵可以进至低级士官(*Unterffiziere*)级别。平均而言,在授予这么一种晋升以前,需有 50 个月的海上值勤。作为低级士官的例外服役给普通水兵可能达到的最高级别打开了大门,那就是首席舱面军官。从低级士官晋升至舱面军官级别最普遍的是依靠一个人的专门技能。炮术专家大有需要,因而晋升得快。相反,诸如鱼雷服役那样广受欢迎的分支就不利于迅速晋升。任何情况下,晋升伴有非同小可的金钱裨益。1908 年时,首席舱面军官的基本工资为每年 2580 金马克,舱面军官为每年 2100 金马克。此外,他们在舰上时,还领受每月 50 金马克的就餐费,而且像所有军官那样,当居住在基尔、但泽或威廉港时,领受每月约 20 金马克的住房补贴。还有,又像执行军官,在海军服役 12 年后,舱面军官有资格得到为他们分拨的低级文职公务员职位。

另一方面,1900 年左右,舱面军官的社会地位依然低下。他们军事上衔级高于陆军中士,但社会地位上与之处于同一层次。事实上,他们的名声等同于机械师、木匠、见习出纳和值班警长。就改善其社会地位而言,舱面军官也得不到德皇支持。当被告知英国皇家海军内的舱面军官将被允许与执行军官一起在餐厅用餐时,威廉二世觉得这令人震惊。

只有在人数上,舱面军官才在海军等级结构中享有一个特殊位置。他们是最大的单独一个"军官"群体。1905 年时,海军内有 1309 名执行军官、223 名工程师军官和 1652 名舱面军官;九年后的数字是 2249 名执行军官、537 名工程师军官和 2977 名舱面军官。"路易特波尔德摄政王号"载有总共 27 名舱面军官。

到 1910 年,舱面军官力求提高该群体的社会和财政地位,已经组建一个"七人委员会"（Siebener Ausschuss）,由住在基尔的退休舱面军官组成。经发放小册子和举行公共会议,该委员会提倡对现役舱面军官作经济让步。两年后,"退休舱面军官联合会"（Bund der Deckoffiziere a.D.）加入了"七人委员会"的努力。此乃遵循威廉德国最佳传统的压力集团政治。

冯·蒂尔皮茨海军上将起初未因这些事态发展而特别烦扰。1911 年 1 月 4 日,他向普鲁士陆军部建议承认舱面军官为一个独立的军官团,但陆军否决了这个计划。陆军部近来已因一个全国性的"德国陆军近卫兵联合会"（Bund deutscher Militäranwärter）而遭遇类似的压力集团政治,其 35000 名会员公开游说,以便改善军士退休后的就业状况。蒂尔皮茨还有一个最终依靠可用:1911 年 8 月 18 日,他将舱面军官的诉求提交德皇。徒劳无用,威廉没有心情去强求与陆军对抗,蒂尔皮茨只能提醒舱面军官他们有如低级士官,属于

"兵众"范畴。

在此关头,舱面军官的斗争突然出现在帝国议会。1912 年 5 月 15 日,进步人民党的威廉·斯特鲁费博士向预算委员会正式请愿,要求宰相"提高舱面军官的社会和经济地位"。如此公开晒晾海军人事问题大不容于蒂尔皮茨,这位海军上将使用他一切狡诈的议会操纵技能从而在委员会内扼杀了这项措施。然而,问题不会消除。1912 年 7 月,3000 多名退休及现役舱面军官在基尔举行集会,将他们的怨懑公之于众。这转过来,导致海军司令部重新审议整个舱面军官的争执。

基尔和威廉港两处的海军基地以及柏林的海军部意见一致,即要"着重反对"舱面军官"消除舱面人员与军官之间的区分"的"一切企图"。这个决断对维持恰当的纪律实属必需,而且有"它内在的理由",因为舱面军官社会出身低,同时未受过较高的正规教育。另一方面,远洋舰队头三个分舰队的司令官们则看来同情舱面军官,这显示了德国海军领导人之间再度就人事改革存在的分歧。

1913 年 8 月,远洋舰队司令官弗里德里希·冯·英格诺尔海军中将公然表示,他反对一切将"舱面军官作为一个独立范畴提升到普通水兵范畴以外"。同一个月里,卡尔·冯·克尔佩尔海军上将指挥的波罗的海海军基地和冯·黑林根海军上将为首的北海海军基地支持英格诺尔。

于是,在第一次世界大战前夜,海军确认了它的一项基本政策,即不容忍在海军的等级结构内任何能声称介于"军官"与"兵众"之间的下属人员。诚然,大多数海军高级指挥官继续将舱面军官视为普通水兵。1913 年 11 月,北海海军基地下令从它的日常命令中去掉所有"舱面军官"提法。同一个月里,在基尔的第一船厂局责令它的军官们教育舱面人员,要他们知道"他们属于……低级士官范畴"。此外,蒂尔皮茨现在断定"已为舱面军官做得够多了……即使有道理的问题也必须不再被提起"。在人事问题上,这位海军总建造师显然缺乏他在对付帝国议会议员时显示了的那种精细委婉。

舱面军官问题包含了微型阶级战争的一切成分。一方面,舱面军官为在社会和军事阶梯上攀升而斗争,办法是取得保留给执行军官的种种特权。另一方面，他们极小心地护卫他们自己与低级士官和普通水兵相比的优越地位。舱面军官希望这双重方略，即期盼获得较高军事级别的社会地位，同时抵抗来自下面的类似的挑战，将加强他们是军官与兵众之间一个分开和独立的群体这一要求。海军一次又一次地粉碎了这个希望。

德国1914年8月参战时，有一个由2977人组成的舱面军官群体。伴随水雷、鱼雷、潜艇和飞艇的进一步发展，技术工业给迅速增长的舰队装备了极为复杂的机器系统，而掌管它的技术人员就是舱面军官。如蒂尔皮茨曾经说的，他们是海军的脊梁。

一旦宣战，舱面军官就丢弃所有改革要求。以威廉二世宣告的"社会和平"（Burgfreiden）精神，宰相冯·贝特曼-霍尔维格向所有志愿接受战争任务的退休舱面军官许诺，他们将像工程师军官那样被给予委任。然而，当他们几乎全都志愿时，仅有一名被晋升为军官。相反，即使最缺经验的军官入伍者也被任命为"辅助军官"（Hilfsoffizier），衔级在舱面军官之上。更糟的是，当海军仿效陆军而设立"代理军官"（Offiziersstellvertreter）时，它只将出自海军步兵的中士提升到这一级别；舱面军官衔级较低，要给"代理军官"敬礼。

舱面军官中间由此而来的吵闹导致蒂尔皮茨于1915年6月规定，只有在军事上有理的场合，舱面军官才从属于"代理军官"。此外，在德皇诞辰即1916年1月27日，一项皇帝敕令设立特殊衔级"舱面上尉军官"和"舱面工程师军官"，给已服完20年现役和已占据军官职位但无战时委任的退休舱面军官。这是在正确方向上的一步，但如那么多别的事一样，它来得太晚，给得太少。

战争期间，舱面军官问题从未消逝。斯特鲁费博士在1917年，他的同事弗里德里希·胡布里希在1918年，就此问题纠缠海军，最终呼吁它将军官地位授予所有经一定年数服役的舱面军官。胡布里希1918年5月告诉帝国议会，下列舱面军官现正以下列职务服役：150名作为海军轻型舰船指挥官，300名作为导航专家或值班驾驶，30名作为首席工程师、120名作为常任工程师，360名作为其他轻型舰船上的首席机械师。这些职务通常大多由执行军官或工程师军官担任。

然而,海军司令部不会让步。格奥尔格·黑宾豪斯海军中将再次强调舱面军官乃低级士官团成员。"他们不是代理军官。他们的出身和所受教育将他们贬入低级士官行列。"对所受教育的这种强调最为有趣:所有执行军官中仅仅 2%(对照陆军里的 5%)在战争学院就读过,而且按照蒂尔皮茨的说法,他们在那里的学习经历并不卓越。尽管如此,海军部依然"完全赞同"黑宾豪斯。

只是在 1918 年 7 月,战局已经逆转时,海军部才最终同意对舱面军官群体作重大让步。那个月里,已经在国务秘书离职路上的海军上将冯·卡佩勒通知帝国议会:他打算在 12 月"将舱面军官从普通水兵行列中提升出来,组成一个专门的舱面军官团"。这个解决方案至多不过是对 1854 年 7 月的《海军规章》作一项重新界定;它本将使海军成为一支由三个主要级别——军官、舱面军官和普通水兵——组成的武力。然而,很大程度上,这个解决方案本应该可以满足舱面军官从 1912 年往后一直提出的温和的要求的。

然而没有。舍尔、特罗塔和莱费措夫三头执政在 1918 年秋季并无和解心情。6 月间,特罗塔驳回了舱面军官的若干要求,例如对军官地位的要求。如前所述,舍尔 7 月里阻止了就工程师军官而言的所有进展。还有在 8 月,海军部主张不采纳卡佩勒的改革,说这位海军上将在舱面军官问题上作个人表态是犯了个错误。直到战争结束,而无舱面军官群体地位的任何改变。

相反,低级士官群体相对平静,自享其安。低级士官尤其从舰上水手以及有才能的海员和一年志愿人员行列征募而来。除了舱面军官这个特殊范畴,佩剑带结的军士级别被分配在海军七个分部中间。低级士官级别包括所有海军士官(*Fähnriche*)、海军步兵的助理乐师和中士以及海军炮兵的供需中士和机械师。此外,还有鱼雷分部的鱼雷水手长、技工、机械师和中士,船厂分部的见习工程师、机械师、见习出纳、中士和技师,水兵分部的技工、水手长、首席舵工、炮手和中士,炮兵分部的技工、中士和助理乐师。

佩剑不带结的军士行列包括所有最低级士官和普通水兵。这些人是大型舰只的劳苦力,司炉尤其做牛做马。所有最低级士官和普通水兵载于专门的名册(*Rollen*),或曰值勤表。

军士的社会地位不很高。在其中一人结婚的情况下，不存在对新娘的社会或收支背景作筛检的事；甚至不必说出意中人的宗教信仰。不需有协议（Konsens）或年度独立收入。低级士官只需存上 300 金马克，以便显示自己并非赤贫。从中士往下的所有衔级都领受海军发放的制服，而海军为这花费每月扣下 9 金马克。所有人都要保有两套蓝制服、两套白制服和两套工作制服；这些在他们退休时依然是他们的个人财物。而且，虽然文职警察只有在"特殊情况"下才可逮捕执行军官，但从中士往下的所有低级士官和普通水兵都可被文职当局逮捕而无须来自海军的正式许可。

世纪之交的工资并没那么有利可图。一名中士或值班员能拿到每月 69 金马克，一名水手长助理 45 金马克，一名海员 19.50 金马克，一名舰上水手 12 金马克。另一方面，海军士官此时已经每月领受 40.50 金马克，还不算就餐费或其他额外津贴。工资每十天给出。仅靠有资格领取特殊奖励和对住房、出海值勤、再度入伍等等的额外津贴，就可能做到收支相抵。

根据 1890 年 8 月 1 日的命令，所有低级士官和普通水兵都要在他们的帽子上冠以"SMS"这三个字母（意为皇帝陛下战舰），在舰名前面。海军蓝制服被饰以六十度 V 字形图案，黄色的表示海军炮兵，红色的表示水兵分部。金属般的分支标记佩在袖子上。作为一项通则，技术人员佩有银色标记，航海人员则佩金色的。低级士官群体成员以及普通水兵必须携带大而无用的海军步枪作为身侧武器。

与其显示一批就低级士官和普通水兵制定的、高度复杂和相对琐细的规章，不如考察一个简单的实例更有益。信号助理理查德·胡巴奇，海军史家瓦尔特尔·胡巴奇的父亲，留下了他作为帝国海军新兵的生活回忆录。

理查德·胡巴奇 1901 年 1 月赴威廉港报到。新兵被囿于兵营，那里一天从早晨 6 点开始，到晚上 9 点结束。其间，兵众领受各色各样的东西，从针线包到长筒靴，全都被准确地标上他们的姓名。海军内的衣装从头到脚每周换两次，在周四和周六。新兵得到为时三个月的步兵训练，那由从陆军休假的下士进行。有趣的是，不教新兵莫尔斯电码；甚至打灯光信号也只是在 1902 年才引入训练计划。

胡巴奇回忆道,他首次被派上舰是到轻巡洋舰"羚羊号",其上的体验与陆上服役截然相反。任务被分为日班和夜班。在港口的时候,前者始于早晨5点,洗涤、洗衣和打扫军舰。6点45分进早餐。追加的任务和指令继续不断,直到上午11点30分为止,其时"畅通甲板"的哨声吹响。正午午餐,随之有一段人人午休的时间,直到下午2点为止。下午的任务和训练从2点延续到6点,继之以晚餐,而到8点,除值勤者以外的所有人都被发放吊床。日常授予的上岸许可为晚上7点至11点,周日兵众则被给予自由活动时间,从正午到下午5点。

舰上奉行一种特殊的例行程序。在港口时上午8点升旗,夕阳西下时降旗。最不令人喜欢的事情是加煤。演习期间,这项可恶的任务每两周就要干一回,而且成为一种竞赛,看哪艘舰能在最短时间里载起最大吨数。司炉的工作尤其艰苦,他们不得不站在煤尘充斥的煤舱内,从上面接受这黑色物质,往往在华氏100度的温度里。帝国海军曾尝试用中国藤条篮装煤,将它们往下手把手地顺延传递,然而这套办法在内海证明太慢,而舰员们在内海上还被训练如何在外海上加煤。

舰上的食物令新兵更多想起帆船时代:标准配给包括硬面包、罐装土豆和干咸肉。在内海,日常餐饮通常由某种炖菜(*Eintopt*)构成,亦即全都混在一起煮的蔬菜、肉和土豆;这一周两次由肉或鱼做的主菜补充。在海上时,土豆及面包容易放坏,因而更进一步降低了餐饮质量。每名新兵每四天领受一条重6磅的面包;早晨给人饮咖啡,晚上给人饮茶。然而,特别在海上,食物单调乏味,而且维生素含量低。新兵可以购买额外的面包配给,但价格极贵。糖和水果制品都不被纳入菜单。就大型舰只而言,食物定量颇为有趣:在舰队或分舰队的旗舰上,1.6吨食物要均等地在海军将领餐厅与舰长餐厅之间分配,此外10.9吨给军官,1.1吨给海军士官,9.2吨给舱面军官和低级士官,16.1吨给普通水兵。

难以置信的是,舰上绝无智识激励或教育激励设施。没有舰上图书馆。没有舰队杂志获刊印。新闻日报不被允许:它们不得不在陆上购买,而且即使在那里,左翼信仰的报纸也遭禁止。历史只是作为霍亨索伦家族的光辉传奇得到讲授。周日，舰长举行一个简短的宗教仪式；偶尔，分舰队教士，新教的或天主教的，前来作一番较长的布道。

一名水手，甚至一名助理，难得面对面听到执行军官讲话。后者据理查德·胡巴奇说，组成"一个全天候的自闭种姓"，医务官和出纳则被认作次等军官。舰长尤其过着一种修道院式的生活。他难得被见到，孤身进餐，仅在特殊场合才露面于军官餐厅。"羚羊号"上胡巴奇的领队是莱茵哈德·舍尔海军少校，注定要在大战中统率远洋舰队，一个以纪律严格著称的人，被众人称作"戴铁面具者"。后备军官只是为秋季演习才来到舰上，通常是来自大轮船公司的船长和官员。以此观察，信号助理理查德·胡巴奇结束了他的日记。

普通水兵的最后一个种类是舰上水手。每年4月，这些年轻人中通常年龄16—18岁的约1000名被带到位于弗雷德里克索特的水手分部，在那里他们接受18个月的航海教育。此后接着有海上值勤，在旧护卫舰"斯托希号""施泰因号""毛奇号"和"夏洛特号"上，最少为时两年。服役大约七年之后，他们被提升到低级士官级别，从而组成未来军士群体的核心。

对德意志帝国海军人员的上述分析不管怎样简短，都可足以表明冯·蒂尔皮茨海军上将在人事问题上的技能，远不及他在对付议会和建造战舰方面。或许，后者使他没有足够的时间去处理人事问题。然而，他本可记起陆军上将冯·斯托希的格言"人战而非舰战"。因为，正是以这些"军官"和"兵众"构成了在1914年8月投身于第一次世界大战的帝国海军。

第 三 部 分

第八章 1914年8月

来得太快的大战

    1914年8月3日晚上,爱德华·格雷爵士站在唐宁街窗前悲叹道:"明灯正在全欧洲熄灭。我们整个余生不会见到它们重新亮起来。"然而,"明灯"特别就蒂尔皮茨来说熄灭了。基尔运河于6月24日在庆典中开通,先于弗朗茨·斐迪南大公在萨拉热窝遇刺身亡四天。随后的事态令蒂尔皮茨面对严酷的现实,即1914年年末的战争将构成他的舰队的"关键时分",在它有希望克制英国皇家海军之前。因此,这位国务秘书7月和8月初迫不及待地要延宕任何德国交战状态。一场全欧大战现在会由德国军队去打,不是为"阳光下的地盘",却是为防守1871年边界。蒂尔皮茨担心贝特曼-霍尔维格可能谋求与"不诚实的英国佬"在海军事务上达成一项"谅解",而这担心又由阿尔贝特·霍普曼海军上校的汇报加剧,后者说德皇只将法俄两国视为可能的敌人。他还被一个消息搞得惊恐:外交部国务秘书戈特利布·冯·雅戈夫相信即使德国占领荷兰,也不会导致英国参战。霍普曼和卡佩勒两人都仍希望"尽管众剑行将出鞘,恶语行将喷涌,但欧洲不会就塞尔维亚将自己撕得粉碎"。

    相反,蒂尔皮茨完全懂得伦敦不会袖手旁观,听任1870—1871年的事态重演。只有一回,当错误消息传到柏林,称英国在一场对法战争中将保持中立,他才与威廉二世一起抿香槟,而且轻率地说:"风险理论奏效了。"在大多数场合,蒂尔皮茨郁郁寡欢,想法悲观,绝望中抱着一丝希望,去说服威廉将俗话说的宝剑保持在剑鞘里。7月31日,当乔治五世国王和威廉二世两人都告诉宰相他们热爱和平时,蒂尔皮茨松了一口气:"那么,战争的理由何在?"然而，毛奇决意战争，不愿听别的话。对英战争8月4日来临，与蒂尔皮茨的劝告相反。冯·米勒海军上将相信，与伦敦的冲突早就"必不可免"，柏林政府妥善地处理了局势，因为它使德国显得是被攻击方。"心境极好。"威廉将他的陆军元帅和海军元帅徽章退还给乔治五世。"此乃感激滑铁卢"。蒂尔皮茨心情沉重，7月26日将舰队从它在挪威海岸外的演习召回，那是一个意在避免英国可能采取"哥本哈根化"的步骤，但他知道它会大大增加战争的可能性，并且限制政府的外交行动自由。他在最后一刻吁请对俄和平，如果与英国的战争不可避免（"让鲸斗熊"），可是这也没有得到理睬。

北海对岸，舰队演习7月17—18日由在斯皮特黑德海峡的一场洋洋大观的检阅推至最高潮。按照丘吉尔的说法，它无可比拟，是"世界史上曾经见证过的最大规模的海军力量集结"。7月26日，消息传到英国海军部，说塞尔维亚对奥匈最后通牒的和解性的答复已遭拒绝，首席海军大臣、巴腾堡的路易亲王便随即行动。复员被停止，皇家海军被置于"准备和戒备"状态，它的最新舰只被命令经英吉利海峡前往在斯卡帕湾、克罗默蒂和罗赛斯的北方锚泊地。海军上将约翰·杰利科爵士——比海军上将乔治·卡拉汉爵士年轻十岁——被指定指挥新近构成的联合舰队。8月4日晚上11点（柏林午夜时分），海军部给出开战信号。8月5日在挤满人的下院，丘吉尔带着往下涌淌到脸颊的眼泪，接受战争爆发。紧张和压力的年代结束了。

两支舰队在1914年的相对长处和短处何在？表面上，图景就德国而言极为暗淡。英国联合舰队，被首席海军大臣称作"王冠上的珠宝"，在其北方巢穴拥有21艘无畏级战列舰和4艘战列巡洋舰；德国远洋舰队则拥有13艘无畏级战列舰和3艘战列巡洋舰（缺"布吕歇尔号"）。最终英国将有11艘、德国将有2艘无畏级战列舰添入它们各自的作战舰队。不仅如此，3艘正在为外国建造的无畏级战列舰立即被英国海军部夺走，即"加拿大号"（智利）与"阿金库尔号"和"爱尔兰号"（土耳其），将英国的军力增至24艘无畏级战列舰。就轻巡洋舰而言，英国有18艘，另有8艘在建，对德国的8艘现役和8艘在建。驱逐舰兵力也有利于英国：225比152。

然而，就基地而言，图景并非这么一边倒。事实上，英国的境况令人震惊。

第一流的海军基地在查塔姆、朴次茅斯和德文波特；它们的位置两三个世纪以前就已被决定，其时英国的敌人是西班牙、法国和荷兰。在浮动军备上花的财政支出自 1903 年往后延宕了在斯卡珀湾、克罗默蒂和罗赛斯的北海设施改进。1914 年时，斯卡珀湾依然没有反潜艇网或水栅；其他两个基地只有轻型海岸火炮，而且很容易受潜艇和水雷攻击；哈里奇在南太远，何况主要由轻巡洋舰和驱逐舰使用。罗赛斯的船坞在 1914 年刚开始，斯卡珀湾则绝无供给以便舰队保养或修理。

相反，德国的情况好得多。在基尔、威廉港和库克斯港的主要基地构成一个直角，由严密筑防的岛屿堡垒赫尔果兰守护。"赫尔果兰与泰晤士河之间"的地区——蒂尔皮茨计划在那里与皇家海军交战——经雅德河与威廉港、经易北河与汉堡、经威塞河与不来梅、经德皇威廉运河与基尔相连相接。雅德河以西 50 英里的博尔库姆岛拱卫埃姆斯河入海口。易北河外的沙洲和沙丘阻碍主力舰接近容易防守的狭窄水道。基尔得到在丹麦大小两个海峡的水雷屏带守护，那已非法地铺设在丹麦水域。负面的是，反潜艇防护迟至 1915 年才完成，而且需有两次满潮才能让整个舰队越过易北河和威塞河河坝进入北海。这在战争初期证明是极危险的，当时海军上将比蒂出现在赫尔果兰岛外。

还有，英德两国各自主力舰的战斗能力如何？就装甲保护而言，英国从"无畏号"到"伊丽莎白女王号"，将堡式舰壳装甲增厚了两英寸，德国则从"拿骚号"到"德皇号"同样如此；德国的战列巡洋舰有比英国的对应物更厚约两英寸的保护。德国战舰平均来说舰宽超过英国战舰约 10 英尺，这意味着更大的稳定性，允许更厚的装甲，特别是水下抵抗水雷和鱼雷。与英国相比，德国战舰还较不易沉没，因为有更错综复杂的舰壳防水分舱。在鱼雷和水雷发展方面，德国人远超过英国人，后者照旧将这些视为辅助性武器。

第一次世界大战有如之前的日俄战争，将证明重炮的支配地位；没有哪一艘主力舰在四年里取得过一次成功的鱼雷射击，而且匆忙设置的高射炮未在战斗期间发挥作用。中型舰炮在远距交火时只能被用来攻击轻型舰船。重炮的升高装弹证明有利，因为减轻烟气阻碍。德国重炮证明在穿透力方面等于或优于下一级更大口径的英国炮，归因于更快的初速度。它们还更耐久。柏林已改用筒紧炮管，大不同于英国的缠丝炮管，令德国重炮具备近乎两倍于英国重炮的寿命（射击 200 次）。就重炮齐射而言，英国海军部可以夸耀决定性优势："伊丽莎白女王号"一次发射炮弹 15600 磅，相较之下，"王储号"只有 8600 磅（两舰俱开建于 1912 年）。

在射击控制方面，海军上将帕西·斯考特爵士 1911 年搞出了一套主控体系，据此所有舰炮都可由设在高过烟尘的前桅楼上的一个主控瞄准镜去指导瞄准、移动炮管和发射。单独一个望远瞄准具用电连通每一门对准敌舰侧舷的舰炮，然后单独按下一个按钮就一齐射击。1914 年 8 月，只有伴同联合舰队的 8 艘战舰被装配了主控瞄准镜。德国的对应物，"测向器"（*Richtungsweiser*），与之非常相似，除了它不是装在前桅楼，而是装在指挥台上。柏林还搞出了蔡司公司的塔装"立体视觉"测距仪，而且一种三角计算器（杜梅里克计算器）和距离变化率时钟使在开火齐射期间有更大的精确度；可是，舰炮仍靠单个的瞄准手去瞄准目标。

战术方面，两支舰队之间几乎不分高下。受尊崇的刻板的列队作战仍神圣而不可改变，迂回依然按照来自旗舰的信号去做，很像波罗乃兹舞（海军上将冯·曼泰语）。作战想法是在尽可能最短的时间内从巡航阵式组成一条漫长的战列，由此试图要么跨越敌方的前进线（"T"形跨越），要么集中于敌方的前锋，迫使敌方绕道并扰乱其火力。这不仅剥夺了海军低级将领的主动权，而且 5 英里长的、不时被浓密的烟尘包围的战列不具备灵巧实施的能力，或有时甚至使战舰收不到作战信号（杰利科特别不相信无线电通信）。只是夜战时，德国人才占明显优势，因为杰利科将此等同于"纯粹碰运气"。

英国海军部的最后一项优势在于人员。英国海员签约 12 年，德国却是为期 3 年的被征入伍者。这导致英国舰员有更紧密的凝聚，并给了更多的实践时间。而且，还有一项心理优势，即属于一种自豪的传统。德国小说家西奥多·丰塔内将德国的处境概括如下："我们没有一丝这自信……我们没有在旧约里被提到。英国人像他们确有神诺那般行事。"海军中将舍尔将此表白无遗："英国舰队有回顾百年［原文如此］自豪传统之利，那必定赋予每个人一种基于往昔伟大事迹的优越感。"

沉没于多格浅滩外的装甲巡洋舰"布吕歇尔号"

1916 年 6 月 6 日,威廉港造船坞内的"塞德利茨号"

在北基林岛海滨被摧毁的轻巡洋舰"大白鹅号"

"格本号"在博斯普鲁斯海峡

战争初期一些日子将强化这种心理障碍。从远洋舰队司令冯·英格诺尔海军上将往下的所有海军将官都预期英国人立即驶抵赫尔果兰湾，随即是蒂尔皮茨预言了那么长久的海军末日大决战。事后来看，或许没有什么比战争头几个星期更经激烈辩论的了。蒂尔皮茨后来称，"政客"——德皇、宰相、海军司令部参谋长和海军枢密院院长——以一项论辩剥夺了德国对联合舰队的一场确定无疑的速胜，即舰队应被保持为和谈桌上的一个讨价还价筹码，而不是被猛投出去打击英国的跨海峡部队的运输（每天约 30 次）或斯卡珀湾。表面上，这说法有些道理。1914 年 10 月某时，修理和在福克兰抗击德国战舰的需要已将英国的无畏级舰优势减至微弱的 17 对 15 之比。

然而，总的形势并不这么简单。1914 年 8 月突入英吉利海峡势必将收获极微。远洋舰队会在燃料少得危险的情况下抵达那里却面临无供给基地或修理设施的现实，而且冒着被联合舰队切断本土通道的风险——假定英格诺尔将殆无困难地打败那由 19 艘老战列舰和 20 艘巡洋舰构成的一支英法联合海峡舰队。事实上，没有什么会让英国海军部更高兴，特别是倘若记住归功于路易亲王的作为使英国联合舰队处于充分的战略状态。不仅如此，在德国大本营，困惑当头，乱成一片。看来蒂尔皮茨没有获悉陆军对比利时的进攻（施里芬计划），毛奇则冷冰冰地通知海军他不希望在英吉利海峡有任何行动，因为他想一并扫荡约翰·法兰奇爵士的远征军和法国陆军。而且，如果英国人在佛兰德或丹麦登陆怎么办？或俄国人在波罗的海沿波美拉尼亚海岸登陆怎么办？还有，在伦敦的海军武官难道不是迟至 7 月 30 日已告诫要预期一场"迅即的进攻……在战争爆发那刻"？德国战舰被设计成在赫尔果兰岛 100 海里以内作战，而且谁能承担按照他的条件去攻击杰利科的责任？蒂尔皮茨肯定不能，尽管他反复呼吁"行动"。

战争的最初一些日子充分披露了"风险"理论的破产。舰队的"盟国价值"也未自我表现出来；没有任何盟友去赋予它"价值"。不仅如此，柏林在对英国东海岸的毫无意义的轰炸中浪费了它的侦察飞艇，那在某时曾促使菲舍尔和丘吉尔考虑为每个丧失掉的生命处决一个德国人质。10 月里派遣 4 艘布雷鱼雷艇进入英吉利海峡的决定愚蠢透顶；它们在特塞尔附近被截击和摧毁，死了200多人。最重要的是，战争的最初一些日子显露了德国战略规划的彻底惨败。1912年急迫的问题"如果它们不来怎么办"现在成真，火烧眉毛。德国的规划者们完全无视历史，将自己的希望放在英国海军部的一种进攻性"特拉法加"心态上。然而，难道霍克以及纳尔逊在得到机会于1794年打击法国人以前未曾经过多年的等待？诚然，英国公众迅速批评海军僵局，丘吉尔则发出了他那不幸的言论，说皇家海军会将德国人挖走，像"挖老鼠出洞"一般，而海军中将比蒂希望"乞丐"变得"有点进取心"。但是，杰利科坚执正确的信念，即德国人在北海只能试图作"碰球即跑"似的行动。

英国在1914年立即夺取了制海权，穷搜猛追被孤立的德国巡洋舰分舰队，将八个陆军师无损失地运至法国，并且靠其联合舰队驻扎于斯卡珀湾（经典的以静制动"遏阻型舰队"）而使其轻型船只安然航行全球（除了波罗的海和黑海）。德国的海上贸易，除了就波罗的海而言，于8月4日停止：287艘蒸汽轮船（79.5万吨）被英国摧毁、俘获或扣押，而且11月2日，海军上将菲舍尔严密控制了欧洲水域的一切中立航运。什么海军司令官会为单纯的荣耀而拿这些得益冒险？正如丘吉尔后来所说："杰利科是这边或那边仅有的一个能在一下午输掉战争的人。"随后海军上将菲舍尔和海军上将威尔逊以及丘吉尔的轻率的计划，即攻袭赫尔果兰、佛兰德、博尔库姆和布伦斯比特尔，或是在波美拉尼亚、石勒苏益格—荷尔施泰因和丹麦的登陆，必须对照这凌驾一切的考虑来看。这些想法更多地反映了相关者的浮躁，而非海军部的官方政策。

1914年在北海的海面行动几乎全未增加德国的期望。英国人最终于8月28日"到来"时，海军少将莱贝雷希·马斯率领的轻巡洋舰"阿里阿德涅号""美因茨号"和"科隆号"遭比蒂的战列巡洋舰猛烈轰击，简直被炸出赫尔果兰岛周围水域。英格诺尔那天全未显示派远洋舰队出去的意向，而且低潮水排除了及时出威廉港去抓住比蒂的可能。这可怕的开端说服英格诺尔不去冒险作舰队大交战，而是集中于用轻型舰只搞小突袭，同时促使威廉二世更加限制远洋舰队的行动自由。然而，英国人继续向德国人挑战，部分地是为了将他们的视线从英吉利海峡运输转移开。9月10日，联合舰队现身于赫尔果兰岛外12英里（"勒紧海湾"），但英格诺尔再次选择待在他的锚泊地内。海军上将菲舍尔和杰利科以及陆军元帅基钦纳勋爵惧怕一场可能的德国入侵（1900—1910 年梦魇），但这惧怕依然全无根据,尽管特雷普托观测台的前主任曾主动向德国海军提出一项计划,用跨越海底的水下车厢将部队运到英国。

部分地出于英国人未攻击北海德国海军设施引发的沮丧,部分地为了抵消在大本营愈益高涨的批评以及远洋舰队内的无聊乏味,海军上将冯·英格诺尔 11 月 3 日派遣 8 艘巡洋舰去轰击雅茅斯,并在该港外水域布雷;远洋舰队将在远处支持这个行动。风险与可能的得益全不成比例,如装甲巡洋舰"约克号"在雅德河撞上德国水雷而沉没之际证实了的,其时它正在从雅茅斯返回途中。尽管如此,英格诺尔 11 月 16 日下令袭击在哈特尔普尔、斯卡伯勒和惠特比的英国海岸,一部分原因是他知道战列巡洋舰"无敌号"和"不屈号"已被派往福克兰。然而,8 月 26 日一记好运当头,给英国海军部送来了德国密码和海图本（"这些海水浸渍的无价文件"）,来自于被俄国人摧毁的轻巡洋舰"马格德堡号"。一个在阿尔弗雷德·尤因爵士（"白厅的夏洛克·福尔摩斯"）领导下专门的秘密"40 室"现在能将大多数德国舰只的移动传给联合舰队,因为德国人无拘束地使用无线电通信,猜疑英国人拥有其密码本,但显然不知（直到 1917 年为止）他们正在利用它们。

因此,英国人不仅知道英格诺尔在最后一刻取消了 11 月的袭击,而且还知道他将袭击重新安排在了 12 月 16 日,动用战列巡洋舰"塞德利茨号""毛奇号""德弗林格尔号"和"冯·德·坦恩号",外加装甲巡洋舰"布吕歇尔号"。他们不知的是,英格诺尔在最后一刻决定动用 14 艘无畏级舰和辅助舰只。因而,这所谓斯卡伯勒袭击终于给德国人提供了盼望已久的机会,去抓住部分英国海上军力:6 艘联合舰队最强大的无畏级舰、4 艘战列巡洋舰以及辅助舰只,那是被派去布陷阱以围歼海军中将弗兰茨·希佩尔的侦察舰队的。然而,斯卡伯勒袭击证明对双方来说都是个大失望。英格诺尔发现无畏级舰迫近,在清晨 5 点 30 分折回港口,一小时后再度如此,相信整个联合舰队正在向他压来。希佩尔因而被撇下自保自救。可是,英国方面同样困惑当头。比蒂开足马力追逐英格诺尔,但不知道自己正在追逐差不多整个远洋舰队,随后被告知斯卡伯勒挨炸,遂掉头返回。陷阱依然可能令"德弗林格尔号"和

"冯·德·坦恩号"遭殃。6艘无畏级舰和4艘战列巡洋舰横在希佩尔与本土之间。然而天运干预。到上午11点，天气已变得恶劣，而且更糟的是两艘英国巡洋舰误读比蒂的信号，突然停止了同希佩尔舰队外围的接触。后者的侦察舰队因此在雨飑掩护下，绕多格浅滩成功逃脱。幸运拯救了希佩尔，就像它先前将比蒂从英格诺尔的战列舰下拯救出来一样。

斯卡伯勒袭击在双方都掀起了剧烈的辩论。两个世纪里没有任何这样的行动发生在英国海岸近旁，而且1667年往后从未有外国舰船杀死过英伦诸岛居民。丧失一百多条人命促使首席海军大臣抨击"斯卡伯勒杀婴者"，别的诨名如"暗杀舰队"和"斯卡伯勒匪帮"则留给德国的"屠夫肆虐"战术。在德国，海军上将冯·米勒哀叹已失掉"一大机会"，蒂尔皮茨则咆哮英格诺尔"掌中握有德国命运"却让它滑脱。英格诺尔据称的缺乏冲劲往往被追溯到他的英国老婆，但极少有人敢于指出斯卡伯勒袭击很难令部署远洋舰队成为有道理的。比蒂的舰只现在从克罗默蒂移往罗赛斯，为的是向比较靠近德国的袭击场所进发。

随后英国在11月24日和1914年圣诞节出击突入日耳曼湾，但均未能将德国重型舰只引出其锚泊地，而且北海战争的第一个大阶段以1915年1月24日在多格浅滩的邂逅告终。与此同时，海军上将杰利科的兵力被5艘新的无畏级舰加强，作战线上他的战舰比敌方的多出一倍以上。据估计，两个月之内，他就将对德国拥有压倒性的主力舰优势（32∶21）。另一方面，英格诺尔设法从德皇那里挤出较大的舰队出击自由，于1915年1月23日派出希佩尔的4艘战列巡洋舰（"塞德利茨号""毛奇号""德弗林格尔号"和"布吕歇尔号"），连同由4艘轻巡洋舰和18艘鱼雷艇组成的外围，希望突袭多格浅滩附近的英国轻型舰只。希佩尔的参谋长是埃里克·雷德尔海军少校，未来将要指挥阿道夫·希特勒的海军。

英国海军部再次事先得知这场袭击，决定布下一个陷阱，就像它在斯卡伯勒做过的那样。这次不会有支援希佩尔的战列舰了。然而，再度乌龙：杰利科未被及时给予启航命令，结果当希佩尔与比蒂在1月24日上午9点彼此纠缠时，联合舰队还远在约140英里之外。迎头相遇的战列巡洋舰首次在当时从未听说过的 20 公里距离上开火。随两支分舰队彼此靠近,比蒂立即取得背风面优势,迫使希佩尔东南向航行,那浓密的烟尘遮掩了他的视野,但"虎号"舰长佩利糟蹋了比蒂的命令,即每艘战舰应当从右到左集中于它的对应舰。结果,"毛奇号"未受骚扰,抓住这难得的机会猛轰"狮号"。此后情况变糟。比蒂在"狮号"上,不得不因炮击损伤退却,而且比蒂误看潜望镜,命令他的 4 艘轻巡洋舰和 4 艘战列巡洋舰向左转舵八分,从而将其置于正在驶向本土的德国人后面。然而这还不是全部。比蒂随后的信号,"攻击敌人后背",被误读为攻击熊熊燃烧的"布吕歇尔号",它现在遭到"不挠号""新西兰号""王家公主号"和"虎号"的毫无怜悯的轰击,在载有比蒂的"狮号"以 10 度倾斜向北爬行之际。因而,虽然希佩尔行进速度不利,仅 5 节——不是因为较慢的"布吕歇尔号"而是因为他的慢速鱼雷艇——仍能够带他的 3 艘战列巡洋舰逃脱,留下"布吕歇尔号"听天由命。该舰在经过 3 小时和遭 70 次炮击之后沉没。然而,它的英勇坚持并非徒劳。一枚炮弹劈碎了"塞德利茨号"的近舰尾炮塔,即刻杀死 165 人,令两座炮塔全都完蛋。每 10 秒就有一排齐射痛击它,在这个关头,放水灌弹舱这一英勇行为救了它。它设法缓慢跛行回国,日后再战。

多格浅滩交战令英国悲喜交集。它被当作一场胜利得到正式欢庆,但比蒂私下表达了他的"失望",因为未能歼灭德国诸战列巡洋舰这"可怕的失败"。三个月里第二次,联合舰队未能令其陷阱奏效,未能给德国人一记粉碎性打击。然而,某些教训已获吸取:舰只被给予更有力的炮术练习("狮号"从未对一个移动中的目标开过火),主控瞄准体系的引入被加速,更清楚的舰队信号得到采纳,杰利科比以往任何时候都更决心不许比蒂的"海上骑兵"在无联合舰队充分支持的情况下与敌方重舰交战。

在德国,只有"布吕歇尔号"的英勇行为缓解了彻底绝望情绪。英格诺尔被海军上将胡戈·冯·波尔取代。德皇迅速被说服,不在其诞辰分发奖章,只是因为在弗雷德里克大王周年纪念日已有这行动,而且他给远洋舰队施加了更大的限制。据海军上将冯·米勒说,威廉"为我们的巡洋舰损失"而责难蒂尔皮茨。波尔方面,将有一年以上时间不陈大兵于北海,将他的作战行动局限于若干小规模的"碰球即跑"出击。蒂尔皮茨油滑如鳗，现在告诉米勒对联合舰队的成功打击"几无可能"，许诺"从一场巡洋舰战争赢得一番十足的成功"。作为马汉的最坚定的门徒来说，此乃十足的变卦，暗中损害了这位国务秘书在大本营中的可信性。

像英国一样，德意志帝国做了若干技术变动。规划者们已因舰炮对射的史无前例的射程而大感震惊，重炮的最大提升角度从 13.5 度增至 16 度，办法是削减掉某些炮塔装甲。不仅如此，"塞德利茨号"的经历促使工程师们在装弹循环的各不同层次上装置"消焰"门；英国皇家海军要等到一年后的日德兰半岛海战才能吸取这一教训。

在上述北海交火过程期间，德国水面舰只也活跃于地中海和太平洋。战争见证了战列巡洋舰"戈本号"和轻巡洋舰"布雷斯劳号"现身地中海。柏林命令——伦敦正确地揣度到——战舰将要么作为袭击者在西地中海作战，要么向外突入大西洋。然而 8 月 3 日，不为德皇所知，波尔和蒂尔皮茨命令海军少将威廉·佐雄驶往君士坦丁堡。佐雄随后从西西里（墨西拿）"逃脱"到达达达尼尔海峡，这长久以来一直被责怪到在这些水域的两名英国司令官、海军上将欧内斯特·C.T.特罗布里奇和海军上将阿奇巴尔德·B.米尔内头上，说他们愚笨无能。然而，乌尔里奇·特鲁姆佩内尔的晚近调查表明，白厅和外交部在其中犯的错误要大得多，因为未能——尽管有在这行动的早期接收到的清晰证据——通知这两名司令官"地中海分舰队"正前往土耳其。米尔内在此过程中被来自国内的互相冲突的报告搞得十分困惑，以致他甚至告诫说"戈本号"将试图进入苏伊士运河。

事实上，这艘德国战列巡洋舰被锅炉严重泄漏引发的燃料高耗费困扰，在希腊群岛周围徘徊了 60 个小时加煤，在那里它本可被抓住。相反，佐雄 8 月 10 日进入达达尼尔海峡。丘吉尔难以置信地电告米尔内，说德国诸战舰现已被"解决"，而首相赫伯特·阿斯奎思完全未能认识这个举动的含义，论辩说德国舰员离去之后，"土耳其水手无法驾驭它航行，只会撞到水雷上"。他觉得，尽管土耳其人依然"对温斯顿夺取他们在这里的战列舰非常愤怒"，但君士坦丁堡港不会因"戈本号"和"布雷斯劳号"抵达而受重要影响。相反，这些舰只在 8 月 16 日作为"贾乌斯·塞利姆苏丹号"（"戈本号"）和"莱斯博斯岛号"被匆忙"并入"苏丹的海军，通过一场意在维持虚构的土耳其中立的假售卖。它们飘扬土耳其旗帜，佐雄成为在土耳其宫廷的舰队司令，舰员留下不走，头戴土耳其红圆帽。它们将袭击黑海——那里海军中将埃贝尔哈德麾下的俄国人保有五艘战列舰和两艘巡洋舰——并且牵制黑海海峡外的协约国海军兵力。海军上将戈伊多·冯·乌塞多姆亦于 1914 年 8 月经陆路抵达，带一支由 27 名军官和 521 名兵众组成的部队，以加强德国在土耳其的存在。

另一方面，德国在非洲的领地则倒霉得多。8 月 7 日，即法兰奇的远征军渡越英吉利海峡的同一天，英国部队入侵多哥；后者三周后陷落。到 1914 年 9 月 27 日，喀麦隆被一支英法联队占领，虽然德国驻防部队的残余直到 1916 年 2 月才逃入西属几内亚。德属西南非按照殖民部长刘易斯·哈考特的说法，变为"一场十足的帝国灾难"。从一开始，协约国彼此间的争吵和彻头彻尾的逃亡，而非死硬地抵抗德国，就招致混乱和近乎形成的灾难。10 月 9 日，在一向被讲成"第一次世界大战中最重要的殖民地事件"中，S.G. 马尔维茨上校麾下的南非部队叛变，加入德国人行列。只是路易·博塔和简·斯末茨两位将军的强有力行动才拯救了局势，1915 年 7 月，3370 名德国驻防军官兵向 43000 人的南非部队投降。

海军设法在德属东非防卫中发挥某一种作用。1914 年 8 月，在英国人炮轰达累斯萨拉姆期间，勘测舰"默韦号"被摧毁，那里的德国干船坞亦如此。轻巡洋舰"哥尼斯堡号"挺身战斗：9 月里它在桑给巴尔海岸外摧毁英国轻巡洋舰"飞马号"，并且在 1915 年 7 月英国兵力追上时，将其舰员和补给交给陆军上将保罗·冯·莱托弗-福尔贝克调遣，以助后者抵抗占压倒性优势的英国、印度和土著部队。莱托弗-福尔贝克的英勇团队由 300 名德国人和 11000 名土著士兵构成，饱受艰难困苦，直到 1918 年 11 月停战后才投降；他们的成功在不小程度上归因于英国人与比利时人之间就预期的东非战利品进行的过早的争吵。

太平洋战区起初被证明具有同样的灾难性。胶州兑现了施里芬的梦魇。1914 年 8 月 15 日，日本向德国总督阿尔弗雷德·冯·迈埃尔-瓦尔德克提交最后通牒，勒令到 9 月 15 日让出这块租借地。当到 8 月 23 日仍无答复时，日本对德宣战。柏林试图规避该殖民地迫在眉睫的投降，办法是先主动提出将它给中国，然后又提议给美国，但纯属徒劳。四天之内，日本战舰封锁胶州，使之隔绝于世；约 3500 人的德国驻防部队到 10 月已被两万多人的日本部队包围。10 月 31 日最后攻击来临，1914 年 11 月 7 日——正好是威廉二世下令夺取它之后 27 年——胶州陷落。中国迟至 1917 年 8 月才对德宣战，但直到 1922 年为止，日本拒绝交出它新近获得的基地。

德国的其他远东领地还要更倒霉：三个月内，帝国黑白红三色旗已被扫除出太平洋。8 月 30 日，约 1000 人的新西兰部队由两艘战列巡洋舰援助，夺得萨摩亚而未遭认真抵抗。9 月 13 日，新几内亚在激烈战斗后沦陷于澳大利亚。最后，1914 年 10 月，日本"为战略原因"占领加罗林、马绍尔、马里亚纳和帕劳诸群岛。

1914 年 8 月战争爆发时，德国远东巡洋舰分舰队在加罗林群岛的波纳佩岛，与日本的交战状态令海军中将马克西米连·冯·斯佩明白他不能再逗留该处。因此，他决定以装甲巡洋舰"沙恩霍斯特号"和"格奈森瑙号"以及轻巡洋舰"埃姆登号"和"纽伦堡号"出海驶往智利，以便截击和摧毁英国航运，并且在可能情况下与驻扎在那里的三艘巡洋舰交战。然而，"埃姆登号"舰长卡尔·冯·米勒在 8 月 13 日说服斯佩，说若不能给英国在远东战区的航运造成损伤就会有害于海军在德国的未来扩张，也有害于帝国的海上威望。斯佩同意，遂派"埃姆登号"在北太平洋和印度洋从事袭击——在他以来自德意志帝国先前美洲海军基地的轻巡洋舰"德累斯顿号"和"莱比锡号"加强他的分舰队后：

"埃姆登号"成了它那个时候的一则传奇。它摧毁或捕获了 17 艘总共 6.8 万吨的英国商船，轰击了在马德拉斯的英国—波斯石油公司储油罐，击沉了在槟城军港的俄国轻巡洋舰"泽姆恰格号"以及恰好在该港外的法国驱逐舰"墨奥斯奎号"，而且总共巡航了 3 万海里，在一支 14 艘战舰组成的舰队绝望地搜寻它的时候。米勒给他的军舰加装了第四个烟囱（假烟囱），看去像英国雅茅斯级轻巡洋舰，而他的功业吸引了英国人的竞技运动本能。在国内，他成了德国优越的一个象征。迪戈加西亚环礁的七十多岁高龄的法裔统治者未获悉战争爆发,欢迎并宴请米勒。一个海岸站点甚至发电问:"'埃姆登号',你在哪里?"

然而,结果必不可免。某舰在某处某时注定要发现米勒。最后证明是澳大利亚巡洋舰"悉尼号",在科科斯(或曰基林)岛发现了米勒。米勒在那里停下,以便摧毁无线电发报站,但发报站狡猾的操作员发出了米勒在此的信号。"悉尼号"的八门 6 英寸口径舰炮优于"埃姆登号"的武器,它在 7 公里外即德国人的射程不及之处猛烈轰击"埃姆登号",直到米勒投降为止。他的损失为134 人被杀,65 人受伤。其后,米勒被留在岛上的海军上尉冯·米克送上有44 名船员的老旧中桅纵帆船"艾莎号",设法抵达也门,并从那里经陆路于1915 年 6 月投奔了在君士坦丁堡的佐雄和乌塞多姆。米勒的侠义行为和舰艺成就赢得了《每日电讯报》的下述评论:"我们内心简直遗憾'埃姆登号'已被摧毁……'埃姆登号'没了,海上战争就将失去它的几分痛快、几分幽默和几分趣味。"

与此同时,冯·斯佩海军上将的行为不那么浪漫,但同样致命。海军少将克里斯托弗·克拉多克伴同装甲巡洋舰"好望号"和"蒙茅思号"、轻巡洋舰"格拉斯哥号"和过时的辅助巡洋舰"奥特朗托号"("浮动干草堆")要在南大西洋截击斯佩。克拉多克最终被派给无畏级以前的战列舰"老人星号"和装甲巡洋舰"防卫号"来进行补充,可是他担心前者的慢速,并且不知为何未能等待后者。由于舰员新近入伍,舰炮远不及敌方,这位英国指挥官害怕自己会"遭受可怜的特罗布里奇在地中海的厄运",但仍决定与斯佩交战。11 月 1 日下午 5 点左右,这两位海军将领吃惊地彼此面对。斯佩利用自己的优越的速度将射程保持在 18 公里,然后开火。两小时后,射程改为 12 公里。结果毫无疑问。在受到来自"沙恩霍斯特号"的 35 次直接轰击后"好望号"弹药舱被炸飞;"纽伦堡号"在近距平射射程内摧毁"蒙茅思号";其他两艘英舰在天色黑暗掩护下逃脱。英国在这次被首席海军大臣所称的"战时最悲伤的海军行动"中,丧失了 1600 人,包括克拉多克。

这两艘老旧巡洋舰构成百年里"在一场公平的战斗中施加于一支英国分

舰队"的首次损失。最重要的是威望损失。无怪乎冯·米勒海军上将报道说威廉二世感到"高兴"，而且这位皇帝下令在斯佩麾下官兵中间分发300枚铁十字勋章。冯·斯佩海军中将在瓦尔帕莱索受到德裔居民盛宴款待，但当一个女人向他献玫瑰花时，他尖酸地评论说这些花应被保留到他的葬礼。他决定驶往福克兰群岛，为的是摧毁在斯坦利港的英国无线电发报站，然后试图经英吉利海峡抵达德国。

菲舍尔海军上将勃然暴怒。得知科罗内尔海战消息后六小时内，他命令杰利科出动战列巡洋舰"无敌号"和"不屈号"。这位司令官的抗辩即这将严重削减其巡洋舰兵力被他撇在一边。当达文波特的工人未能在规定的三天内将这些战舰配备得适合热带地区任务时，大发脾气的菲舍尔命令它们与仍在舰上的工人一起出海。曾被菲舍尔骂作一头"学究式蠢驴"的海军中将多夫顿·斯特迪爵士奉命掌管这些战舰，它们得到装甲巡洋舰"防卫号""肯特号""卡那封号"和"康沃尔号"以及轻巡洋舰"格拉斯哥号"和"布里斯托尔号"增援。此乃过度杀戮的经典实例，很符合菲舍尔的名言：他不是渴望击败、而是渴望歼灭斯佩的分舰队。

幸运这次在英国人一边。斯特迪尽管有若干延宕，但仍恰巧在适当的日子抵达斯坦利港；两个方向上各自的24小时差异本将导致他错过斯佩。自然条件也有利于斯特迪：有充裕的宽广水区，可见度极好，当他在上午9点40分见到德国人时仍有8小时白昼。斯佩，其战舰已航行1.6万海里而无修理，未得到柏林警告，即菲舍尔已派遣两艘战列巡洋舰，而且按照马尔德尔的说法，菲舍尔大概是南美洲唯一不知道它们在那里现身的人。德国人因而在见到英国三脚架桅杆高耸于斯坦利港时必定大为吃惊。12月8日下午1点20分左右，战列巡洋舰在约14公里外开火。两小时后，"沙恩霍斯特号"严重倾斜，不久便沉没。"格奈森瑙号"遭近距猛轰，受到50多下炮击，继而也以三呼德皇万岁沉入海中。"纽伦堡号"和"莱比锡号"被追击和摧毁；"德累斯顿号"后来在胡安费尔南德斯岛被俘获。德国丧失了2200名官兵，包括斯佩和他的两个儿子。

可想而知，伦敦的反应是喜乐万分。斯特迪成了这场战争中第一位被酬赏以男爵爵位的指挥官——虽然丘吉尔和菲舍尔因为个人厌憎都做不到转而祝贺他。首席海军大臣后来写的下述话语,或许最好地概括了福克兰的战略意义:有了它,"大洋完全扫清,不久除非在陆闭的波罗的海和黑海,还有在被防卫的赫尔果兰湾地区,德国旗帜已不再飘扬在世界任何水域的任何舰船上"。

在德国,愤怒情绪广泛弥漫。12 月 11 日,威廉二世在卧榻接见冯·米勒海军上将,显得"非常沮丧"。巡洋舰损失(如同在多格浅滩)被归罪于蒂尔皮茨,后者就"不幸的战舰设计"经受了一场长时间的痛斥。

福克兰和多格浅滩清楚表明,有必要作一番战略和战术改变。这些使人厌烦的失败激烈地重启了大海战(*Grosskrieg*)与游击战(*Kleinkrieg*)的争执,而信奉前者的人("远洋"派)至少到日德兰半岛海战为止一直占上风。当然,在1914 年 8 月及其后,"追捕战"(*guerre de course*)没有被忽视,而且注意力现在必须转向这一问题。

冯·蒂尔皮茨海军元帅 1914—1915 年关于潜艇战(所谓"第三维度")的政策难以追踪,因为它摇摆不定,并被最丑恶的个人诽谤损毁。英格诺尔、波尔、米勒、霍尔岑多尔夫诸海军上将和其他人在不同时候被挑选出来供蒂尔皮茨咒骂——由这位国务秘书多年里一直培育的忠诚仆从集团的咒骂加强,那里面有埃克尔曼、霍普曼、莱费措夫、特罗塔、舒尔策等等。新标签被发明出来去诽谤"舰队之敌":"米勒——拉斯普廷,霍尔岑多尔夫——骗子之父,卡佩勒——叛徒犹大!"皇族被蒂尔皮茨征用。皇储威廉、皇后奥古斯塔·维克多莉亚、瑞典王后维克多莉亚和巴登女大公(德皇的姑姑)被请求来支持蒂尔皮茨在宫廷的地位。马努斯·冯·莱费措夫试图为同样的目的争取萨克森—魏玛—埃森纳赫大公,讥刺地抱怨道:"我们干一阵吃一顿,我们在装作打仗[但不在]指挥它。"莱费措夫的同事阿道夫·冯·特罗塔海军上校鼓励威廉的三儿子、海军少校阿达尔贝特亲王去劝告其父,不要全不考虑远洋舰队的"英勇牺牲"。蒂尔皮茨向特罗塔哀叹,关于海面行动,德皇"完全不敢正视现实",并不"鹰派"的海军少校恩斯特·冯·魏策克尔伤心地写道,军官同伴们觉得"羞辱",因为他们一直未投入战斗。这种骚动不安的结果是,1915 年秋季威廉二世两次尖锐地指责他的海军军官在这问题上乱作"有害的批评",反复

"轻率鲁莽"。"我创建和训练了舰队。我希望在何处、何时和怎样使用它完全只是最高战争之主的事情。其他每个人将必须在此问题上闭嘴沉默，服从而已。"海军执行军官们以前从未从他们心爱的战争霸王口中听到这样的话语。

当然，出于一些原因，蒂尔皮茨的地位是关键性的。他给予海军大约17年的无间断的领导，并在仅仅一小帮忠诚的助手协同下，差不多独自决定了造舰政策。不仅如此，在他为阻止一个类似于普鲁士陆军参谋本部的海军司令部参谋班子崛起而从事的激烈斗争中，蒂尔皮茨拥有了权力去决定德国海军战略，即依赖在北海的决定性战役（Entscheidungsschlacht）。战争爆发时，他被允许在海军司令部参谋班子决策中有咨询权，且被邀请与两位海军上将冯·波尔（海军司令部参谋班子）和冯·米勒（海军枢密院）一起参加关于西线的帝国大本营。在此，这位海军元帅从一开始就喧嚷要对英国人采取行动。米勒的日记里有多处提到，蒂尔皮茨坚持主张远洋舰队被用来施展"威望战术"，这来自于米勒的嘲弄。

蒂尔皮茨很有理由要求舰队行动。他毕生的心血集中于一支眼下在港口内待着生锈的舰队。他在大本营的地位由于海军无所事事而受严重损害，其时德国陆军正在穿经卢森堡和比利时突入法国。威廉二世正变得对蒂尔皮茨的战前造舰政策感到幻灭，特别是关于海外巡洋舰、鱼雷艇和重炮的。此外，蒂尔皮茨1912年已丧失在德国军备方面对陆军的优先权，而眼下的困境若被允许继续下去的话，就几乎全无可能扭转这一局面。"如果……我们达成一项和平协定而舰队未曾流血和取得什么成就，那么我们就不会为舰队取得任何更多的东西。一切依然可用的稀薄的资金将流入陆军。"

舰队持续无所事事，这被蒂尔皮茨怪罪于波尔、米勒、贝特曼-霍尔维格和威廉二世的阴谋诡计。起初的1914年7月30日"舰队第一号命令"已指示冯·英格诺尔海军上将试图只与部分敌人交战，通过水面遭遇战、"无情布雷"和"在可能情况下还通过潜艇攻势"。然而到8月6日，英国人未"前来"这一点变得清楚时，海军上将冯·波尔和宰相冯·贝特曼-霍尔维格已经与威廉二世和海军上将冯·米勒串通，设法限制舰队的行动自由，"为的是将它用作和谈桌上的一个担保"。毕竟,这将是一场短暂的战争,到圣诞节时就会结束。这将成为大本营的官方看法。

对这一事态发展,蒂尔皮茨勃然大怒。他试图对抗之,办法是将英格诺尔、波尔甚至希佩尔从负责岗位上撤换下来,希望他本人作为海军司令部参谋长接管。在其他场合,蒂尔皮茨甚至建议将远洋舰队委托给他,可是他年岁已高,又缺乏前线指挥经历(1897 年往后),这些大不利于这一步骤。1915 年 2 月 2 日英格诺尔作为远洋舰队司令官被波尔取代时,海军上将古斯塔夫·巴希曼而非蒂尔皮茨在海军司令部参谋班子接替波尔。在谋取职位上,蒂尔皮茨再度汇聚了一切可能的支持:海军上将亨利希亲王、皇储威廉、陆军上将冯·普莱森和陆军上将冯·兴登堡。

巡洋舰丧身于赫尔果兰岛、多格浅滩和福克兰群岛,这促使蒂尔皮茨在1915 年初公然反对游击战(Kleinkrieg)战略,要求"一支像英国的一样强的舰队"。他对特罗塔吐露了他的坚定不移的信仰,即战列舰依然是"争取制海权的主要物件"。这些理念在 1914 年 9 月和尤其在 1915 年 1 月受到猛烈冲击,当时第一分舰队首脑威廉·冯·兰斯海军中将在官方报告中断定,一场北海战役构成十足的"疯狂",将导致德国舰队"被歼"。蒂尔皮茨自然暴怒。他将兰斯的报告说成"毒害舰队"。然而,兰斯的意见只是强化了波尔、米勒、贝特曼-霍尔维格和威廉二世不拿舰队冒险的决心,而且当波尔 1916 年 1 月抵挡不住肝癌时,他不是被蒂尔皮茨、而是被海军中将莱茵哈德·舍尔取代。不仅如此,根据陆军上将冯·普莱森和海军上将冯·米勒两人的说法,蒂尔皮茨1914 年和 1915 年两度拒绝指挥远洋舰队。德皇不会听取这样的一项任命,因为蒂尔皮茨"在从事舰队问题上未保持首尾一贯"。

确实,蒂尔皮茨未如此。他要求舰队行动的上述例子必须对照陆军上将冯·林克尔(陆军枢密院院长)1914 年 8 月 19 日的下述日记描述的那样来大打折扣:"海军将领冯·蒂尔皮茨今日午餐挨着我坐,发觉必须辩解舰队玩弄的消极等待把戏。"在已经说的理由之外,蒂尔皮茨要求行动部分地是为了维持远洋舰队内的士气,因为许多年轻军官为了结束他们的百无聊赖,正在请求转入陆军、潜艇指挥部和空中支队。然而内心深处,蒂尔皮茨必定懂得在北海的一场海军末日大决战将导致无疑的灾难。因而,他就大海战(*Grosskrieg*)对游击战(*Kleinkrieg*)问题的摇摆态度须被视为一种脚踩两只船的企图,直到事态发展迫使他二者择一。

蒂尔皮茨对潜艇战持什么态度? 我们已见到,1913—1914 年间他反对冯·波尔海军上将的"追捕战"(*guerre de course*)计划,反对潜艇参加舰队冬季演习,在 1913 年将潜艇预算限制为 1500 万金马克,将这些战艇置于一名低衔级军官(海军少校)掌管下,而且迟至 1914 年 6 月仍拒绝一种对英大规模潜艇攻势。这位国务秘书 8 月 8 日以及 1916 年 1 月 6 日对波尔重申他反对潜艇战。21 天后,他告诉贝特曼-霍尔维格,他赞成将任何潜艇攻势延迟到1915 年夏季,到那时德国将拥有足够的潜艇。

其他人支持这政策,尽管显然出于不同的原因。海军司令部参谋班子、外交部和宰相在 1914 年 11—12 月担心无限制潜艇战情况下"严重违背国际法"。魏策克尔将水下战称作"孤注一掷"(*Va banque*)的赌博,只是作为最后手段才用。然而,前线的事态发展不利于这样的克制。1914 年 9 月 5 日,U21潜艇在福思湾击沉英国驱逐舰"探险者号",增大了潜艇或可在战争中发挥一种重大作用的希望。

与此同时,奥托·魏丁根海军上尉的老旧 U9 潜艇已尝试截击和摧毁渡越英吉利海峡的英国部队运输,但未成功。旋转罗盘出错和一场严重的暴风雨将魏丁根逐离航线,而当他 9 月 22 日浮出水面给他的蓄电池充电时,突然见到三艘装甲巡洋舰的桅杆。它们证明是酒神女祭司级的"霍格号""克雷西号"和"阿布基尔号",在皇家海军内被称作"活饵分舰队"。暴风雨和一项未收到的海军部信号使这些舰只在"十四英寻均匀水深区"未得到驱逐舰护航。早晨 6 点 40 分,魏丁根差不多近距对"阿布基尔号"发射单独一枚鱼雷。该舰开始倾斜,其舰长相信他撞到了一枚水雷,呼唤别的两艘舰前来解救他的舰员。魏丁根潜入水中再装鱼雷,在 6 点 55 分对"霍格号"发射所有两枚艇首鱼雷,后者开始疾速下沉,以致 U9 潜艇不得不猛然转向,以免相撞。虽然其蓄电池现在已差不多耗竭,但 U9 再度潜水,迂回到位并向"克雷西号"发射两枚艇尾鱼雷。后者的轮机长只设法避开了其中一枚对准他的鱼雷,但魏丁根已经留心给他的一根艇首发射管再装鱼雷,于是现在给这第三艘装甲巡洋舰致命一击。此乃潜艇战编年史上最壮观的行动:三艘虽然老旧的装甲巡洋舰在约一小时里被摧毁,1459 人丧命。英国震惊,而对德国来说,赫尔果兰湾惨败的耻辱得到部分雪洗。冯·米勒海军上将报道说,德皇"狂喜万分"。

U9 的成功不是个孤立的事件。1914 年 10 月,U26 在芬兰湾摧毁俄国装甲巡洋舰"帕拉达号",而那个月的最后一天,U27 在加来海岸外用鱼雷击中英国海上飞机母舰"赫耳墨斯号";1915 年 1 月初,U24 将英国战列舰"可畏号"送入波特兰岛外的海底。另一方面,战争头六个月里,德国的潜艇在北海损失为 7 艘。

这些潜艇成功大大鼓励了"追捕战"的信奉者。波尔重新提出潜艇问题,于 11 月 7 日向贝特曼-霍尔维格提议建立对英封锁。伦敦决定关闭多佛—加来海峡,沿赫布里底群岛—费罗群岛—冰岛一线巡视大西洋运输,从而将北海转变为"死海",促使潜艇指挥官赫尔曼·鲍埃尔在 10 月和 12 月两次要求沿英国海岸进行水下袭击。他尤其在 1914 年 11 月 20 日和 12 月 7 日的两份备忘录中从第二分舰队司令舍尔海军中将那里得到了认可。在其中第一份备忘录内,舍尔将潜艇战主要设想为引诱联合舰队从其北方巢穴出来的一个手段;然而,第二份强调了潜艇作为商船袭击者的重要性。汉堡—美洲商船公司经理阿尔贝特·巴林要求"最残酷的……潜艇封锁",一批柏林大学教授则用他们的威望给鼓吹此种战法的声音增加了喧嚣。

舰队和海军司令部参谋班子 1915 年 1 月支持类似的提议,而 1915 年 2 月 1 日在普莱斯举行的一次会议决定开始水下战。海军上将冯·蒂尔皮茨也转而支持,因为潜艇可将注意力从近来的水面灾难转移开去。早在 1914 年 11 月,他就向美国赫斯特报系帝国的驻欧代表(魏甘德)试探美国对一场可能的德国水下攻势("如果被压倒极点,为何不?")会作怎样的反应。而且,1915 年 1 月 25 日在一次急剧后退中,他告诉米勒"很少可能"取得对联合舰队的"成功",转而要求用飞艇攻击伦敦、在大西洋进行巡洋舰战("我能许诺从一场巡洋舰战中取得不折不扣的成功")和以潜艇战打击英国的至关紧要的海上商运。

德国将其信心寄托在一支规模小得难以置信的兵力上。1915 年初，仅 29 艘潜艇可用于前线任务；它们当中的大多数仅装备 6 枚鱼雷，并非所有都装有甲板机炮，14 艘是老旧的燃油艇，而且 UC1 系列布雷潜艇既无鱼雷发射管亦无机炮。德国建造速度慢。1915 年仅有 15 艘来到前线；到 5 月，潜艇已装上甲板机炮。那年期间，德国出于种种不同原因丧失了 27 艘舰艇，到 1915 年底仅有 54 艘潜艇服现役。还应当记住，甚至在 1917 年，德意志帝国也未设法取得在潜艇现役对潜艇保养方面的 1∶3 比例。较大的潜艇能在基地最多逗留 20 天（到年底为 35 天），巡航半径 2000—2500 海里（后来达 3600 海里）。不仅如此，鱼雷命中率 1915 年仅为 40%，1917 年 50%。因而不足为怪，在从事相对无限制的潜艇战的两个月（1915 年 3 月和 4 月）里，只有 115839 吨协约国航运被摧毁。而且，由于在接下来的时期里，每月击沉约 130000 吨，特别是贝特曼－霍尔维格和米勒返回了按照战利品规章（Prisenordnung）进行潜艇战的想法。

水下战役 1915 年 2 月 28 日在英伦三岛周围水域开始，4 月里扩展到波罗的海，遭到的主要反对不是来自英国皇家海军，而是来自强有力的中立国，特别是美国。1915 年期间，有不少于 6 次潜艇攻击重大事件，攻击载有来自中立国的乘客的船只：“法拉巴号”（U28）、“卡特维克号”（UB10）、“卢西塔尼亚号”（U20）、“阿拉伯文号”（U24）、“贝尔里奇号”（U16）和“康托默海军上将号”（U24）。特别是 5 月 7 日“卢西塔尼亚号”被击沉，1200 名旅客丧命，包括 128 名美国人，引发了贝特曼－霍尔维格和米勒为一方与蒂尔皮茨和巴希曼为另一方之间的分裂。英国将无限制潜艇战谴责为“迄今限于野蛮种族的一种做法，不以在欧洲被理解的文明为虚饰”，帝国海军则将它认作“对英国的唯一有效的武器”。当柏林政府 6 月 5 日下令所有潜艇指挥官不得击沉所见的大型客轮时，蒂尔皮茨和巴希曼愤而提交辞呈。威廉二世“怒气冲天”，大谈“重罪”和“蒂尔皮茨发起的彻头彻尾的军事阴谋”。他立即接受了巴希曼的辞呈，以海军上将亨宁·冯·霍尔岑多夫、一名人所共知的蒂尔皮茨反对者取而代之。

当 8 月间 U24 在爱尔兰海岸外用鱼雷击中英国客轮“阿拉伯文号”、有包括 3 名美国人在内的 40 名乘客丧命时,潜艇攻势招致了一场新的危机。8 月 30 日,一份强烈抗议照会从华盛顿发来,导致到 1915 年 9 月 18 日无限制潜艇战已实际上被取消,在米勒所称的"一场激烈争论"之后。蒂尔皮茨的地位继续衰落:这位国务秘书已被逐出帝国大本营,他对海军司令部参谋班子的咨询权现被废除。然而,在整个 1915 年与 1916 年之交的冬季,蒂尔皮茨始终为恢复潜艇战不倦地努力。潜艇在 1915 年摧毁了 74.8 万吨英国航运,然而那年在不列颠和英帝国新造的航船为 130 万吨。海军上将冯·霍尔岑多夫现在放弃自己的看法,站到蒂尔皮茨一边,而此人 1914 年时相信远洋舰队将使英帝国沦为"废墟",并且以下述话语来到海军司令部参谋班子:"相信我,先生,以你的潜艇战,你不会划伤鲸的[英国的]表皮。"12 月 30 日,他告诉国务秘书和陆军上将冯·法金汉:1916 年里潜艇将能每月击沉 60 万吨航运,假如水下战役在 3 月开始,它本能够在 1916 年胜利结束战争。霍尔岑多夫在 1916 年 1 月 7 日与贝特曼-霍尔维格的一次讨论中,还有在 1916 年 2 月 12 日的一份海军司令部参谋班子文件里,重复了这一论调。这么一场战役将恢复"德国人民正在动摇的信念,即一支强大的海军实属必需",并且传播"打赢下一场战争"的希望。特别是这么一项论辩占了上风:德国的盟国奥匈和土耳其过了 1916 年就无法进行战争;1916 年 2 月 23 日,无限制潜艇战得到恢复。

可是,德皇希望避免"卢西塔尼亚号"事件再演,因而命令只有武装的货船才可以被不加警告地用鱼雷攻击。不再就重大决策受到咨询的蒂尔皮茨在威廉一世皇帝周年纪念日提出辞呈。它于 1916 年 3 月 10 日获威廉二世接受,带有一句尖刻的评论:"他在离开下沉着的舰船。"同一天,疲惫的威廉向米勒吐露说:"有一点任何时候都绝不得说出来,而且我也不会向法金汉承认它,那就是这场战争不会以大胜结束。"这位君主的最坏恐惧不久成真:3 月 24 日,小型海岸潜水器 UB29 在布伦海岸外击沉法国客轮"苏塞克斯号",再度有美国人丧命。4 月 20 日,来自华盛顿的一份强烈抗议促使柏林政府停止水下攻势,而舍尔相信在战利品法律规则之下将一事无成,遂召回所有舰队潜艇。无限制潜艇战由此实际上结束("灾难性地屈从于美国")。只有佛兰德潜艇编队和那些在地中海的(1915 年 6 月往后以卡塔罗为基地)才照旧运作到底。1916 年五个月里的全部战果是 131 艘船只,总共 44.2 万吨;帝国丧失 7 艘潜艇,与此同时 34 艘新潜艇建造完成。

当然,1916 年 4 月被摧毁的 14.1 万吨这个数字远不及霍尔岑多夫许诺的 60 万吨。事实上,确定一个最后胜利时限被证明是个巨大的心理错误,霍尔岑多夫很快便后悔了。海德堡的马克斯·韦伯告诫海军司令部参谋班子 60 万吨这一数字太大。细致的审核披露,霍尔岑多夫因为只点算英国的船只,误信英国仅拥有 1100 万吨航运;与其帝国和自治领一起,英国实际上拥有 11328 艘船只,总共 2100 万吨以上。1914 年夺取的大致 250 万吨德国航运应被添入其中,还有美国为英国建造的船只。因此,霍尔岑多夫的计算,亦即如果德国能经六个月平均每月摧毁 60 万吨,且如果 300 万吨中立国航运的约三分之一能被吓得不敢出海,那么英国就会丧失其吨量的 39%——因而输掉战争,被证明大错。波多·赫尔措格已显示,英国每日的 1.5 万吨谷物需求可用 4 艘船运送,即使为赛马提供的燕麦供给也未被瘫痪,而且只是在 1918 年才引入温和的配给,当时潜艇战战局已被扭转。最后,1916 年 1 月可用的 63 艘德国潜艇中,只有 10 艘是附属于远洋舰队的大型潜艇,可用于英伦三岛以西的任务。

无限制潜艇战主要被美国对不分青红皂白地击沉客轮的反应挫败,而非主要败于英国的对策。只是在 1914 年 12 月,海军部才组成潜艇攻击委员会,1915 年 9 月改为潜艇委员会。速度和曲折行进被视为抵抗潜艇的最佳保护,但现在还在寻求更多的手段。其中有些接近异想天开:海鸥被训练来栖息在潜望镜上,以便使之可见;强壮的游泳者配备尖锤,去敲破潜艇艇壳;船只装备锤子和帆布袋,以便分别粉碎潜望镜和“遮瞎”潜艇。然而,更讲求实际的建议也浮现出来:单一网障,水筝,指示器网络,水雷,等等。这些反过来促使柏林在 1915 年 4 月命令潜艇绕行苏格兰抵达西部海域,那使到爱尔兰海需要的时间增加了 7 天。由于潜艇携载相对少的鱼雷,它们在 1915 年初用甲板机炮摧毁约一半受害船只,那反过来促使伦敦通常用两门 4.7 英寸口径舰炮武装商船。到 1916 年 4 月,1100 艘协约国船只已被如此武装,而且结果迅速可见:1916 年 1 月至 1917 年 1 月,在未经武装的船只中间,68% 受攻击的被摧毁;但在经武装的船只中间,仅 3.9% 被潜艇火力送至海底。

大约 180 艘不定期航行轮船也被装上暗藏的火炮,作为"特殊供役船只"效力,意在诱使潜艇浮上水面,因为它们太小,不值得为之浪费一枚鱼雷。这些"Q 船"后来被高度浪漫化,但是它们仅导致 11 艘潜艇被击沉(被摧毁的潜艇的 7%);27 艘"Q 船"在海上被潜艇击沉。较有前途的是水中听音器,意在察觉潜艇的螺旋桨节拍,还有充填 TNT 炸药或额马突猛性炸药的深水炸弹。然而,直到 1917 年年中为止,这些装置都未以可观的数量抵达前线。如后所述,战舰护航只是在 1917 年 2 月 1 日德国再度恢复无限制潜艇战以后才被引入。

"Q 船"中间,"巴拉朗号"在 1915 年 8 月博得恶名,在当时它悬挂美国国旗,突袭正在摧毁"尼科西亚号"货船的魏根内尔海军少校,杀死 U27 潜艇艇员中的 11 名,包括其轮机长。然而,战争中英国在海上的主要武器依然是远距封锁;中立国船只在当斯水域和柯克沃尔经受搜查。绝对禁运品(军事物资)与有条件禁运品(燃料、食物、服装)之间的区别到 1915 年已被取消;所有最终运往敌国终点的中立国货物遭到没收;输入德国接壤国的货物则被限量。1916 年 2 月,罗伯特·塞西尔勋爵成为新的封锁部的首脑。有如第一海务大臣亨利·杰克逊海军上将赤裸裸地说的,"这场战争将创造历史,我们不需太讲究先例"。对联合舰队来说,缓慢绞杀德国平民人口的过程难以真正代替"第二个特拉法加",但政府和外交部依然顽固地维持"衰弱无力的封锁"。

由于得不到在北海的作战自由和进入不了大西洋,德国 1914—1916 年间从事了若干进入波罗的海的袭击。海军元帅亨利希亲王指挥 9 艘巡洋舰和 11 艘鱼雷艇,对战尼可莱·冯·埃森海军中将的由 5 艘老旧战列舰、6 艘战列巡洋舰、6 艘装甲巡洋舰、77 艘驱逐舰和 20 艘潜艇构成的俄国分舰队。按照彭德·斯特格曼的看法,德国并未将波罗的海当作一大战区予以高度珍视——除了保证瑞典铁矿石继续运送外。然而,亨利希亲王希望诱使俄国舰队中孤立的舰只因"敏锐出击"而沦于被歼——类似于就北海采取的政策。这证明是一桩代价高昂的事业,由于这些水域的稠密布雷。1914 年,装甲巡洋舰"弗雷德里克·卡尔号"和轻巡洋舰"马德堡号"葬身于波罗的海;另一方面,1915 年,一场进入里加湾的袭击使德国鱼雷艇获得了若干可被征入行伍的男性，连同鲁诺岛上灯塔的几面镜子。德国大军进军库尔兰境内，并且特别是同一个月里还占领利鲍（利耶帕亚），迫使海军承担起利鲍和梅梅尔（克莱佩亚港）的行政管理。冯·波尔海军上将1915年2月曾短暂地考虑重新打开丹麦海岸外的诸丹麦海峡，将现代战列舰驻扎在波罗的海，为的是侧翼迂回"容易守卫的赫尔果兰湾角"，然而在波罗的海愈益增长的危险很快驱除了这个想法。

现在，英国潜艇已身处波罗的海，德国对俄国海岸的出击变得愈益危险。1915年10月，装甲巡洋舰"阿达尔贝特亲王号"在利鲍海岸外被E8潜艇击中；11月，轻巡洋舰"水女神号"毁于E19潜艇；12月，轻巡洋舰"不来梅号"在文道（文茨皮尔斯）海岸外撞上水雷后沉没。这些损失转过来迫使亨利希亲王从波罗的海撤走5艘维特尔斯巴赫级战列舰——这些是被暂时分派给他的——以及装甲巡洋舰"鲁恩号"。类似于晚近对多佛巡逻舰队的成功的袭击，11艘最新的潜艇11月里被派去袭击雷瓦尔（塔林），尽管它们不足以充作攻袭火力阵，同时也缺乏在它们航程内的军事目标。结果，7艘这样的舰艇丧身于水雷阵。直到1917年10月为止，不再有在波罗的海的"碰球即跑"行动。

这一时期里，形成了一些紧急作战计划，但从未予以实施。当德国得到比利时海岸供未来使用后。对荷兰的可能的占领（情势K）被排除，另一方面，丹麦提供了一个更合适的场所。罗马尼亚1916年8月站到协约国一边参战，这在柏林引起了某种恐惧，害怕丹麦可能起而仿效，霍尔岑多夫、亨利希亲王和舍尔立即起草计划，打算在战争情况下夺取日德兰半岛全部以及直至伊瑟湾—斯希格纳港一线的诸群岛。这作为"情势J"，在1917年5月得到正式采纳。在瑞典加入协约国的情况下封锁瑞典海岸（情势S）也得到拟订。最后，"情势N"在1916—1917年要求可能占领挪威。亨利希亲王特别渴望这个阵位——连同日德兰半岛——作为"活动空间"，以便"未来前往大洋的通道保持畅通"。"情势J"和"情势N"尤其反映德国愈益明白，只有前往大西洋的现成通道才能给德意志帝国提供真正的制海权。这两个计划显然是1940年4月"旁路行动"（Operation Weserübung）的先驱。

不应忽视佛兰德战区。1914 年 8 月 29 日,帝国海军按照蒂尔皮茨的提议,在被占领的佛兰德创建了一个专门的、海军上将路德维希·冯·施罗德麾下的海军步兵师。施罗德的兵力被置于陆军最高司令部(OHL)之下,1914 年 11 月增添了第二个海军步兵师,1917 年 6 月又添上第三个,军团总部则位于布鲁日。第一艘德国潜艇 11 月 9 日抵达泽布吕赫港,一个海军飞行站和船坞 12 月间在该地建立;新增船坞 1916 年秋季集中建造在布鲁日和奥斯坦德外围,还有一部分 1917 年春季建造在根特。尤其是小型的 UB 和 UC 潜艇,其基地设在佛兰德,从德国经陆路运输之后,它们在那里被装配出来。施罗德还不得不守卫在佛兰德的 50 公里狭长带,对付英国的海上攻袭;1918 年 4 月,海军少将凯耶极壮观地攻击了泽布吕赫和奥斯坦德,使之无法为德国潜艇所用;虽然 3 艘阻塞船在泽布吕赫被击沉,但不可能完全阻塞该港水道。

到 1915 年 5 月,15 厘米至 38 厘米口径的海军重炮已被设置在佛兰德。38 厘米口径重炮在最佳升高角度上的射程为 138 公里,但需要六周时间被设置在混凝土炮台或铁道车厢上。而且,它们易从空中发现,它们的爆轰则远在 10 公里外都能听见。尽管如此,在鲁登道夫将军大肆吹嘘的 1918 年春"迈克尔"攻势期间,仍有 7 门 21 厘米口径大炮从拉昂轰击巴黎(125 公里)。然而,协约国的反攻势迫使海军步兵军团投入行动,1918 年 10 月 15 日陆军要求驻守佛兰德的士兵撤退,海军上将冯·桑德斯的部队虽然遭受了 10000 人的伤亡,但这"佛兰德之狮"仍在 1918 年 11 月戎马齐备,行军去镇压德国各港口反叛的水兵。

还有地中海要谈。1915 年 2 月,英法两国(伴有俄国在黑海的支持)决定对达达尼尔海峡作海军攻袭。这后来被改成在该地区作一次两栖登陆,尽管有纳尔逊勋爵的格言"那些进攻一个要塞的水兵都是傻瓜"。此乃首席大臣和"东方派"构想得极妙的一个计划,要打击欧洲"柔软的下腹部",旨在迫使土耳其退出战争,缓解塞尔维亚人和俄国人的处境,对奥匈军队施加压力,并且结束在西线的可怕的"苦行进军"。虽然这里肯定不是分析 1915—1916 年达达尼尔海峡战役的地方,但还是要就德国在其中的作用进行一些分析。

德国驻土耳其军事顾问利曼·冯·桑德斯将军 1913 年来到苏丹宫廷,现在指挥土耳其第五集团军,形成了一种精细复杂的防御体系:恰纳克与赫勒角海峡之间有约300枚水雷构成的10条防线,由约100门炮构成的陆上中等炮阵,还有在各个主要塞(库姆卡勒、萨德尔巴尔、欧卡尼埃和赫勒角要塞)的机动榴弹炮。战列巡洋舰"戈本号"保持在马尔马拉海,作为最后防御,因为英法同盟有压倒性海军优势;土耳其舰队由3艘过时的战列舰、2艘巡洋舰和10艘驱逐舰构成,将不得不经受任何海军攻袭的冲击,包括沙皇黑海舰队7艘无畏级以前的战列舰和2艘装甲巡洋舰可能的攻击。在纸面上,德国—土耳其的境地没有希望。

协约国对海峡的初始攻击定于1915年2月19日,乃1807年海军将领约翰·达克沃思爵士代价高昂地穿经达达尼尔海峡的周年纪念日。众所周知,无畏级舰"伊丽莎白女王号"、战列舰"纳尔逊号"和"阿伽门农号"以及战列巡洋舰"不屈号"的五番海军大轰击未能制服各要塞。海军上将萨克威勒·卡尔登爵士被海军上将约翰·德·罗贝克爵士取代,后者于3月18日决定在达达尼尔海峡做一次"真正好的尝试"。在伦敦的基奇纳勋爵和"西方派"与此同时同意提供1.8万名官兵,法国人提供又1.8万人,澳大利亚和新西兰政府提供3.41万人。俄国人方面,不仅拒绝让三个希腊师攻击加利波利,而且拒绝派送他们自己的4.76万人的分遣军,直到君士坦丁堡陷落为止。对在马尔马拉海的"戈本号"和"布雷斯劳号"的妄想狂似的恐惧部分地激发了这一反应。

1915年3月18日上午11点15分,一支由协约国23艘战列舰和15艘巡洋舰组成的特遣舰队对海峡发动攻击——第十次攻击,然而天黑以前,战列舰"布弗特号""无抗号""大洋号""高卢号"和"絮弗伦号"以及战列巡洋舰"不屈号"已被搞得失去战斗力。土耳其海军丧失了两艘战列舰,包括"哈伊尔丁·巴巴罗萨号"(即先前的"选帝侯弗雷德里克·威廉号")。德国人在海峡防守上发挥了重要作用。除了海军上将冯·乌塞多姆的部队操作海岸炮阵和水雷外,出自"戈本号"和"布雷斯劳号"的重机枪分队在1915年5月加强了德国—土耳其防务;德国舰员还被置于炮舰"穆阿韦内号"上,该舰5月13日用鱼雷击中战列舰"歌利亚号"。在不同的时段里,有6—11艘德国和奥匈潜

艇被置于土耳其水域;3 艘小型 UB 潜艇经陆路被运到亚得里亚海畔的波拉,
在那里装配,然后由奥匈巡洋舰经奥特朗托海峡一路拖到达达尼尔。此非徒
劳。5 月 25 日,海军上尉奥托·黑尔申的 U21 潜艇用鱼雷击中战列舰"胜利
号",两天后又同样击中战列舰"威严号"。

倒霉的加利波利战役招致丘吉尔和菲舍尔俱被解职("有如贝多芬失
聪"),1915 年 5 月 25 日在伦敦建立了一个联合政府。协约国的损失除了上
述 6 艘战列舰外,还有 2 万名攻袭官兵伤亡,整个战役遂于 1915 年 12 月被
取消。

在地中海别处和邻近水域,协约国的前景同样与其压倒性的战列舰优势
(大致 40∶12)不相称。协约国彼此嫉妒,琐细龃龉,使之无法成功地对抗海
军上将安东男爵冯·豪斯麾下小规模的奥匈舰队。意大利海军驻扎在南面奥
特朗托(战列舰)和布林迪西(轻型舰只),显而易见的战略是经一种英法意联
合努力——在罗马 1915 年 5 月 23 日对维也纳宣战之后——封锁奥特朗托海
峡。然而,此类情况全未发生。相反,奥地利人在战争头几个月里摧毁了 2 艘
意大利巡洋舰和 3 艘鱼雷艇,促使意大利人下令禁止重型舰只驶离港口。不
仅没有对卡塔罗和波拉作任何袭击,而且对海峡的所谓封锁证明网漏吞舟。
德国潜艇轻而易举地穿越探测器网络,或从其下潜水而过,即使该海峡最窄处
仅 45 英里,且有 300 多艘舰船巡航。三个协约盟国将各自的舰只当作独立的
单位运作,尽管法国海军中将达尔蒂热·迪·富尔纳被任命为盟军司令官。
英国海军上将赫伯特·里奇蒙德对海军部大发其火:"这些家伙[意大利人]
活该输掉,因为——老天在上——尝试去赢的事情,他们什么也没做。"在另
一个尝试关头,里奇蒙德提议"他们最好卖掉他们的舰队,重新耍玩他们的风
琴和猴子,因为——老天在上——与海战相比他们更擅长前者"。他的同事、
在马耳他的海军上将阿瑟·林普斯爵士也持此种看法,一方面厌憎法国人不
能去做"艰苦、实在、顽强的海上巡航工作",另一方面就意大利人写道:"他们
与法国人相比,乃海上竞技的黄口小儿"。协约国为这内斗付出了代价:海军
上将迪·富尔纳丧失了装甲巡洋舰"莱昂·甘必大号",意大利海军中将卢伊
季·迪·萨沃亚亲王则丧失了装甲巡洋舰"阿马尔菲号"和"朱塞佩·加里波

第号"。

德国潜艇 1915 年 6 月首次来到亚得里亚海，有 5 艘以波拉为基地。它们名义上附属于奥匈海军，悬挂红白红三色旗。意大利 1916 年 8 月 28 日对德宣战后，柏林将它在波拉和卡塔罗的潜艇兵力增至 29 艘，1917 年里又增至 39 艘。总共 55 艘德国潜艇驻扎在地中海战区；16 艘毁于大战（11 艘在 1918 年）。如同在佛兰德，这些小型舰艇分部件经陆路被运送，然后在波拉装配。波拉、卡塔罗或君士坦丁堡既无适当的船坞，亦无修理设施，然而仅 1915 年秋季，击沉的协约国舰船就达 92 艘，1916 年头五个月又添上 75 艘。两次世界大战中最成功的单独一次出击，是 1916 年 7 月 26 日至 8 月 20 日由海军上尉洛塔尔·冯·阿诺尔德·德拉·佩里埃尔用 U35 潜艇在地中海完成的。他摧毁了敌方 29 艘蒸汽轮船和 25 艘帆船，共 90350 吨，冒着鱼雷和炮弹攻击返回卡塔罗，几乎耗尽了最后一滴柴油燃料。在地中海的其他著名的德国指挥官包括海军上尉卡尔·邓尼茨、威廉·卡纳里斯和马丁·尼默莱尔。

德国潜艇主要猎杀巨型货轮，那是为维持在埃及和加利波利的 40 万人的英国部队所必需，也是为维持驻在萨洛尼卡的 20 万协约国军人所必需，后者的目的是阻止塞尔维亚在保加利亚 1915 年 10 月加入同盟国之后崩溃。如果想起下述事实，那么潜艇的成功就更令人惊讶：任何既定时候，在 100 多万平方英里海面上，只有六七艘潜艇就位待命；而且，直到 1917 年 6 月为止，英国始终没为自己在地中海的兵力创设集中指挥。正是由于这二三十艘潜艇，英国才不得不在 1916 年 3 月将它的远东航运改道，从穿经苏伊士运河改成绕道好望角。

总的来说，在南面的这些成就未在柏林得到赏识。冯·米勒海军上将的日记只些微提及地中海事务。或许，三个欧洲国家（意大利、罗马尼亚和保加利亚）参战遮蔽了加利波利，然而无论如何，对在蒂尔皮茨式传统中成长起来的一代海军军官来说，北海照旧是海上战争的集中关注点。不仅如此，到 1916 年 2 月，将才艺术已随陆军上将冯·法金汉的穿透性分析跌到了它的最低点，那就是德国以其近乎比法国多出 2500 万人的人口，能够以凡尔登战役以前 1 : 1 的杀伤率，令后者"流血殆尽"。

与此同时,德国远洋舰队被期望采取某种行动,以便将英国的兵力钉在国内。1916 年 3 月 5 日至 7 日,海军中将舍尔铤而走险,率领一支由 30 艘重舰组成的兵力,驶往舰队所曾尝试过的最南位置霍夫登(the Hoofden)①。净收益:两条渔船。联合舰队已经出海,但未获接触。反过来,英国人 3 月 25 至 26 日对在岑讷的齐普林飞艇基地发动了一场海上飞机袭击。这次出击得到比蒂的战列巡洋舰支持,而在它们后面屹立着联合舰队;然而,即使比蒂在德国水域逗留了 27 小时,也全无反应,唯有海军中将希佩尔做了一番迟缓的侦察扫航,那未进至叙尔特岛以外。

现在又轮到舍尔了。4 月 24 日至 25 日,他令 22 艘主力舰和 12 艘轻巡洋舰出海,驶向洛斯托夫特和雅茅斯。不清楚他的意图如何,但这次袭击意在与一场经规划的爱尔兰人复活节起义重叠。侦察兵力因为希佩尔病了,遂在海军少将弗里德里希·伯迪克尔指挥之下,而且很快就损失了在诺德奈岛附近撞上一枚水雷的"塞德利茨号"。凌晨 3 点 50 分左右,伯迪克尔的舰只见到了海军准将提尔维特麾下的哈里奇分舰队,那由 3 艘轻巡洋舰和 18 艘驱逐舰组成。舍尔处在特尔谢林岛附近约 70 英里外;比蒂的战列巡洋舰已于午夜驶离罗赛斯,在深海中径直向南。提尔维特未能将德国人拖入作战行动(业已给比蒂和杰利科发送紧急信号),伯迪克尔则按计划的那样前去轰击洛斯托夫特,而后轰击雅茅斯。到凌晨 4 点 50 分左右,伯迪克尔已以 4 艘轻巡洋舰与第二侦察分舰队会合,那已在一场短暂的遭遇战期间重击提尔维特的旗舰"征服号"。此乃天赐良机。"碰球即跑"式的袭击现在有希望变成一场轻而易举的活靶射击:伯迪克尔的 4 艘战列巡洋舰和 4 艘轻巡洋舰由两支鱼雷艇和潜艇分舰队支援,切断了提尔维特的较弱的、由 3 艘轻巡洋舰和 18 艘驱逐舰组成的兵力。自 1914 年 7 月 30 日"舰队第一号命令"往后,德国海军一直在寻求这么一个机会。1914 年 8 月的赫尔果兰湾行动以逆态赫然耸现。尽管如此,伯迪克尔仍强词夺理地论辩说提尔维特的舰只速度更快,大概还猜疑比蒂的"海上骑兵"藏在外围后面,遂于凌晨 4 点 55 分掉头离去,驶往本土。

---

① 即德国人所称的荷兰特尔谢林岛纬度以下的北海水域。——译者注

大约 30 分钟后，舍尔携其舰队拔腿同样行事。提尔维特顽固不懈，维持与德国侦察兵力的接触，直到海军部在上午 8 点 40 分将他召回为止。马德教授恰当地概括道："这次袭击很难说是一项精彩的作为，无论从战略、策略或结果来看都无不如此。"

5 月 4 日，皇家海军试图再次引诱远洋舰队驶出其雅德河基地。"诱饵"由 2 艘海上飞机母舰、4 艘轻巡洋舰以及辅助舰船构成。联合舰队拂晓时驶往斯卡格拉克海峡外，伴同更南面的战列巡洋舰；水雷已被散布在舍尔最可能经过的路线周遭，还有 7 艘英国潜艇在霍尔恩礁（日德兰半岛南）外静候着他。11 架海上飞机除了一架，全都未能从波涛汹涌的海面起飞，然而紧要问题在于舍尔是否会驶离港口。杰利科将再度悲伤失望。他徒劳地等待舍尔，从拂晓直到午后。随燃料供给走低，而且顽固地拒斥舰队任何夜间行动，杰利科和比蒂（"心情悲伤地"）驶回本土。舍尔最终于下午 3 点露脸，往北扫掠海面远至叙尔特岛，可是英国人已经离开。

在这突入斯卡格拉克海峡的徒劳的出击之后，联合舰队内懊丧当头，郁闷无比。作为舍尔两次袭击英国海岸的一个结果，杰利科同意拨出 8 艘主力舰赴希尔内斯。苏格兰福斯河口的外侧防务现在成为最优先考虑的，为的使罗赛斯成为联合舰队的一个主要基地（它在 1918 年 4 月变得如此）。与此同时，北方锚泊地的百无聊赖得到部分缓解，因为安排了电影、游乐、音乐会、演讲会和诸如高尔夫、英式足球、拳击、垂钓等体育活动。皇家海军的装备也得到了加强：自战争爆发以来，已增添 13 艘无畏级舰，将其总数提升到了 33 艘；一艘战列巡洋舰使比蒂的兵力达到了 10 艘。就战略而言，杰利科在缓慢和勉强地接受远距封锁的慢速绝食原理，从而抑制着要打"第二场特拉法加"的火热渴望。像他 1916 年 4 月给海军部写的那样，他不会在不利情况下，"不适当地冒险将联合舰队的重舰投入加速远洋舰队覆灭的任何企图"。这位司令官很可以用海军上将乔治·罗德尼的一则评论安慰自己，那是后者在被指责未于 1782 年 4 月以足够的冲劲去追击法国人之后讲的："这是挑衅，但决不要在意；他们的死期只是被延后一会儿，因为他们必死无赦，当死无疑。"

海军中将舍尔在北海对面的困境则要危急得多。自 1914 年以来，舰队只

增添了 5 艘无畏级舰,其总数增至 18 艘,与此同时战列巡洋舰兵力增加了一
艘(这一艘用来补偿"布吕歇尔号"被毁带来的损失)。不仅如此,1916 年 5
月间,仅有一艘战列巡洋舰("兴登堡号")正在建造。而且,要求海军行动的
压力在这么一个时候步步增长:陆军其时正在凡尔登突出部前面做出难以置
信的巨大牺牲。库特·冯·马尔尚男爵如此概括了许多德国人的流行情绪:
"即使假定今天我们的作战舰队的颇大部分……[正沉在]海底,我们的舰队
也本将成就得更多,多过它眼下靠泊在我们的港口安闲保全所能达到的。"甚
至海军中将希佩尔,他早先反对蒂尔皮茨要求行动的狂热呼吁,将此视为安抚
议会的一项愚钝企图,也在 1916 年 5 月 27 日告诫说舰队将不得不为它无所
行动而付出代价。"仅为这个缘故,我也希望我们不久或可能够出战。"最不
客气的是在威廉港的一条墙上涂写的大众标语:"亲爱的祖国,你可以放心;
舰队躺在港内——锚泊无忧"(*Lieb' Vaterland*, *magst ruhig sein*, *die Flotte
Schläft im Hafen ein*)。

　　或许为了克服这情绪,舍尔计划在 1916 年 5 月 17 日再度袭击英国。潜
艇已于 4 月 25 日从无限制潜水战召回,可供舰队使用。舍尔决定派出他的侦
察兵力赴桑得兰作为诱饵:潜艇将潜伏在苏格兰福斯河口外,等待比蒂奔出来
迎战希佩尔,而后者将转过来试图引诱比蒂的剩余兵力投入舍尔的罗网,那在
斯卡伯勒外大约 50 英里处。飞艇将伴同这次出击,为的是在杰利科能偕联合
舰队(德国人绝对不想与之较量)抵达现场以警报舍尔。

　　5 月 17 日,这位德国司令官命令 19 艘潜艇进入挪威与罗赛斯之间的水
域(U74 途中沉没),但"塞德利茨号"修理上的延宕迫使这次出击推迟到 5 月
23 日。然而,使这艘战列巡洋舰现成可用方面又有进一步的延宕,导致舍尔 5
月 29 日之前一直未能行动。时间现在是关键。潜艇在海上最多续航 20 天,
舍尔遂命令它们 6 月 1 日驶离基地,即使到那时仍未有舰队行动。"塞德利茨
号"最终在 29 日现成可用,可是强风令 5 架飞艇——舰队之"眼"——无法出
航。5 月 30 日风势依然不减,舍尔面对着作战行动无限期推迟的可能。尽管
如此,他仍拿出了一个替代性计划,那不依赖空中侦察。与其轰击英国海岸,
他决定不如派遣希佩尔的侦察兵力沿丹麦海岸而上,进入斯卡格拉克海峡作

为所需的诱饵。这几乎肯定会招出联合舰队，而且它不得不通过在这些水域的潜艇线，并在靠近舍尔的基地和水雷阵的地方与希佩尔交战（如果他决定迎战的话）。倘若天气变好，飞艇就将加入他的特遣舰队。最后，一场靠近内海的作战将允许舍尔的舰队一路带着慢速的德意志级战舰。

　　1916 年 5 月 31 日凌晨 2 点，德国侦察舰队——希佩尔海军中将身处"吕佐夫号"——出海赴航；3 点 30 分，舍尔身处"弗雷德里克大王号"随之而出。那天早晨，总共有 16 艘无畏级舰、5 艘战列巡洋舰、11 艘轻巡洋舰和 61 艘鱼雷艇驶离它们的雅德河和易北河庇护所。

第九章　1916年日德兰半岛

是丢失的机会还是幸运的逃脱？

1916 年 5 月 30 日夜里 11 点 30 分(德国时间),杰利科海军上将乘坐"铁公爵号"驶离斯卡珀湾——比希佩尔在雅德河口起锚早 180 分钟,偕同 24 艘无畏级战舰、3 艘战列巡洋舰、8 艘装甲巡洋舰、12 艘轻巡洋舰和 51 艘驱逐舰。30 分钟后,乘坐"狮号"的比蒂海军中将驶出苏格兰福斯河口,偕同 4 艘无畏级战舰、6 艘战列巡洋舰、14 艘轻巡洋舰、27 艘驱逐舰和海上飞机母舰"恩加丁号"。这两支兵力已被再度截获和破译了德国专门密码的海军部命令出海,奔赴阿伯丁以东约 100 英里、纳泽以西约 90 英里的一个地点,在斯卡格拉克海峡入口处,"随时准备迎应不测事件"。然而,这次杰利科决定不集中他的兵力,让比蒂处在联合舰队东南方约 70 英里处。海军部也不认为必须命令海军准将提尔维特的哈里奇分舰队那天早晨出海,因为担心受到在佛德兰的德国鱼雷艇的攻击。

英德两支舰队成直角航行,彼此逐渐接近,彼此不知对方,直到 5 月 31 日下午 2 点为止。联合舰队拥有兵力数量优势:重舰 37：27,现代主力舰 37：21,轻型辅助舰 113：72。英国人在重炮方面的优势显而易见,即使并不精确:马尔德尔称比例为 272：200;彼得·帕菲尔德称 324：106。此外,杰利科的舰队在排炮齐轰的发弹重量方面占 2：1 的优势(40 万磅对 20 万磅)。然而,联合舰队中间几乎全无明显的激动;自 1914 年以来,已有太多令人失望的出击。有如"铁公爵号"上杰利科麾下军官之一所说:"只是又一次——徒劳的扫掠。"

1918 年 11 月 21 日，"日落西山"，德国远洋舰队投降。
皇家海军战舰"伊丽莎白女王号"开道。

被扣留在斯卡珀湾的德国舰船

被自沉在斯卡珀湾的"拜仁号"

到下午 3 点 15 分左右，比蒂与希佩尔已大致相隔 50 英里。他们彼此中间有着丹麦蒸汽轮船"峡湾号"。德国人派遣两艘大型驱逐舰去检查这艘中立船；后者停下来，放掉蒸汽。在比蒂的战列巡洋舰舰队右翼的英国巡洋舰"加拉太人号"和"法厄同号"发现了这一行动，继而与这两艘德国驱逐舰以及轻巡洋舰"埃尔宾号"交战。后者设法用炮弹击中"法厄同号"的舰桥下面，从而放了 1916 年 5 月 31 日的第一滩血。

希佩尔和比蒂现在改道。英国战列巡洋舰舰队——除了误读信号的 4 艘强有力的伊丽莎白女王级战舰——转而向东奔进，以图切断德国人返回本土港口的退路。反过来，希佩尔向东南方向航行，为的是求助于南面约 50 英里处的远洋舰队。比蒂追击希佩尔，现正毫不自知地以大约 25 节的高速奔入舍尔的守株待兔罗网。他可得的情报提示他德国主力作战舰队仍然锚泊在雅德河盆湾。此外，"恩加丁号"无法跟上比蒂的极快高速，并且受碍于低可见度，因而完全无法提供准确的空中侦察。

两支侦察舰队迅速彼此靠拢。希佩尔享有下风位，比蒂的舰只背对清晰的西面天空呈剪影状。下午 4 点 48 分，随两支舰队俱在平行的东南航线上奔驰，舰炮交火开始，相隔大约 15000 米。希佩尔的火力破坏性巨大。两分钟之内，德国炮弹就击中了"狮号"的中央炮塔，将它掀开，"犹如一听打开的沙丁鱼罐头"。由于其已受致命重伤的炮塔指挥官的英勇行为，即放水淹没弹舱，才救了该舰。

"不倦号"没那么幸运。第一番齐射后不到五分钟，它就挨了"冯·德·坦恩号"两次猛击。火焰直冲天空，浓烟封围该舰。舰内爆炸反复不已，足有 30 秒之久。它带着 1000 名以上海员沉入海中。英国第五作战分舰队（伊丽莎白女王级战舰）现在加入战斗。"毛奇号""冯·德·坦恩号"和"塞德利茨号"都被击中，但德国人在多格浅滩之后采取的防闪灼预防措施至少救了"塞德利茨号"。

英国驱逐舰令比蒂舰只的交战面蒙上水汽，从而很大程度上降低了他的可见度。尽管如此，对阵交火依旧烈度不减。相隔距离降至 14000 米，炮战声响震耳欲聋。炮管的海军灰漆在起泡变色，变成深浅不等的黄色和棕色。浓烟从烟囱滚滚喷出,双方皆以 25 节高速穿经海面,大约每七秒就有一轮众炮齐射。战斗因过于激烈而不能持久。两位司令官转舵几分相互背离,然而出自"德弗林格尔号"(它因为又一次信号错误而一直奇怪地被留下不受骚扰)和"塞德利茨号"的排炮现在攻击"玛丽女王号"。下午 5 点 27 分,德国炮火掀开了这艘战列巡洋舰的中央炮塔。亮丽的红色火焰从其内部喷涌而出。由于弹舱着火,内部爆炸使之强烈摇动。"玛丽女王号"很快断成两截,且随舰尾抬高,伴同螺旋桨缓慢旋转,由 1000 英尺高的烟云围裹而消失在浪涛下面。差不多 1300 人随之被海水埋葬。比蒂此刻做出了他的犀利观察:"我们今天的血染战舰看来有所出错。"英德两国的驱逐舰与此同时也进行了一场彼此间的对阵激战,在两支战列巡洋舰舰队之间的水域,相隔距离有时短至600 米。

尽管摧毁了两艘英国战列巡洋舰,希佩尔的处境正变得令人担忧。他现在处于 5：9 的数量劣势,压倒性的巨量炮弹正在倾盆落向他的战舰。壮丽的驱逐舰混战以高达 30 节的航速进行,迫使希佩尔转舵八分背离英国人,但他总的来说继续向南航行,而这英勇壮举将会收获裨益。大致在下午 5 点 30分,英国轻巡洋舰瞥见远洋舰队在南面地平线上,排成单行驶向西北。

战局现在急剧改变。猎人比蒂成了猎物比蒂。从此刻起,他将与希佩尔互换角色。下午 5 点 40 分,信号升起,命令战列巡洋舰舰队先向西北航行,而后折向北方。比蒂的首要使命是引诱希佩尔和舍尔一齐奔向联合舰队,后者正在以大约 20 节的航速向南行驶。就像比蒂起初一直忽视舍尔的存在,希佩尔现在也一样朝未知领域追逐比蒂。事实上,这位德国人可能已猜想什么等着他:杰利科的六纵列,每纵列四艘战列舰。由于北面没有英国基地,也由于比蒂本将不得不转向西面,以便返回本土,因而很可能比蒂事实上现在正扮演先前赋予希佩尔的角色。

联合舰队在北面仅 16 英里处,比蒂将航向从北至西北改为东北,为的是重新与希佩尔接触,并且防止后者见到联合舰队。在接下来的交火中,阳光直接不利于德国人。此外,英国第三战列巡洋舰分舰队扑向希佩尔,后者被迫折向东面,最后折向西南面。战列舰"威斯巴登号"严重受创,轻巡洋舰"法兰克福号"和"皮拉乌号"亦如此。更重要的是，由于比蒂的精彩迂回，希佩尔一直无法见到杰利科的大舰队；联合舰队现正在北面仅 10 英里处。最后，希佩尔将第三战列巡洋舰分舰队误认为联合舰队，而这误认又由关于杰利科的众多战列舰行踪何在的潜艇误报而加剧，结果完全遮蔽了舍尔对形势的认识。因而，这位德国司令官在下述时刻全然不知他的危险处境：晚上 7 点 10 分，他集合他的战列巡洋舰和战列舰，并由希佩尔领头朝东北奔驰而去。

相反，希佩尔较为担忧。他在晚上 7 点左右告诉他的将官："那锅浑汤里藏着什么东西。我们不过深地舀入其中就好。"在杰利科方面，他正以 20 节的航速冲向整个德国大舰队，不明白舍尔的确切位置，可是知道他在。在重炮震耳欲聋的轰鸣变得可以觉察的时候。他讥刺地说，"我希望什么人会告诉我谁在开火，还有他们在对什么开火"。

海军上将杰利科必须做出果断的行动去与德国人交战。两支舰队在以差不多 30 节的高速彼此迫近。最后，在晚上 7 点 15 分，杰利科下令左转舵，亦即组成一条单一的、并且背离德国人的东向战列。像马尔德尔指出的那样，这一精湛举动，即以 90 度左转舵将他的所有舰只摆成一条阵线，给了他光亮之利，切断了敌人驶往其本土基地的退路，并且使他能在敌人从东北驶向他的时候实行"T"形跨越。然而，在左转舵所需的大转弯期间，已失掉舵轮的"勇战号"遭到德舰密集攻击。"防卫号"命运更糟，引来"德弗林格尔号"和舍尔的打头的四艘战列舰炮击；"在数百英尺高的巨量烟尘和火焰之中"，它爆炸了。"勇战号"亦遭重创，最终不得不由于其处于深海而被放弃。

此刻，英国人失去了第三艘战列巡洋舰。希佩尔处在联合舰队密集轰击之下，相距仅 9000 米，显出一条从东北到西北地平线的炮闪环带。杰利科的旗舰"铁公爵号"六分钟内六次击中海军中将保罗·本克的一流战列舰"国王号"。德国战列巡洋舰最终 360 度全转弯，企图躲避重磅炮击，但希佩尔的舰只中间有四艘，再加上一艘战列舰，令"无敌号"在 10000 米外遭受炮火。类似于其他两艘战列巡洋舰的厄运也落到了它身上：来自"德弗林格尔号"的第三轮齐射击毁中央炮塔，"无敌号""随舰腹弹舱爆炸，被炸成正好两半"，1000 多人葬身北海。

然而,现在联合舰队确定了射程。尤其是希佩尔的战列巡洋舰将遭受可怕的惩罚。他的旗舰"吕佐夫号"被反复击中,严重倾斜,舰首深入海中。它被迫离开阵列。"毛奇号"舰长约翰尼斯·冯·卡尔普夫评论英国人的如雹炮火:"敌人的齐射命中率高,而且密集;这齐射前后相继,迅速交替,发射章法极佳!"到晚上10点50分,希佩尔已能将他的舰旗转插到"毛奇号"上,在首次确认无论是"德弗林格尔号"还是"塞德利茨号"或是"冯·德·坦恩号"都无法充分效力之后。

英国人处于一个世纪里他们与一个海上主要强国的首次海战当中。舍尔必求一战,而且他知道这一点。远洋舰队士气高昂,许多战舰那天清理舰炮,伴着呼唤"为'格奈森瑙号'报仇","为'沙恩霍斯特号'报仇"。舍尔据称在整个遭遇战期间始终保持冷静。当杰利科作"T"形跨越时,这位德国司令官据说声言:"如果有人希望为此将我逐出海军,我无动于衷。"最晚到晚上7点30分左右,无论他可能持有的什么冷淡,都已转变为对危险和可能被歼的认识。关于海战的德国官方史写道:"突然,德国舰队面对猛烈炮击,出自一条从西北延伸到东北的无尽头的重舰阵列,齐射接着齐射,简直毫无间断。"

舍尔只有一个选择,那就是逃离战斗现场。晚上7点33分,他发出为逃离而战的信号:从后背开始的每艘战列舰都右转舵(向东)16分,组成一条相反方向上单一的向前阵列。依凭一阵浓密的烟幕和一番对英国主力舰的殊死的鱼雷艇攻击,舍尔得以向南溜走。杰利科总的来说向南行驶,希望切断舍尔去威廉港的退路。联合舰队被部署成一个宽弧形,位于舍尔的显然撤退中的兵力以北约10英里处。然而此刻,这位德国海军上将急剧改变战局,因为他再度将自己的位置扭转180度。

我们几乎不可能会知道舍尔为何作此迂回。按照马尔德尔的看法,舍尔打算从英国人的舰后溜走,在黑暗天色的掩护下驶往他的基地。相反,帕菲尔德论辩说舍尔恰如杰利科一样睁眼瞎,决定压向东面,以便获得更具体的信息从而了解他的对手在哪里。他很快就得到了这个信息。

到晚上8点15分,整个德国舰队都已在炮火轰击之下。向南行驶的联合舰队再次作"T"形跨越。德国人只能在地平线上辨认出如红色探照灯似的英国炮火闪烁。国王级现代战列舰和战列巡洋舰尤其遭到来自 10000 米外的重击。已有 20 记以上炮击落到舍尔的重舰上；他的舰队中的战列舰不知所措慢行下来，导致他的阵列在后部扎成一堆。五分钟内，舍尔认识到他正在迅速走向被歼。这位德国司令官立即命令除"吕佐夫号"外的他的各战列巡洋舰对英国阵列作"拼死冲刺"。他的众多鱼雷艇也奉命发动全力攻击，并且为主力舰布下浓重烟幕。当"德弗林格尔号"带头作自杀性冲锋而鱼雷艇布下烟幕之际，舍尔命令他的阵列第三次 16 分转舵。到晚上 8 点 59 分，这次海战的白昼阶段已经结束，其时舍尔召回战列巡洋舰。他的鱼雷艇迫使杰利科偏航两分。

然而，德国人尚未脱离危险。到晚上 9 点，在远洋舰队以东约 12000 米，编成七个纵列西向行驶的全联合舰队插在舍尔与其基地之间。假如这位德国海军上将继续朝西南航行，那么两支舰队就可能浴着最后的残余日光，在前方约 9 英里处相遇。可是，由于他朝西行驶的每一英里都意味着返回霍尔恩礁的一英里多的额外航行，因而舍尔改变航线。结果，远洋舰队的两个纵列现正跨越 12 英里外的杰利科舰队的前方。夜幕降临乃是舍尔的首要希望。虽然比蒂的舰只设法在晚上 9 点 23 分对已经受伤的"塞德利茨号"和"德弗林格尔号"发动攻击，但 6 艘无畏级问世以前的战列舰进行反攻，足以阻止对德国舰队的任何追击。战争期间主力舰之间的最后交战于是结束。到晚上 10 点，"乔治五世国王号"与"威斯特法伦号"，英德两大阵列的先驱舰，离航线交会处仅有 5 英里而不自知。极少有客观的观察家能驳斥杰利科的如下宣称："假如其时只是傍晚 6 点左右而非接近黑夜，天色清晰而非浊暗，那么我们本当有第二次特拉法加。"

没有什么比接下来六小时更能显示舰队无法在夜里交战。舍尔相信英国人向东驶离，一去不返，杰利科则认为德国人在前面远方，向西行驶。这位英国司令官全不希望夜战，因为害怕鱼雷，而且无法分辨敌友；别无选择，唯有维持航向，以便照旧横在舍尔与埃姆斯河入海口之间。据估计，拂晓时分将在凌晨 3 点左右。

杰利科和比蒂都相信，舍尔将试图经南线——沿着从埃姆斯河口到雅德河口的北弗里斯兰海岸——抵达本土。然而，这位德国司令官选择了沿石勒苏益格—荷尔施泰因海岸的航线，即从霍尔恩礁往下，经阿姆鲁姆海峡和赫尔果兰岛到威廉港。舍尔无疑害怕英国哈里奇分舰队可能抵达弗里斯兰群岛外。他的战列巡洋舰中间只有两艘——相对于比蒂的六艘——还能作战，而且杰利科已两度近乎对他合上罗网。别无选择，唯有取最短路径回国。晚上10 点刚过，舍尔改成南至西南航向。一小时后，成夜间编列："威斯特法伦号"率领未遭损伤的第一分舰队，随后跟着受创的第三分舰队，殿后的是第二分舰队与两艘战列巡洋舰"德弗林格尔号"和"冯·德·坦恩号"。"塞德利茨号""吕佐夫号"和"毛奇号"已受重创，各自独立前行。舍尔决心不惜任何代价，突破可能的阻碍他归国路途的英国兵力。

与此同时，夜间行动也分成了七个部分。黑暗掩盖下近战的激烈性得到指挥官科贝特证实："顷刻间，只听到呼啸划过和猛烈爆炸的炮弹的咆哮声，只见到炮火闪烁、探照灯柱耀眼和舰只迅速转舵的狂野乱象。此乃老式近距平射战法，双方都几乎不可能脱靶。"在混战中，德国人丧失了轻巡洋舰"弗劳恩洛布号""罗斯托克号"和"埃尔宾号"（后者被"波森号"战列舰撞击）；"拿骚号"遭驱逐舰"喷火号"猛撞。旧战列舰"波美拉尼亚号"同样倒霉：英国驱逐舰在凌晨 3 点左右向它发射鱼雷，舰上人员死亡净尽。英国人丧失一艘轻巡洋舰和五艘驱逐舰。后者的黑漆在夜里特别可见，德国战舰的灰色此后遂被皇家海军采用。"塞德利茨号"和"毛奇号"两舰竟奇迹般地跛行穿过夜间大混乱，尽管已被若干英国战舰瞥见。

对现代读者来说极难置信的是，英德两支主力舰队设法在小于 9 英里的间距上彼此对行，却未见到对方。到午夜时，两支舰队已在沿一个细长的"V"字两边下行。难以理解，舍尔命令第二分舰队前往阵列后部，与此同时杰利科却将他的后部调上来构成舰队前锋。联合舰队享有速度优势，比远洋舰队快1 节。结果，按照吉布森和哈珀尔的说法，杰利科在中午 12 点 30 分抵达"V"字底端的交汇点，比舍尔早若干分钟。"V"字因此成了"X"，而在凌晨 2 点 45分的最初几缕晨光中，舍尔安然处在联合舰队东面，离霍尔恩礁不到 30 英里。大约同时，"吕佐夫号"不得不由一艘德国驱逐舰护送沉入海底。

虽然舍尔在其回忆录中厚着脸皮声称，他到凌晨 4 点 30 分已在霍尔恩礁准备好重开战斗，可是他事实上全无条件和心情去阻截杰利科。恩斯特·冯·魏策克尔在凌晨 4 点写道，德国人仍未明白他们在日德兰半岛水域的成功，昏浊阴暗的天气极其适合他们的计划。只是在被截获的英国信号向差不多已进雅德河入口的舍尔披露没有输掉遭遇战之后，他才下令在舰桥上打开香槟酒庆贺。在他的战列巡洋舰中间，只有"冯·德·坦恩号"适于作战行动，仅三艘轻巡洋舰亦如此。诸艘无畏级问世以前的战列舰全无重开战斗的条件，甚至第三分舰队的最新舰只也需要修理；"国王号"浸水 10 米以上。舍尔的鱼雷艇未收到信号，又在海上继续逗留了 24 小时，而且其中许多不知道英国人已经出海。这很难说是从事一场光荣交战的局面。

另一方面，杰利科到凌晨 4 点 30 分已组成一个更强的战斗阵列，强于 5 月 31 日夜里起初的遭遇战期间的。他的 24 艘毫毛未伤的无畏级战列舰和战列巡洋舰随时可以挑战舍尔的 10 艘准备好作战的重舰。没有什么比两支主力舰队在 1916 年 6 月 1 日上午各自的位置和条件更好地理解海战的结果了。远洋舰队没有冒险出去迎战联合舰队。杰利科在上午 11 点稍后驶往斯卡珀湾；翌日晚上他报告说，联合舰队已准备好接令四小时内出海行动。

并不令人惊奇，德国人试图利用他们的数量上的成功。舍尔宣称，他已摧毁 4 艘主力舰、4 艘巡洋舰和 13 艘驱逐舰。他未能告诉德国人民"吕佐夫号"丧命，此乃一项后来在它丧命的消息泄露出去时显得适得其反的省略。舍尔此后被欢呼为"斯卡格拉克海峡胜利者"，荣获最高功勋勋章（*Ordre pour le Mérite*），并被晋升至海军上将衔级。希佩尔荣获同样的勋章，而且被巴伐利亚国王赐予骑士爵位。威廉二世 6 月 5 日访问舰队，给舰员们广颁铁十字勋章，亲吻大多数舰长，包括舍尔在内。这位君主偏爱"6 月 1 日北海战役"这名称，模仿霍威的 1794 年"光荣的 6 月 1 日"，但最后屈从"非历史的"名称"斯卡格拉克海峡之战"。

总的欣快从德皇（"特拉法加魔法已被击破"）延展到社会民主党人爱德华·大卫（"几世纪以来对英国海军霸权的首次锤击"）。另一方面，贝特曼–霍尔维格据称谴责"难以置信的轻浮举止"，以此批评舍尔在日德兰半岛水域拿舰队冒险。尽管如此,舍尔被广泛欢呼为海军战术大师。然而,我在此必须赞同马尔德尔的看法:"他在日德兰非常非常倒霉,因为每一次他进至英国舰队目视范围内,他都是偶然如此,而且每一次他见到英国阵列对他作'T'形跨越,他都那么惊诧万分"。舍尔可能也这么想。日德兰海战过后不久,他在一次与几位德国高级海军将领的坦率谈话期间,如此评论他在这场海战中的"战略":"处女碰到了事,结果有了婴儿,我也一样。"

诚然,统计数字显示德国明显获胜。英国人丧失了 14 艘战舰(3 艘战列巡洋舰、3 艘巡洋舰和 8 艘驱逐舰),总共 11.1 万吨,相对于德国丧失 11 艘战舰(1 艘战列舰、1 艘战列巡洋舰、4 艘轻巡洋舰和 5 艘鱼雷艇),总共 6.2 万吨。不仅如此,英国人员伤亡达 6784 名官兵,相对于德国的 3058 名。然而,"塞德利茨号"直到 9 月为止一直在修理,"德弗林格尔号"则修理到 12 月为止;无畏级战列舰"国王号""大选帝侯号"和"边疆伯爵号"亦需广泛修装。

英国人 6 月 1 日以后做了重大改变。安全门被安装在弹舱内。新的穿甲弹被送至舰队。舰只防护得到加强。火焰控制得到改善。测向仪被安装在次级炮组上。德国的夜战战术和探照灯获得采用。飞机分派给重舰,以便补偿海战所有各阶段期间总的低侦察水平。

德国人也认识到诸事全不顺利。远洋舰队作战部部长冯·特罗塔海军少将 7 月 18 日叹道,战列巡洋舰"不再可运作"。他指出,第三分舰队的最佳舰只已受重创,拿骚级战舰和"冯·德·坦恩号"的重炮铜钢炮管在战斗期间因为速射内应力而阻塞。不仅如此,特罗塔还承认鱼雷艇航程不够,鱼雷储存不足。

在此重述关于这场海军遭遇战的许多争议领域实属多余。一般公认,希佩尔在该战的起初阶段智胜比蒂一筹,杰利科则两次显得比舍尔高明得多。后一竞斗期间,德舰被击中 70 次,同时击中联合舰队 20 次。英国舰炮设法在 17000 米之遥撂毁克虏伯 11 英寸口径钢炮,德国舰炮则不费力地击穿金属板覆盖的英国 9 英寸口径大炮。

就这场有约 250 艘战舰和 10 万人员卷入的巨型对抗而言,关键在于它未给德意志帝国带来任何战略缓解。日德兰海战与特拉法加海战一样是决定性的，即使俄国照旧与急需的、途经波罗的海的英国供给隔绝。德国人已被逐入本土，一切关于与联合舰队重新交战的想法都等于自杀性出击。事实上，之后远洋舰队只出海了三次：在1916年8月和10月，还有在1918年4月。而且，有如特拉法加海战之后的法国人，德国人现在转向"追捕战"（*guerre de course*），以便最后一次力图甩脱英国海军霸权这个钢枷锁。

舍尔海军上将与任何其他德国海军军官相比，或许更好地认识到了恢复水面作战行动的无益性。1916年7月4日，他向威廉二世提交他对日德兰海战之后海上战争的评估。问题的核心在于，"毫无疑问的是，即使这场战争中一次舰队行动的最成功的结果，也不会迫使英国媾和"。在得出这个结论时，舍尔指出德意志帝国"不利的军事—地理位置"，指出"敌人巨大的物质优势"。他相反回到他在1914年12月已经晾过的一个主题："英国经济生活瘫痪——即依靠潜艇打击英国贸易"。这位德国司令官申明他认识到由于无限制潜艇战而可能与美国冲突的危险，但论辩说只有打出潜艇"王牌"的"充分决心"才能带来渴望的结果。

舍尔1916年7月对德国海军两难困境的冷静概说充分显露了冯·蒂尔皮茨海军上将"风险"理论的破产。这位海军规划大师从一开始就预期战争情况下英国在赫尔果兰湾攻击德国人，或至少设置一种近距封锁。然而，早在1908年，海军司令部参谋长、海军中将弗里德里希·冯·鲍迪辛伯爵就告诫说，英国人将满足于靠后坐，守着进入大西洋的遥远出口；德国将始终需要强行打开前往世界海上动脉的通道。一年后，鲍迪辛的接任者马克斯·费歇尔海军上将恰当地说：

> 说到底，我们正在为前往大洋的通道而战，它在北海那边的入口掌握在英国手里。因此，不管战争可能怎么打，我们基本上都是攻击者，争夺敌人的拥有物。

如同我们已反复见到的，这样的反对观点在"蒂尔皮茨"海军内不被容忍，而且它们的主张者被逐离职位。

鲍迪辛和菲舍尔等人提出的基本问题无法取消,特别是在英国人1912年正式采纳的恰恰是这样的"远距"封锁之后。或许,关于德国海军战略的最著名论撰,是1915年夏天由海军司令部参谋班子驻远洋舰队第一作战分舰队首席参谋沃尔夫冈·韦根内尔海军少校所撰写的。读了他的论撰的至少有远洋舰队司令官冯·波尔海军上将、作战部长汉斯·塞博姆海军上校和海军上校冯·莱费措夫,或许还有特罗塔。

韦根内尔1915年论辩说,与在陆上相反,在海上摧毁敌军不是主要目标;海战只是取得海上通道支配权的手段。由蒂尔皮茨那么热烈地教导的歼灭敌方舰队"一定程度上是个并非有意的附带目的"。韦根内尔提出,英国在前无畏级战舰方面的优势总是会赋予英国一种针对德意志帝国的支配作用。不仅如此,德国相对于英国的海洋地理位置"近似赫尔果兰岛相对于赫尔果兰湾",即"英国仅靠它的地理位置就能封锁我们"。实际上,韦根内尔在此强调了蒂尔皮茨对马汉的误读,后者将前往世界各主要海上动脉的自由通道视作制海权的先决条件。

鉴于德意志帝国的劣势地理位置,韦根内尔提出领土扩张为唯一的解决办法。德国拥有佛兰德海岸就将切断英吉利海峡贸易,而在北方,占领丹麦被称为"必需的军事行动"。德国支配斯卡格拉克海峡将中断英国与斯堪的纳维亚的贸易,并且提供"前往大西洋的出口"。这还不是韦根内尔的全部纲领。他进一步疾呼德国占领法罗群岛,为的是从北面包抄和包围英国,而拥有法国大西洋海岸(布雷斯特和较小程度上瑟堡)以及葡萄牙诸岛、亚速尔群岛和佛得角就将在南面包抄英国。

在此,这一主张本质上已构成第二次世界大战期间埃里希·雷德尔海军元帅夺取挪威和法国大西洋港口的蓝图。然而,韦根内尔认识到,当前的战争只是一场长期斗争的初始阶段,或许是柏林与伦敦之间的"第一次布匿战争"。他惋惜过去的海军建造,将远洋舰队称作"没马的骑手",宣称"片面"集中于赫尔果兰岛与泰晤士河之间的"战役"已负面"影响我们海军力量的错位,甚至我们战舰的建造"。甚于舍尔,韦根内尔要求有速度更快、火力更大的主力舰。

其他海军指挥官也转向了战争得胜情况下可能的海战目的问题。1916年11月和12月，海军司令部参谋长亨宁·冯·霍尔岑多夫应贝特曼·霍尔维格要求，起草了海军首项全面的战争目的纲领。它无疑表明，德国照旧牢固地怀抱"世界政策"。霍尔岑多夫界定了德意志帝国在其中将必须取得新领土的五个地区。在欧洲，他谋求兼并带有布鲁日、奥斯坦德和泽布吕赫三港口的比利时海岸，带有利耶帕亚和维恩道尔的库兰海岸，波罗的海的穆胡岛和欧塞尔岛，还有丹麦的法罗群岛，它们将"为我们打开前往自由大洋的通道，［并且］构成英国支配性的海洋地理情势的第一个缺口"。霍尔岑多夫是否也读过韦根内尔的论撰？在大西洋地区，霍尔岑多夫珍爱在达喀尔或佛得角群岛和亚速尔群岛的海军基地。这些基地（Stützpunkte）将起到补给站的重要作用，服务于最终将被创建的德属中非殖民帝国的诸前沿堡垒。在远东，这位海军上将希望获得塔希提岛，而在西印度洋，他谋求马达加斯加，连同在东印度洋的荷属大群岛之一。最后，在地中海，他渴望阿尔巴尼亚海岸的发罗那港，连同与奥匈帝国连接的一条陆带。冯·蒂尔皮茨海军上将核准这个纲领，将德国保有比利时称作"基石，在其上能够建设一种德国世界权势，这种权势同于盎格鲁-撒克逊人和俄国人所拥有的"。陆军元帅保罗·冯·兴登堡以及陆军上将埃里希·鲁登道夫将霍尔岑多夫的要点纳入他们自己的战争目的纲领。

然而，首先必须要打败英国。1916年8月19日，海军上将舍尔决定远洋舰队出海，以便像马尔德尔称的那样"蒙眼瞎抓"。日德兰海战往后，舍尔弃置老旧的德意志级战列舰，在仅有战列巡洋舰"毛奇号"和"塞德利茨号"可用的情况下，将他的三艘无畏级战列舰——包括新的"拜仁号"——附加给第一侦察分舰队。最后，舍尔决心绝不再盲目地撞向联合舰队，因而发誓没有他的齐普林空中侦察飞艇就不出航。

8月19日作战计划基本上与1916年5月的一样，"轰击桑得兰，迫使英国舰队出来，并向世界显示德国舰队的不可破的实力"。24艘潜艇将参加这行动，与此同时10架海上飞机将构成舰队之"眼"。然而再次，在8月18日，伦敦的40室截获德国信号，联合舰队赶在德国人之前几小时出海。杰利科这次指挥29艘无畏级战列舰和6艘战列巡洋舰，针对舍尔的18艘无畏级战列舰和 2 艘战列巡洋舰。

8 月 19 日一早,舍尔的侦察除困惑外一无所获。早晨 7 点 30 分,齐普林飞艇 L13 报告说提尔维特准将的哈里奇分舰队轻舰在南面 120 英里,方位西南。此后两次,潜艇 U53 报告说主力舰向北行驶。更糟的是,到上午 10 点 50 分,海上飞机 L31 通知舍尔联合舰队正在向东北航行。所有这些互相冲突的报告向舍尔提示英国人在驶离他,而非像事实上那样在从北面以及南面向他靠拢。于是,这位德国司令官继续朝桑得兰进发,而且在 8 月 19 日中午左右驶入离惠特比约 100 英里的海域。

下午 1 点 3 分,舍尔从飞艇 L13 收到令人兴奋的消息:一大支"有约 30 艘舰只"的敌方兵力正从南面驶来。再一次,德国舰队指挥官中间期望飙升,以为联合舰队的孤立的舰只将在光天化日之下被逮个正着。舍尔迅速放弃他的轰击桑得兰的计划,在下午 1 点 15 分命令舰队向东南方行驶,以便截击英国重舰。

事实上,舍尔现正追击一支"幽灵分舰队",因为哈里奇分舰队未伴有战列舰。不仅如此,大约同时,提尔维特已放弃搜索德国人,转身回国。于是,舍尔深入外海,航向东南。下午 3 点 13 分时,他从潜艇 U53 得到准确消息,说联合舰队正从北面向他压来,大约 65 英里远,此时他必定极为吃惊。没有其他的选择,他只有在杰利科能将联合舰队插入他与他的基地之间之前尽快驶回本土。仅 U66 和 U63 设法与英国人发生接触,后者派遣了携带 4 枚鱼雷的轻巡洋舰"法尔茅斯号"。

天意再次惠顾舍尔。假如飞艇 L13 未发出错误信号,报告重舰正从南面驶近,那么德国人就会在桑得兰海岸外被杰利科套进罗网。

但舍尔并不气馁,在 9 月里试图对英国海岸发动另一场袭击,但那个月里自始至终的恶劣天气以及无限制潜艇战在 10 月 6 日的恢复妨碍了这一举动。最后,10 月 18—19 日午夜,虽然失去了从事掩护的潜艇,舍尔仍再度出动,驶向多格浅滩东面的英国海岸;10 架海上飞机掩护他的推进。再一次,英国人在远洋舰队离港以前,获悉了那天经规划的德国出击,但这回杰利科选择锚泊不动,坐等德国的行动计划。

舍尔在 10 月 19 日中午抵达多格浅滩,但未见到敌方水面舰只。轻巡洋舰"慕尼黑号"被英国潜艇 E38 击伤,见不到敌人,而且舍尔可得的情报使他相信英国人知道他的位置。他转身驶回本土。直到 1918 年 4 月为止,远洋舰队作为一个整体不再冒险出海。甚至运气看来也遗弃了舍尔。1917 年 11 月3 日,当他派 5 艘主力舰去解救在北日德兰陷于浓雾而不知所措的两艘潜艇时,舍尔招引上灾难:在状况恶劣的海面,他的两艘战列舰被英国鱼雷击中。威廉二世发怒,斥责他的舰队司令"拿一支分舰队冒险……为的是拯救两艘潜艇"。显然德国海军只剩下潜艇"王牌"了。

1916 年夏秋两季,关于恢复无限制潜艇战的辩论变得激烈了。舍尔依然固守他的信念,即水下战争应当要么全力进行,要么全不从事;后一情况下,潜艇可被腾出来协同舰队使用。或许最曲折多变的是海军上将冯·霍尔岑多夫在这方面起的作用。1916 年 6 月 10 日,霍尔岑多夫设法说服威廉二世到 7月 1 日开始潜艇战,但这位君主再度不能坚执自己的决定。三天后,霍尔岑多夫同意贝特曼-霍尔维格的看法,即水下攻势不符合德国的最佳利益,然而两周内,这位海军司令部参谋长再度提议帝国大本营抓住主动权,发动一场全力的水下攻势。到 7 月,霍尔岑多夫已赞成只在英吉利海峡进行无限制潜艇战,而最后在 11 月 6 日,他宣布按照"巡洋"法即捕获法在 9 天内恢复水下战。

这个决定未令任何人愉悦。舍尔、特罗塔和莱费措夫以最卑劣的方式,诡谋反对摇摆不定的霍尔岑多夫,且不惮于召集皇后和威廉的皇家典礼官厄伦伯格伯爵到他们旗下。最重要的是,舰队将领们急切地招引兴登堡和鲁登道夫的青睐,以便推进他们的要求无限制潜艇战的努力。甚至经选中的帝国议会代表和右翼报界成员也被提供绝密信息,为的是赢取公众支持新战术。

或许,有利于所提议的水下战争激进操作的最强有力论辩,是潜艇在正进行的捕获战中的低收益和相伴的高风险。据德国估计,1916 年最后四个月里被摧毁的敌方航运令人乐观地在 40 万吨左右,亦即英国人 200 万吨航运的一个净损失（18.5%）,或者说等于 1914 年以来伦敦政权从中立者夺取或从外国政府购买的货物总量。不仅如此,虽然 1916 年最后一个季度的损失不足每月

2%,但至关紧要的统计是英国 1916 年期间的进口未从 1915 年 4600 万吨的水平跌落。只是在地中海才有理由惊恐:协约国的损失据估计 1916 年下半年为 62%,同时在航经地中海的所有船只中,32% 被击沉海底。那年下半年,德国损失 15 艘潜艇。

尽管大多数高级海军将领论辩说只有潜艇才能令"背信弃义的英国佬"屈膝就范,但若干有前线经验的著名的低级军官以及文职领导人告诫不得采取这么一种方针。其中大多数人论辩手头根本没有足够的潜艇去实现海军的许诺,即在六个月里用饥饿来逼迫英国屈服。海军少校冯·魏策克尔提醒说无限制潜艇战是"愚蠢"的,告诫海军上将冯·特罗塔这么一个步骤"照旧是德国反对半个世界的一种孤注一掷的赌博"。1916 年秋,魏策克尔给国内写下了下面一席话:

> 执行军官们闲坐,进食,饮酒,玩政治,搞诡计,甚而相信他们以肮脏手段试图导致采纳无限制潜艇战的行为乃是爱国。潜艇战被设想来遮掩舰队建造和舰队战时部署方面的愚蠢。[执行军官们的]坏良心在这为之从事的违禁宣传中浮现出来。

贝特曼-霍尔维格的女婿尤利乌斯·冯·策希·冯·布尔克罗达伯爵支持这一看法,表示希望水下攻势不会标志"德意志帝国的灭亡"。而且,宰相的心腹库特·里茨勒在其日记内提到等待这"黑暗里的一跃"的"可怕厄运"。里茨勒最怕经英国的远距封锁,欧洲大陆大部分到 1918 年将被带至饥荒边缘,而英国凭美国援救将在同一年得胜,尽管有潜艇。这被不幸言中。

就随后的事态进程而言,意义大得多的证明是若干长篇备忘录,那是在海军司令部参谋班子成员库特·格拉斯霍夫海军上校和恩斯特·范塞洛夫海军少校指导下准备的。它们当中最著名的系由理查德·富斯博士起草,此人是来自马格德堡贴现公司的一名银行家。正是富斯 1916 年 12 月按照霍尔岑多夫的要求,估算英国在因缺乏至关紧要的进口而崩溃以前,只能抵挡六个月的无限制潜艇战。富斯的一名同事赫尔曼·莱菲教授同意这一点,指出小麦进口是英国经济的阿喀琉斯之踵。这两个据称的专家的发现被转交给贝特曼-霍尔维格，后者要求它们保持绝密。然而，海军上将冯·米勒将它们散发给了不少于228个军事岗位；总计起来，这些报告的差不多500个副本在陆海军将领们中间流传。

1916年12月22日，海军上将冯·霍尔岑多夫将富斯和莱菲等人的观点纳入那导致宣布无限制潜艇战的著名文件。两个关键点在于英国控制的商船航运的终极吨数，还有那个岛国可得的世界小麦总产量百分比。霍尔岑多夫估计，1916年世界小麦产量低于正常产出9%；1916年12月1日这一关键谷物的英国供给据估计足以供15周之用，而从1917年2月至8月，约220万吨小麦将须进口，依凭110万吨商船航运。经断定，虽然英国拥有约2000万吨航运，但只有约1065万吨被部署来供给英国。

因此，德国分析家们计算，如果在无限制潜艇战的头两个月，每月能有60万吨被摧毁，而且接下来四个月里每月能有约50万吨亦如此，那么英国可用于食物进口的航运吨数将"最终和不可替代"地跌落40%。难以置信，美国作为一个经济或军事因素被略去不计。小麦锈病将严重减损美国的收成，潜艇将阻止任何美国部队在欧洲登陆，39艘美国海军主力舰则被当作一个可以忽略的数目略过。来自驻中立国使节的报告告诫说全面潜艇攻势将促使这些国家削减对德食物输送，甚或考虑采取对德敌对行动，但这些报告被格拉斯霍夫海军上校斥责成"头等失败主义"。

1917年1月9日，恢复无限制潜艇战的决定在位于普勒斯的帝国大本营作出。霍尔岑多夫重申包含在12月22日备忘录中的各基本点，冯·莱费措夫海军上校则"以好良心对舰队保证"潜艇能够每月摧毁50万吨航运。兴登堡和鲁登道夫强调，海军的主动行动将减抑美国给协约国的军火递送。贝特曼-霍尔维格虽然深切担忧该决定的外交后果，但也投票赞成新的海军战术。可是，这位宰相清晰地预见到"美国参战"，那是莱费措夫当作"对舰队没有任何重要性"而拒斥的。鲁登道夫也料到美国成为交战国，但准备"接受这一风险"。当威廉二世同意他的陆海军干将时，问题得到决定，这位君主还补充说他"充分预料美国参战"，但这对斗争的结局来说"不相干"。

海军上将冯·蒂尔皮茨、冯·希佩尔和佐雄热烈赞同最近的海军行动,相信对商业的大规模水下攻势将结束战争,在美国能以足够的兵力进行干涉以决定性地影响结果以前。当然,他们全都未能猜想到俄罗斯帝国将在水下战役开始(2 月 1 日)几周内(3 月 12 日)崩溃,也未能猜想到美国会在几周后(4 月 6 日)对德意志帝国宣战。

我们今天知道,德国的谋算忽视了若干重要的政治因素,而且它们还在其经济要素分析中聚焦狭窄。德国海军领导人未能认识到尤其是美国的巨大造船潜能。他们像卡尔·黑尔费里希早在 1916 年就指出的,忽视了英国可得的航运总吨数。他们对英国为维持它的工业和喂养它的臣民究竟每月需要多少船只没有清晰的概念。他们过分强调小麦的重要性,未能注意到其他谷物可以取代。由于他们的英国"国民性格"观念,他们从未想象配给制将被设立起来。他们没有预见到英国通过将还未充分开发的土地和资源投入生产,能够增加它的食物产出。他们没有认识到伦敦政府可以严厉规制价格,相信国际食品价格将会飙升,直到英国不再能付得起为止。他们还觉得航运和保险率肯定会变得支付不起,特别对中立国来说更是如此。最后,他们没有将可得的谷物储备考虑进来,而例如美国就拥有足够的供给去涵盖协约国由于 1916 年歉收而导致的亏空。

尽管有种种明显的错误,德意志帝国仍在 1917 年 1 月 9 日决定进行大规模水下攻势来攻击一切商业,意在经每月击沉 50 万—60 万吨商船航运,到 1917 年 8 月令英国屈膝。海军领导人怀抱六个月内战胜英国这渺小的希望,蓄意选择一种肯定将使世界主要中立国变得敌对的战术。这就是德国 1917 年初的胜利蓝图。在"斯卡格拉克海峡胜利者"的领导下,潜艇战(Kleinkrieg)在战争第四年已显然胜过大海战(Grosskrieg)。

北海对面,1916 年以一些重大人事变动结束。11 月 22 日,杰利科接受首席海军大臣职位;同一天,比蒂被给予联合舰队指挥权。还有,12 月 7 日,大卫·劳合·乔治为首的一个新联合政府在伦敦开始执掌大权。巴尔福作为海军部首席大臣被易变不定的爱德华·卡尔森爵士取代。因而,1916 年结束时,有了在伦敦的新的政治及海军领导,连同在柏林的新的海军战术。然而,在我们见到这些事态将如何塑造 1917—1918 年的战争进程以前，将史述转一下方向是有益的，以便分析德意志帝国希冀用来在大战中令战局不利于协约国的武器装备，并且弄清德国的计划制定者们究竟在何种程度上设法固守蒂尔皮茨的总规划的。

第十章 "实验博物馆"

战列舰时代的终结(1914—1918)

  像我们已见到的,大战令德国海军极度失衡和缺乏准备。3 艘国王级战舰 1914 年 8 月间仍在建造,到 11 月作为"国王号""边疆伯爵号"和"王储号"加入舰队,从而使德国拥有 17 艘现役无畏级战列舰。就战列巡洋舰而言,图景甚至更暗淡。只有 3 艘这类舰只,即"毛奇号""冯·德·坦恩号"和"塞德利茨号"在内海可用;第四艘即"戈本号"被不可挽回地丧失在地中海。3 艘德弗林格尔级战舰也在建造:"德弗林格尔号"1914 年 9 月、"吕佐夫号"1915 年 8 月、"兴登堡号"1917 年 5 月加入舰队。不仅如此,只有 4 艘装甲巡洋舰可在北海用于执行任务("布吕歇尔号""阿达尔贝特亲王号""鲁恩号"和"约克号"),同时其他两艘("格奈森瑙号"和"沙恩霍斯特号")在海外。据 1912 年增补法案设想的舰队充足实力为 41 艘战列舰和 12 艘战列巡洋舰,而其中到 1914 年底可用来对抗英国皇家海军的仅有 17 艘战列舰和 3 艘战列巡洋舰。

  海上战争被证明是残酷的。无畏级问世以前的战列舰尤其显出高伤亡率,因为它们在水下易受伤害。旧战列舰"波美拉尼亚号"连同战列巡洋舰"吕佐夫号"葬身于日德兰半岛水域,而在 1914—1915 年间德国丧失 6 艘装甲巡洋舰("布吕歇尔号""卡尔亲王号""格奈森瑙号""阿达尔贝特亲王号""沙恩霍斯特号"和"约克号")。13 艘轻巡洋舰也在大战头两年里毁灭。

  除了 3 艘国王级和 3 艘德弗林格尔级战舰,德国 1914 年 7 月间还有 3 艘在下水滑道上的拜仁级战舰("符腾堡号"将于 1915 年 1 月开建),而 4 艘马肯森系列的战列巡洋舰的建造订单也在 1914 年 8 月至 1915 年 4 月下发。不仅如此，现在还需要替换在海上丧身的装甲巡洋舰和轻巡洋舰，连同一批鱼雷艇和为扫清前往威廉港的通道所需的扫雷舰。由于英国 1914—1915 年突入赫尔果兰湾的大胆袭击，对用于侦察的飞艇和海上飞机的需要突显出来。要求潜艇的愈益高涨的呐喊也无法置之不理，特别是鉴于远洋舰队无所事事的现状。最后，为装备和补给一支有差不多两百万人的陆军所需的巨量开支，尤其在所谓"兴登堡计划"于 1916 年启动之后，海军规划者不得不断重新审视他们的战时造舰政策。

海军部以及远洋舰队完全明白，战争期间作出的任何决定都将严重影响未来的造舰计划。基于 1912 年增补法案，他们估算海军在 1913—1917 年期间每年将需要一艘无畏级战列舰和一艘战列巡洋舰，外加 1913 年和 1916 年里一艘额外的战列舰。到 1915 年 2 月，战争将在 1914 年圣诞节前结束的预期已被证明虚妄，柏林遂决定着手替换至此丧失了的 5 艘装甲巡洋舰和 7 艘轻巡洋舰。这项决定在是年 10 月得到强化，其时英国潜艇 E8 在波罗的海用鱼雷击中装甲巡洋舰"阿达尔贝特亲王号"。威廉二世立即命令战列巡洋舰替换，每艘计划耗资 7200 万金马克（"阿达尔贝特亲王号"起初在 1900—1904 年的成本为 1600 万金马克）。这位德皇渴望将舰炮改成英国的 38 厘米口径重炮，而远洋舰队司令冯·英格诺尔海军上将却偏爱惯常的 30.5 厘米口径火炮。最后搞出了一个妥协解决：35 厘米口径大炮。

然而，两方都不对宰相抱有期望。贝特曼-霍尔维格现在恢复了他 1912 年反对海军开支的故态，并且发现了一位热烈的支持者：财政国务秘书汉斯·德尔布吕克。他俩都援引德国人民中间对海军发展特别是对远洋舰队无所事事的普遍失望，以此来对抗海军的论辩。冯·霍尔岑多夫海军上将也在 1915 年 12 月告诉威廉"德国人民对需要一支强大的海军的信念动摇不定"。不仅如此，这位海军司令部参谋长告知威廉舰队缺乏信心，对迄今的造舰把握不定。"海军部的战舰要么速度快但火力不足，要么有良好的舰上火炮但速度不快！"不足惊奇的是，君主决定重启他长久钟爱的项目，即一种"柴油驱动与快速战列巡洋舰的混合物"，换言之后来的"装甲舰"（Panzerschiffe）式"快速战列舰"("袖珍"战列舰)。最重要的是,他要求海军部规划者们有更大的想象力。

与之相反,"想象力"来自北海对面的海军上将菲舍尔,他 1914 年 10 月被召回,担任首席海军大臣。菲舍尔开发了浅吃水的"秘密"战列巡洋舰"光荣号"、"勇气号"和"暴怒号"(被戏称为"虚伪号"、"蛮横号"和"滑稽号"),以用于他钟爱的、沿距离柏林仅 90 英里的波美拉尼亚海岸登陆的计划,那是 1761 年俄国人行动的重演。即使比蒂也对这些"旋转木马"心存怀疑,与此同时它们在联合舰队内被普遍视为"白象"。然而,菲舍尔心里甚至想着一种"更大、更好的"战舰级别,即无与伦比级。德国潜艇击沉 4 艘巡洋舰令他大怒。"死的人竟比纳尔逊勋爵在他所有海战中一共加起来的还要多!"新舰将装备 50.8 厘米(20 英寸)口径巨炮,给予 35 节最高航速,但菲舍尔 1915 年 5 月去职令此项目被取消。最后的英国战列巡洋舰主级别(胡德级)在 1915 年规划,由排水量 36000 吨的战舰构成,最高速 31 节,装备 8 门 38 厘米口径重炮。

官方及公众对进一步造舰的反应令冯·蒂尔皮茨海军上将大为不安。广泛的共识是要维持一个三分之二煤驱动对三分之一油驱动的比例,因为舰舷煤仓将提供必不可少的保护,特别对战列巡洋舰来说是如此。帝国干船坞无法容纳吃水线高过 9 米的舰只,这意味着排水量的任何增大将不得不由舰长和舰宽的增加去补偿。反过来,这样的增加引起新麻烦。威廉港的船闸在高水位时仅允许舰宽 30—31 米,而按照舍尔海军上将的说法,吃水 10 米排除了在易北河以及其他河流入口航行的可能性。最后,霍尔岑多夫提出了一个正当的问题,从而加剧了整个造舰两难境地,那就是在只有潜艇看来能击败英国的时候,任何金钱、时间和能量是否应当被花费在主力舰上。于是,大海战对潜艇战、马汉对奥伯这棘手问题再次被拿出来置于光天化日之下。

难以摆脱的财政难题也再度发生。据估计,排水量的任何增长都将使花费约 5000 万金马克成为必然,以便扩大现存的运河和港口设施。另一方面,海军依然期望战争在 1917 年前结束,从而整个 1916 年始终付诸实践的造舰计划可以戛然而止。英国维持一支 3000 人的力量去建造一艘战舰的舰体,而德国却只有 1000 人在同一行当。

日德兰海战证明了德国重舰的耐久力以及绝佳火力。然而，它丝毫未改变战斗双方的战略。1916 年 7 月初，舍尔向威廉汇报说，只有改善主力舰的最高速（无畏级战列舰 28 节，战列巡洋舰 32 节）、重炮（狂怒级的 43 厘米以上口径火炮）和堡式装甲，才使他能够在未来迎战皇家海军。

困惑和怀疑继续折磨德国海军规划者。海军部的黑宾豪斯海军上将固守"风险"理论，要求更好的装甲，而非舍尔所要求的更快的速度。黑宾豪斯同样拒绝舍尔的总的进攻战略，将在北海的英国海岸外的出击称作"骑兵的大胆技艺"。1916 年 8 月在一次参谋会议上，取代蒂尔皮茨担任海军部国务秘书的冯·卡佩勒海军上将决定保留战列舰和战列巡洋舰，但规定远洋舰队摒弃任何老于拿骚级的舰只；他拒绝搞超过 38 厘米口径的海军舰炮。最后，他命令以每年两艘的速率建造主力舰，首先 8 艘战列巡洋舰，继而 4 艘无畏级战列舰，此后只造战列巡洋舰。当然，这个决定摒弃了蒂尔皮茨的 60 艘战舰总规划。此外，它不合舍尔之意，后者再次要求更快的速度、42 厘米口径舰炮和战列巡洋舰建造优先。1916 年 10 月，在审议究竟赞同 38 厘米还是 42 厘米口径重炮上面，远洋舰队和海军司令部参谋班子都未被咨询，而且卡佩勒单方面规定德国将不建造任何排水量超过 41000 吨——或曰 235 米长、31 米宽、吃水 9.8 米深——的主力舰。港口、船闸和运河的扩展被一劳永逸地排除。

1916 年 10 月，战列舰"巴登号"加入舰队。除了继续建造最后两艘拜仁级战列舰（"萨克森号"和"符腾堡号"）以外，战争其余时间里德国船坞在主力舰建造方面集中于马肯森级战列巡洋舰。这些战列巡洋舰沿德弗林格尔级起始的方式继续下去，除了它们的武器将升级至 35 厘米口径舰炮，以便对付英国在伊丽莎白女王级上改装的 18 英寸口径舰炮。像在德弗林格尔级上面一样，将装配重炮，而次级炮组将由 14 门 15 厘米口径和 8 门 8.8 厘米口径（防空）舰炮构成。而且，尽管事实上在战争头两年里，没有一艘主力舰设法发出过单独一次像样的鱼雷打击，可是仍然决定保留 5 根水下 60 厘米口径鱼雷发射管。

"马肯森号"1917 年 4 月下水，注定要被拘押在斯卡珀湾。然而，它在

1918 年 11 月表现出适航性差,"巴登号"遂取而代之:"马肯森号"1921 年被卖给拆毁商。"代号弗雷亚"舰将被命名为"艾特尔·弗雷德里克亲王号",1920 年 3 月下水,被船厂工人,以社会民主党籍国防部长古斯塔夫·诺斯克之名,称作"诺斯克号",它在 1920—1921 年间被凿毁。"斯佩伯爵号"1917 年 9 月下水,1921 年被卖给拆毁商。"代号弗雷德里克·卡尔"舰原打算被命名为"俾斯麦亲王号",但 1922 年时被拆毁在下水滑道。战争结束时,这些舰只距离完成建造,最早的尚有 12 个月,最晚的则有 26 个月。已现成可用的重炮,被部署在佛兰德,某些被安装在铁路车厢上,作为可移动的重炮组。按照布雷耶尔的说法,马肯森级战舰标志着在走向"快速战列舰"道路上迈出的第一步。

最后被规划的战列巡洋舰("代号约克"舰)起初打算充作马肯森级战舰的组成部分。可是,德方一旦得知英国就声望级战舰再度改用一种更大口径的 15 英寸(38 厘米)重炮,便决定尾随英国,于是战舰定单于 1916 年下发,当时甚至连设计都没有完成。建造"代号约克""代号格奈森瑙"和"代号沙恩霍斯特"舰的工作 1916 年开始,但战争结束时这些舰只离完成至少还有 26 个月;它们全都被拆毁在下水滑道。

给这三艘战列巡洋舰作的具体规定与给马肯森级作的差不多,唯重炮、7500 万金马克价格标签和燃煤与燃油海军锅炉均等设置例外。有意思的是,此乃采用单烟囱战舰的首个德国设计。再度就单独一艘战舰("代号格奈森瑙"舰)设计的柴油发动机被装入大型商用潜艇(U151—U154)。

1917—1918 年间的德国主力舰建造和规划摇摆放慢,最后停了下来。起初,尽管 1917 年 2 月 1 日恢复无限制潜艇战,但建造三艘战列巡洋舰的工作继续进行。在海军部,未来战舰的设计业已就绪,没有远洋舰队的咨询或同意。德皇 1918 年 1 月重申他的二十年之久的呼吁,即要有一个统一的"快速战列舰"级别,而海军上将冯·霍尔岑多夫两个月后甚至考虑改用克虏伯 50 厘米口径巨炮。可是,德国工业根本没有条件去给主力舰建造所需的供给,而且随愈益增长的陆军需要,海军到 1916 年秋已不得不停止建造"代号沙恩霍斯特"舰。"萨克森号"和"符腾堡号"的可用日期依然"不知",只有"斯佩伯爵号"有 1500 名工人正准备其建造完成。令人难以置信的是，到 1918 年 6 月，紧随陆军在法国的胜利推进（"迈克尔"攻势），海军部已再度搞成了一项重大的主力舰计划，生怕英国人可能试图孤注一掷地出击远洋舰队，以便补偿在西线遭受的逆境。然而，协约国在法国的反攻很快打消了此类想法，而且到 1918 年 10 月，战局即将被扭转。不仅如此，威廉二世现在怒"不可遏"，反对舰队的要求，斥之为"太庞大，太花钱"。

总的来说，大战期间，在就战列舰建造与潜艇战进行的辩论中，德国海军军官团大致分为四个不同派别。首先，有些人支持蒂尔皮茨到底，死守马汉的战列舰战略。接着，还有一个截然相反的群体，主要是年轻军官，他们将潜艇视为德国对抗英国水面舰只优势的唯一希望。其余的分成两个折衷派别，一派想要主力舰和潜艇两者同时发展，另一派则希望仅在战争期间暂时侧重于潜艇，战后重返主力舰建造。

另一方面，关于德意志帝国建造更多轻巡洋舰的需要，没有引发论辩。这些舰只当中有 13 艘在战争头两年里丧失，而鉴于海军对鱼雷攻击的持续恐惧，它们的缺失给远洋舰队造成一种危险，因为严重削弱了它的反鱼雷屏障。

1915—1916 年间，两艘轻巡洋舰"牛虻号"和"大黄蜂号"建造出来，专门作为布雷舰；它们载有四门 15 厘米和两门 8.8 厘米口径舰炮、两根 50 厘米口径甲板鱼雷发射管和 400 枚水雷。它们在 1916 年加入舰队，后来被拘押在斯卡珀湾。

最后一大系列德国轻巡洋舰为哥尼斯堡二级，1914—1917 年建造。它们大于其先驱，排水量 5440 吨，装配的 15 厘米口径舰炮数量较其先驱多一倍，但载有的水雷仅为其一半。它们全都被分派给舰队去执行任务，后来被拘押在斯卡珀湾，唯被交给法国的"哥尼斯堡号"除外（表格 27）。

最后一个系列的轻巡洋舰（科伦级）在 1914 年设计，但只有两艘（"科伦二号"和"德累斯顿二号"）建造完成。它们与哥尼斯堡二级几无区别。这两艘舰都被分派给远洋舰队，后来被拘押在斯卡珀湾。另外的 8 艘在 1920—1921 年被出售以拆毁。

潜艇战的急需，加上在赫尔果兰岛附近海域的紧要航道清除英国水雷的需要,促使帝国海军继续建造大小型鱼雷艇。包括 1913—1914 年间在下水滑道上的在内,帝国建造了 234 艘此类舰艇(实际战争年头里仅 174 艘)。1914年,汉堡的布洛姆/福斯公司在下水滑道上有 6 艘为俄国海军建造的大型诺维克级驱逐舰。它们成了德意志帝国海军的首批真正的驱逐舰,而且战争爆发之际,总共有 12 艘正在为外国建造的大型"T"舰船被柏林夺取。俄国舰船 B97—B98 和 B109—B112 都在斯卡珀湾自沉。

到战争结束时,典型的德国鱼雷艇正在过时,它们的排水量在 500—600吨之间,装配有 8.8 厘米口径机炮。或许因为它们没有在舰队交战中兑现海军部对它们的极高期望,大型鱼雷艇变成时髦,而且德意志帝国尾随英国。基尔的霍瓦尔特公司 1917 年开建 H145 系列,排水量 1147 吨,涡轮机驱动,纯燃油,装备有 3 门 10.5 厘米口径机炮、6 根 50 厘米口径鱼雷发射管和 40 枚水雷。埃尔宾的希乔公司在 1916 年和斯德丁(什切青)的伏尔甘公司分别开发了 S113 和 V116。它们是 2400 吨的领军艇,装备有 4 门 15 厘米口径艇炮、4根 60 厘米口径鱼雷发射管和 40 枚水雷。这些在当时是世界上最大和最强的"驱逐舰"。然而,它们证明上重下轻,在公海里摇摆严重,而且试验期间远达不到合同规定的速度。

到 1915 年,潜艇战的愈益提升的要求还促使柏林定购约 200 艘扫雷舰。英国到 1917 年秋季已将约 51000 枚水雷布入北海,并且仅在 1917 年最后一个季度里就添上 10000 枚新型"H"水雷。这种饱和状态被远洋舰队感受到。1914 年 11 月,装甲巡洋舰"约克号"在席利格停泊地撞上德国水雷沉没,300人沉入海底。装甲巡洋舰"弗雷德里克·卡尔号"同一个月里在梅默尔海岸外损毁,轻巡洋舰"但泽号"和"吕贝克号"则于 1915 年在波罗的海撞上水雷,继而不得不被拖回本土;"不来梅号"没有这么幸运,伴着严重的人员伤亡沉入海底。在日德兰半岛水域,战列巡洋舰"塞德利茨号"以及轻巡洋舰"格劳登茨号"撞上水雷,前一艘已被联合舰队重创;可是,这两艘战舰设法蹒跚驶回港口。1918 年 1 月,轻巡洋舰"斯特拉尔松号"也撞上水雷,最终抵达了港口。总的来说,1917 年秋季引入"H.II"——"丝毫不差地"模仿自一枚缴获来的德国"蛋"水雷——以前,英国水雷没有德国型号那么好。柏林的一项估计声称,英国水雷的差不多67%由于种种不同原因而未能在撞击时爆炸;德国舰船经常将捕获的英国水雷堆在甲板上当作纪念品。德国优越的水下防护和较完全的防水分仓(因为船体较宽而可以实现)说明了撞上水雷之后德国舰船中间有高生存率的原因。

英国早早锁闭了多佛海峡,用的是英吉利海峡舰队和一个以9500枚水雷布成的雷阵。苏格兰与挪威之间的海域宽约250海里,深近180米,需要约40万枚"H"水雷去锁闭,然而,1917年引入优越的美国"触须"水雷将这数目减少到10万枚,或只需7万枚这种新型水雷就可锁闭挪威至苏格兰东北部奥克尼群岛之间的地带。总的来说,在1914—1918年间丧失的舰艇中间,所有国家的水雷导致的被毁数为78艘战列舰和巡洋舰的23%、120艘驱逐舰的57%和170艘潜艇的27%。

战争第一年里,在英国水域的德国水雷主要由远洋舰队在11月和12月的两次袭击中布下。"斯特拉尔松号"在雅茅斯海岸外布下约120枚水雷,被潜艇D5撞上;"科尔堡号"在斯卡伯勒海岸外布下100枚水雷,毁了约20艘小舰船;"柏林号"在爱尔兰西北海岸外的200枚水雷,被斯威利湖附近的战列舰"大胆号"以及两艘辅助巡洋舰和某些护卫舰撞上。1915年夏季开始,德国辅助巡洋舰和潜艇进入图景,而专门为布雷建造的轻巡洋舰"大黄蜂号"和"牛虻号"却从未以这方式得到恰当部署。远洋舰队脱离布雷工作,只在赫尔果兰湾周围以及往西远至多格浅滩设置了几条雷带。仅有鱼雷艇驻扎在佛兰德,以便在英国水域布雷。提尔维特海军准将将水雷视为"明显的野蛮",在1914年8月哀叹道:"北海对游艇行驶安全无恙以前,将有好几个月时间被花费在清除水雷上!"

尤其要注意的是在佛兰德外面执行任务的"UC"布雷潜艇。这些170吨的舰艇每艘在前舱携有12枚水雷,从1915年6月到战争结束设法在英国水域布下了近1000个障碍。辅助巡洋舰"流星号"1915年8月在北海马里湾外布下374枚水雷,净赚一艘驱逐舰和若干扫雷舰。讽刺性的是,该海湾没有反潜装置,而杰利科通过廓清边侧航道,将"流星号"水雷用作针对潜艇的防护。"海鸥号"1916年1月在斯卡珀湾以西的冰水区布下252枚水雷;老旧战列舰

"爱德华七世国王号"成了这雷阵的受害者。1916年6月在奥克尼群岛外,有基钦纳勋爵在舰上的装甲巡洋舰"汉普郡号"沉没于一个水雷阵;同一年里,巡洋舰"水神号"同样在英国水域沉没。1917年5月在布雷斯特港外,作为德国水雷的一个战果,法国丧失装甲巡洋舰"克莱伯尔号";美国也因德国水雷丧失装甲巡洋舰"圣迭戈号",而战列舰"明尼苏达号"被德国"蛋"击伤。在北海被毁的英国潜艇大多毁于水雷;可能最后的、1918年8月间的受害者是驱逐舰"愤怒号"和"羚羊号"。

地中海亦有其索命:战舰被水雷击沉。就无畏级问世以前的战列舰而言,协约国1915年3月强行通过达达尼尔海峡的企图证明代价极高:英国丧失战列舰"无抗号"和"大洋号",与此同时战列巡洋舰"不屈号"在撞上一枚水雷之后不得不退出战役;法国丧失战列舰"布弗特号",约一分钟内舰上600人丧命。1916年12月,意大利战列舰"玛格丽塔女王号"撞上它自己的水雷,在法罗拉海岸外沉没,还有1917年初,俄国海军因为德国UC潜艇布下的一枚水雷,在塞得港外丧失战列舰"佩列斯维特号";4月里,英国战列舰"拉塞尔号"由于类似的原因,在马耳他岛外被毁。1916年11月,俄国装甲巡洋舰的原型"留里克号"在波罗的海撞上水雷。

德国以某些经改装的商船助长了水雷的这难以置信的蔓延。这些商船中只有3艘("德皇号""路易丝王后号"和"普鲁士号")用在北海;战争第二天,"路易丝王后号"即被巡洋舰"安菲翁号"摧毁在泰晤士河入海口,在甚至先于正式宣战就载着它的致命载荷驶离德国之后。在波罗的海,那里较少有来自敌对的水面舰艇的危险,"德意志号""赫莎号""奥丁神号""阿达尔贝特亲王号""西吉斯蒙亲王号""沃尔德马亲王号""吕根岛号""森塔号""西凡尼亚号"和"沃坦神号"每艘布雷80—320枚,有助于使德国在其主要河流之外的水雷屏障完美化。在北海的赫尔果兰水雷屏障最终沿霍尔恩礁至弗里西亚群岛一线延展。

战后,马格斯·冯·莱费措夫海军上校估计,德国水雷毁了8艘战列舰、3艘装甲巡洋舰、2艘轻巡洋舰、44艘驱逐舰和207艘辅助舰船;还有110万吨以上商船航运。总计,德意志帝国布了近5万枚水雷,使得大战期间在国内的相关职员必须从 900 人增至 4000 人。英国的统计数字帮助证实了这一努力的规模。皇家海军 1916 年的月度扫雷除掉 178 枚，1917 年的月度扫雷除掉 355 枚，1918 年的月度扫雷除掉 159 枚。据柏林估计，布下的水雷中间有 3% 或 4% 撞到了目标。水雷战高峰时节，英国在欧洲水域部署近 100 艘扫雷舰，而且战后花费若干年时间才清扫了英国、德国和美国已布下的 20 万枚以上水雷，特别是在北海。

如前所述，德国将一些快速商船改装成辅助巡洋舰去行动。总计这些船只中间有 17 艘在战争期间得到使用，另有 10 艘准备从事战争任务但从未被部署，还有 4 艘被考虑但未实际改装。这些船只主要征用自北德劳埃德公司、汉堡—美洲商船公司和汉堡—南方商船公司；约 6 艘捕获的敌方船只也被用作水面袭击船。这些船只伪装成中立国货船，装备 10.5 厘米或 15 厘米口径隐藏火炮。3 艘袭击船"海鸥号""狼号"和"海鹰号"在英国海军部尤为臭名昭著。"海鸥号"，即老式的速轮船"蓬戈号"，如前所述以其布雷能力毁了战列舰"爱德华七世国王号"。它在 1915—1916 和 1916—1917 年间从事大西洋袭击，其间猎杀了 34 艘协约国船只，总共 16.1 万吨。"海鹰号"是老的美国三桅船"巴尔马哈小道号"（1878 年），1915 年被潜艇 U36 捕获，装上两门 10.5 厘米口径火炮。它最终摧毁了 10 艘敌对船只，总共 3 万吨；它从大西洋绕经合恩角，在南太平洋活动，继而于 1917 年 8 月在莫佩利亚岛搁浅。"狼号"为先前的轮船"瓦希菲尔号"，装备 5 门 15 厘米口径火炮和 465 枚水雷。它还载有单独一架海上飞机（"小狼"）用作侦察。1916 年末，它启航从事一项旅行，那将令它驶进南大西洋，经过印度洋，深入澳大利亚海岸外的太平洋。它将 12 艘总共 38400 吨的敌方船只送至海底，而且它的水雷猎杀了另外 74000 吨。"狼号"熬过战争生存下来，1918 年 2 月从其征程返回基尔。

随海军缓慢地认识到有可能会在北海部署海上飞机母舰，商船还被改装作其他用途。归因于海军上将冯·蒂尔皮茨的坚定信念，即此类船只全无任何军事价值，1914 年以前几乎全未沿此方向有所作为。相反，英国人在丘吉尔的催促下，已经被证明有令人惊讶的意愿去从事海军航空实验。

皇家海军航空部在 1914 年 7 月诞生，1918 年 4 月 1 日与皇家飞行军团合并,组成皇家空军;到战争结束时,它拥有约 2950 架飞机。在一个不咋样的开端之后,皇家海军航空部迅速将四艘英吉利海峡邮船("坎帕尼亚号""皇后号""恩加丁号"和"里维埃拉号")改装成海上飞机母舰。它们每艘在甲板下装载 3 架肖特飞机,用吊杆式起重机将其吊放到——并且希望吊升自——水面。1914 年圣诞节,"皇后号"、"恩加丁号"和"里维埃拉号"由两艘巡洋舰和八艘驱逐舰护航,实施了史上首次舰载飞机打击。行驶到赫尔果兰岛以北仅 12 英里的一个位置,它们将 7 架飞机放到水面,为的是袭击在库克斯港的齐普林飞艇棚库。表明这种武器仍处于试验阶段的是,只有 3 架飞机勉强成功完成抵达目标的飞行,几乎全未造成损害,但令德国人大为惊恐,导致其丧失一架海上飞机。这 3 架英国飞机以其嗡嗡声响惊扰了锚泊在席林航道的远洋舰队,在接下来的混乱中战列巡洋舰"冯·德·坦恩号"一头撞上另一艘战舰。英国海上飞机母舰在赫尔果兰岛外安然逗留了三小时,而后返抵哈里奇。也在那个秋天,英国飞机成功地袭击了在康斯坦茨湖畔腓特烈港的齐普林飞艇棚库,是为首次完全成功的对德空袭(11 月 21 日)。另一方面,德国潜艇12 月间在多佛海岸外用鱼雷击中第一艘海上飞机母舰"赫尔墨斯号"。

皇家海军航空部到 1915 年已将其兵力增至 11 艘飞艇、118 架海上飞机和 236 架普通飞机。"坎帕尼亚号"分派给联合舰队,"恩加丁号"分配给比蒂的战列巡洋舰分舰队。"皇家方舟号""彭米克利号"和"保护人号"这年里作为海上飞机母舰被添加进来;前两艘驶往达达尼尔海峡,在那里"彭米克利号"试图从空中轰炸"戈本号"和"布雷斯劳号",但未遂。"坎帕尼亚号"被证明倒霉连连:它在日德兰海战期间驶回本土,因为错漏了出海的信号,而且那年晚些时候引擎毛病迫使它在德国对桑得兰的一次袭击中留在港口。"恩加丁号"日德兰海战中偕同比蒂,但在桑得兰备经挫折,因为它的海上飞机无法升离风涛汹涌的海面。1917 年初,"曼岛人号"加入联合舰队,使杰利科有了3 艘海上飞机母舰和 24 架飞机。

日德兰海战向海军部表明,存在对特定的海上飞机母舰的需要,而这些母舰即使在朦胧的雾气中和风涛汹涌的海面上,也能将其飞机送入飞翔。1917年里的实验令人鼓舞。一架索普维思"狗崽"飞机不仅从巡洋舰"雅茅斯号"

的甲板上起飞，而且设法击落了齐普林飞艇L23。另一架"狗崽"飞机从战列巡洋舰"声望号"的炮塔上起飞，而且联合舰队的每支分舰队现在都得到一艘专门装配一个飞行平台的轻巡洋舰的支援。此外，经改装的战列巡洋舰"暴怒号"在1917年3—7月装配了一个长86米、宽21米的飞行甲板以及若干防护机炮；它在甲板下载有8—10架飞机，并且以1912年"宾夕法尼亚号"为榜样，在甲板上装配飞机制动索；它的飞机在其起落架轮轴上装有特殊钩子。索普维思"狗崽"飞机能在"狂怒号"的前沿飞行甲板上降落，现代航空母舰显露端倪。海军部立即决定将另两艘舰船改装成海上飞机母舰："百眼巨人号"和"鹰号"装有完全齐平的甲板，偕同偏岛状上层建筑，从而有了以后航空母舰的外貌。

现在没有拖后腿的海军航空力量了。1918年6月，由第一巡洋舰分舰队护航，"暴怒号"设法将7架索普维思"骆驼"飞机送上天去打击在岑讷的德国飞艇基地。这是对一个地面目标的首次航母打击，按照约翰·基伦的说法，是1940年在塔兰托的英国舰队航空分部剑鱼行动的前驱。停战前两周，载有20架飞机、装有565英尺长的飞行甲板的航空母舰"百眼巨人号"加入联合舰队。菲舍尔海军上将1919年充分赞赏海军航空力量的革命性质："你希冀的一切就是目前空军的海军一翼——那就是未来的海军。"到战争结束时，联合舰队的每艘主力舰都载有前后各一架飞机，总共载机120架以上。它们对舰队的价值从未被确定，因为日德兰海战之后德国人未在北海考验过皇家海军。后来，海军元帅安德鲁·布朗·康宁汉和山本五十六将证明，菲舍尔对海军航空力量的多少有些仓促形成的信念正确无疑。

对海军航空力量的潜能，德国海军作了大为不同的反应。无论是在赫尔果兰岛的6架海上飞机，还是在霍尔特瑙的4架，或是在普特齐格的2架，都没有被纳入1914年8月的动员令，甚至飞艇L3也没有。事实上，1914年时，仅飞艇和可用的36架海上飞机中的9架能够运行。与英国不同的是，它们不载有无线电装置。不仅如此，德国飞机没有轰炸瞄准器、炸弹舱或空中摄影用照相机。开发出的最佳型号是一种两座位的战斗机，装有两挺固定机枪和一挺移动机枪。到1915年，建造50架海上飞机和普通飞机的长期计划没有产生任何实质性结果,而且旨在加强海军航空力量的 1914—1915 年预算 765 万金马克不大可能改变这可悲的局面。德国海军规划者们论辩说,未来属于飞艇。

随战争爆发,德国海军航空分部落到侦察舰队司令希佩尔海军少将麾下。希佩尔预期英国人立即攻击,因而派遣他的飞机去从事侦察巡航。他还征用了 5 艘飞艇。当 1914 年 8 月哈里奇分舰队出现在赫尔果兰湾时,L3 由德国战舰点火升空,仓促飞离现场,结果它未能发觉比蒂的战列巡洋舰,或许还未能拯救 3 艘轻巡洋舰。可能因为这个原因,德国空中力量 1914 年临近结束时进行了改组。一个专门的海军空中兵力司令官得以设立,飞艇和飞机两者都归他指挥。飞行训练中心 10 月间从约翰尼斯塔尔移至普特齐格,三个海军飞机分队被创设出来:1.基尔—霍尔特瑙的海军飞行器分队;2.威廉港的海军飞行器分队;3.佛兰德的海军飞行器分队。在赫尔果兰岛,后来在博尔库姆岛、席尔特岛和诺德奈岛,还有追加的较小中心。佛兰德分队归于海军上将冯·施罗德麾下,他被广泛誉为"佛兰德之狮",但他的朋友们将他认作"易怒的路德维希"。海军部还设立了一个新的"航空局",而且到 1915 年秋季,一个在约翰尼斯塔尔的专门的陆地站点也开始系统地为海军训练飞行员。

确实,开端并不理想。到 1914 年结束时,德国只有 6 艘飞艇和不到 12 架海上飞机用于北海巡逻,而此时英国皇家海军航空部有超过 70 架海上飞机。然而,空中力量的纯侦察功能随建造腓特烈港公司 200 马力(本茨)飞机而结束。航程 130 海里,机员两名,装置无线电台、机枪和炸弹,它们被部署去打击敌方潜水器。德国海上飞机起初只装备卡宾枪和手枪,然而到 1915 年一种用于防御的可移动的空气冷却机枪已被安装在观察兵座位近旁。1916 年底,这让位于一种类似于陆军所用的标准武器,即装在前部引擎边上的进攻用机枪。1918 年夏季,德国还首次安装了 2 厘米口径飞机用机炮。

德意志帝国起初为海军开发出一类单座战斗机,包括有 200 马力驱动力的汉莎—勃兰登堡 W12。后来,侧重点被置于 180 马力的双座战斗机,最高速为每小时 170 公里,配备 3 挺机枪、铝制浮筒和为持续飞行 210 分钟所需的足够的燃料(汉莎—勃兰登堡 W29)。也开发了双引擎鱼雷飞机。这些飞机装有两台 100 马力发动机,设计来投掷单独一枚鱼雷。这种飞机被认为在释放鱼雷后会损失掉。除了这非常无益的特性外,鱼雷飞机被证明太轻,以致不适合去完成任务。结构进一步强化只带来更强更重的驱动设备之需。首架鱼雷飞机由恩斯特·欣克尔在弗伦斯堡设计,使用基本的双引擎汉莎—勃兰登堡 GW 型。一种更大的 GWD 机型被设计出来,以装载一枚 4000 磅鱼雷,它在 1916 年 11 月设法摧毁了一艘在泰晤士河入海口的英国舰船。然而,到 1918 年,海军已放弃鱼雷飞机开发,因为此类飞机的严重损失证明不值得以此换取微薄的结果。较为光明的是,1917—1918 年间继续发展两种汉莎—勃兰登堡机型,这赋予帝国海军在英吉利海峡上空事实上的空中优势;双翼 W12 和单翼 W29 都以泽布吕赫和奥斯坦德为基地。

或许因为鱼雷飞机的令人失望的表现,海军缓慢地转向海上飞机母舰这一观念。如前所述,1913 年 9 月对巡洋舰"弗雷德里克·卡尔号"的检验未给蒂尔皮茨留下好印象,因而海军不得不在大战期间重新从头做起。德国战舰中,只有轻巡洋舰"斯图加特号"被改装成一艘海上飞机母舰。1918 年 2 月至 5 月,它的武器 10.5 厘米口径舰炮从 10 门减至 4 门,连同两门 8.8 厘米口径对空高射炮,而且除 108 枚水雷外,它得到 3 架海上飞机,后者须由它的后甲板上的专门吊柱来降至水面和从水面升起。装甲巡洋舰"鲁恩号"1916 年也被计划用作一艘载 4 架海上飞机的母舰,然而未及时得到改装。相反,柏林在 1915—1918 年间决定用 5 艘商船作为海上飞机母舰。"阿德利内·胡戈·施廷内斯号"载 3 架海上飞机,"安斯瓦尔德号"载 2 架(后来 3 架),"圣埃伦娜号"载 3 架(后来 4 架),"格林德尔号"和"奥斯瓦尔德号"——两艘捕获的英国船只——载 4 架。一度曾计划将轻巡洋舰"什切青号"按照其姊妹舰的方式改装,但这从未成真。

恩斯特·欣克尔为这些海上飞机母舰开发了速度快和武备强的汉莎—勃兰登堡 W12 双翼飞机,而且他后来又搞出了 W19 和 W29 单翼飞机以供海上使用。除了这些汉莎—勃兰登堡浮动飞机,只有腓特烈港公司以其乏味的 FF 33E 系列双座海上飞机进入图景。这些是直统统的结实的常规双翼飞机,其中一架是袭击船"狼号"载的而获得"小狼"的名声。它的成功转过来促使欣克尔开发一种小型的双翼飞船,供新近设计的大型远洋潜艇(U139—U141)之用,可是组装、拆卸和装载问题到1918年8月仍未解决。另一方面,在英德两国,巨型飞船热都癫狂不已。克劳迪乌斯·多尔尼尔造出一种巨型飞船,由新的杜拉铝制成,迈巴赫引擎驱动,此即Rs III,但它们未在前线服役。然而,1917年戈塔G.V.抵达根特,以其4小时续航时间,被用作打击英国城市的轰炸机。1917年5月至1918年5月,一种有4台260马力引擎的齐普林巨人海上飞机也被用来轰炸英国。总计,在大战中,德国海军为2500架海上飞机下了订单。

在海上战争中,德国的海上飞机和普通飞机未发挥一种决定性作用。1915年1月在多格浅滩水域,一架来自博尔库姆岛的海上飞机设法轰炸了一艘英国驱逐舰,后者当时在解救下沉着的"布吕歇尔号"上的受害者。这个可悲的事件标志着海军飞机首次参加舰队行动。

行政管理变化在帝国海军乃为常事。1916年开始时,海军空中兵力司令官之职被一分为二:"海军飞行器分部司令官"与"海军飞艇部队首长",后者直接在远洋舰队司令官麾下。1917年6月,海军飞行器分部解散,"海军飞行司令官"取而代之,后者尤其从海军司令部参谋班子和——1918年8月以后——海军最高司令部找到对飞机发展的支持。到1918年11月,德国海军空中力量拥员16122人(包括2116名飞行人员),分布在北海、波罗的海、黑海和地中海的32个海上飞机站点以及17个内陆航空站点,总兵力为1478架海上飞机和普通飞机。然而,没有任何一艘类似于英国"狂怒号"那样的现代母舰的舰船进展到设计蓝图阶段。也没有任何类型的飞机被分派到远洋舰队,而其时在伦敦的海军部已经给几乎所有战列舰、11艘战列巡洋舰和22艘轻巡洋舰装配了飞行平台;总计,伴同联合舰队的有超过100架飞机,包括许多索普维思2F.1"骆驼"飞机。

帝国海军将其希望寄托于飞艇。这信念依赖一支小得难以置信的兵力。1914年8月,新设立的飞艇部队首长指挥驻在诺德霍尔茨的单独一艘齐普林飞艇L3。然而,他的兵力将在战争期间增长:1914年新增9艘飞艇,1915年新增16艘,1916年新增18艘,1917年新增23艘,1918年新增8艘,还有3艘来自于陆军。人员从 1914 年的 273 名官兵飙升到 1918 年的 6000 名。飞艇由三家企业交送：64 艘由齐普林飞艇制造公司交送，用于北海上空服役；9 艘由许特—兰茨公司交送，用于波罗的海；3 艘以及一艘 M 级飞艇由帕赛伐尔交送。77 艘飞艇从事了 1148 次侦察飞行任务和 200 次攻击。它们起初的任务是侦察敌方战舰、发现水雷和搜索敌对潜艇；1915 年，对英俄两国海岸作首次袭击，但袭击在 1916—1917 年之交的冬季中止，因为行动在英国飞机的攻击下损失惨重。1917 年 3 月，伴随更大更快的飞艇抵达，第二波齐普林飞艇攻击奉命发动，但对货船的攻击被叫停，因为后者装备有打击飞机的高射炮。

齐普林飞艇的侦察起步缓慢。1914 年在对戈勒斯顿、哈特尔普尔、斯卡伯勒、惠特比和雅茅斯的袭击中，因为天气恶劣没有飞艇陪伴希佩尔的战列巡洋舰。1915 年 1 月，飞艇部队首长鼓起勇气，发动首次飞艇袭击。L3 和 L4 攻击金斯林、谢灵厄姆和雅茅斯，仅用 3000 公斤炸药，造成损害极少，就像此后所有的齐普林飞艇袭击那样；L6 因为引擎故障，不得不折回。1 月间攻击了英国城镇的两艘飞艇下个月丧失在丹麦领土，当时强烈的大风雪迫使它们改道。1915 年 3 月和 4 月，三艘飞艇首次由海军上将冯·波尔部署去为远洋舰队从事近距战术侦察。

这些早期的飞艇（L3）是铝骨架的小型飞艇，容纳 23000 立方米氢氧气，由 4 台迈巴赫引擎驱动，载有 3 个装备机关枪的悬吊工作台。到 1915 年，它们已适度增大到容纳 32000 立方米氢氧气（L10），而到 1916 年，已增大到排量 55200 立方米（L31）。更大的飞艇需要 23 名艇员以及 24 名地勤人员；他们全都是来自远洋舰队的志愿人员，许多人追求这里有事可干，以便摆脱远洋舰队本土生活的单调无聊。飞艇主要由燃烧弹、爆破弹和从挂舱手掷的照明弹武装起来。L10 级飞艇能载两吨炸弹抵达英国。

齐普林飞艇 1915 年进行了 297 次飞行和 51 次袭击，包括 8 月里 5 艘飞艇攻击伦敦；2 艘在飞行行动中丧失，4 艘经事故而毁。飞艇作为所谓远洋舰队之"眼"，在海军上将菲舍尔、杰利科和比蒂中间引发了大惊惧。相反，丘吉尔准确地评价了它们的弱点，宁愿发展飞机也不发展飞艇。皇家海军航空部起初通过在大雅茅斯和基林霍尔姆港驻扎两艘明轮蒸汽船来对抗飞艇，它们各有两三架索普维思"婴儿"飞机。这是个清楚的迹象,表明并非只有德国才权宜应付,得过且过。

对飞艇的未来而言,1916 年证明是决定性的一年。3 月里,L7 成为第一艘被舰只火力击落的飞艇,那来自 15 厘米口径舰炮。下个月,在对洛斯托夫特的一次袭击期间,3 艘飞艇伴同希佩尔的战列巡洋舰作为侦察器具。舍尔海军上将 1916 年 5 月 31 日离港,为的是袭击桑德兰周围的英国海岸;5 艘飞艇被分派给舰队作为侦察,但因为天气恶劣不得不被留在后面。它们只是在水面掩护兵力做了接触之后才抵达战斗现场,而且甚至那时,雾和水汽也限制了被大为害怕的舍尔舰队之"眼"从事侦察的能力。讽刺的是,希佩尔的侦察舰队被飞行上尉 F.J.拉特兰指挥的海上飞机发现,后者注定要作为"日德兰的拉特兰"名垂史册。在大战期间这是首次也是仅有的一次舰队遭遇战期间,海上飞机和飞艇都未发挥重大作用。

1916 年 5 月里,新型的 L30 级"超级齐普林"抵达前线。它们由 6 台引擎驱动,能够安然无恙地飞抵斯卡珀湾,因为防空高射炮无法在最佳高度打到它们。那一年,德国飞艇履行了 283 次侦察任务和 202 次轰炸袭击。损失为 16 艘飞艇,包括被炮击落的 5 艘,构成战时单独一年里最高的毁亡率。当 1917 年间有 14 艘齐普林飞艇可用时,它们主要被部署为服务于潜艇战的侦察兵力——如海上飞机那样——归因于高损耗率。

然而,1917 这一年没有带来缓解。4 月和 5 月里,美国令若干柯蒂斯"飞船"("大美国号")现成可用,L22 于是有了被质疑的经历,即成为第一种被其中一艘摧毁的飞艇。飞艇除雷活动现在也不得不被放弃,因为英国海上飞机攻击变得高度有效。为了回避这新威胁,齐普林飞艇攀升得更高,从 3000 米升至 6000 米,结果艇员往往因为高空缺氧和极端寒冷失去知觉和患病。大风照旧造成恶果,吹得 4 艘飞艇改道到法国,并在那里被飞机击落。1917 年下半年期间,飞艇对英国仅作了三次袭击,而在其中最后一次行动中丧失了 11 艘飞艇中的 5 艘。鲁登道夫将军试图停止所有齐普林飞艇建造,但舍尔海军上将设法赢得了德皇对海军使用它们的批准。那年年底尚存 50 架海上飞机,飞艇却只剩 11 艘。

1918 年,大型 L60 飞艇,排量 68500 立方米,抵达海军站点,可是未能扭转空战走向。1 月里,5 艘飞艇在阿尔霍恩烧毁,剩下仅 6 艘从事北海侦察。4 月里的恶劣天气也使得飞艇无法为远洋舰队最后一次出击北海北部进行侦察。8 月间,齐普林飞艇作了最后一次对英袭击。这事后证明是场灾难,因为英国飞机击落了 L70,飞艇部队首长、海军飞艇开发先锋彼得·斯特拉塞尔海军中校随之坠落。1918 年,袭击主要被留给大型的戈塔和斯塔肯巨人重轰炸机去做,它们攻击伦敦若干次。1914—1918 年,德国对伦敦投下了 355 枚燃烧弹和 5687 枚爆破弹,杀死 670 人,杀伤 1962 人。在较轻的一面,1916 年 4 月对利思投掷的炸弹击中了一个威士忌酿酒厂,令这可贵的液体流入阴沟;许多市民不久被发现出现背部无知觉的症状。

战争结束时,德国只有 16 艘为海军效劳的飞艇:8 艘被拱手交给协约国,1 艘被拆毁,7 艘被其艇员在 1919 年 6 月破坏。1914—1918 年,53 艘飞艇被摧毁,其中 35 艘与其艇员一起消逝。

如前所述,在 1914 年以前蒂尔皮茨的战略中,潜艇未被给予一个高位。1914 年 10 月,海军司令部参谋长冯·波尔海军上将同样反对全面水下攻势,告诉潜艇部队首长赫尔曼·鲍尔海军少校它构成"对国际法的严重违背"。事实上,1914 年 6 月,潜艇监察局局长赫尔曼·诺德曼-布尔高海军上校和冯·蒂尔皮茨海军上将已经决定反对一名低级军官的提议,即建造 222 艘潜艇用于打击英国海外贸易。

皇家海军方面 1914 年 8 月以前摈斥不加警告地击沉商船的想法,斥之为"不可能和难以想象的";首席海军大臣拒不相信"这会在任何时候被一个文明国家实施"。尽管如此,对商船的战争仍在 1914 年 10 月 20 日开始,其时费尔德基希内尔海军上尉的 U17 在斯塔万格截停继而摧毁了英国货船"格利特拉号"。1915 年 2 月 22 日,柏林宣布不列颠和爱尔兰周围水域为战争区,警告在那里发现的所有舰船都将被当作交战者对待。这是一类新战法的开端,其受害者将是平民乘客和商船船员。

然而,德国需要一支大于 28 艘潜艇的兵力去有效地封锁英伦诸岛。1914 年 11 月,柏林设计了一种新型号,UC 布雷舰。它们一般为 150 吨左右,携带

12 枚水雷,被填充 120—150 公斤炸药,分为艇前艇后 6 丛。一个追加的 UB 小型近岸潜艇系列也被开发出来,排水量约 125 吨,装备两根 45 厘米口径艇首鱼雷发射管。它们主要部署在佛兰德,被分成三部分用铁路运到那里去组装,因为担心它们无法从德国经常常暗藏危险的北海从而完成这漫长的旅程。

1914—1918 年,帝国海军建造了 139 艘 UB 潜艇(4 艘在战争结束后完成)。在初始的 UBI 系列(1 至 17 号)后,更大的 UBII 系列(18 至 47 号)被建造。这些是 270 吨的潜艇,建造耗资 110 万—130 万金马克;两根 50 厘米口径艇首发射管可以发射 4 枚(后来 6 枚)鱼雷,加上一门 5 厘米口径 200 发机炮就是其全部武备。一个最后的 UBIII 系列(48 至 132、148、149 号)在 1916—1917 年间建造。这些潜艇排水量约 500 吨,能在 30 秒内潜入海中,装备 4 根艇首和 1 根艇尾发射管,发射 10 枚 50 厘米口径鱼雷,还有一门 8.8 厘米(后来是 10.5 厘米)口径艇炮。水面速度为 13 节,潜航速度为 7.5 节。水下续航能力限于速度 4 节时 55 海里。

1915—1917 年,早期的 UCI 潜艇(1 至 15 号)由 UCII 系列(16 至 79 号)承续。这些是 410 吨级的潜艇,装备两根艇首和 1 根艇尾发射管,发射 7 枚 50 厘米口径鱼雷,还有一门 8.8 厘米(后来是 10.5 厘米)口径艇炮和 6 个 100 厘米释放水雷的竖筒。最后的一个 UCIII 系列(80 至 105 号)在 1917—1918 年间建造。它们是大约 180 吨级的潜艇,装备 3 根发射管,发射 7 枚 50 厘米口径鱼雷,还有一门 8.8 或 10.5 厘米口径艇炮以及 6 个适于 14 枚水雷的竖筒。总计,战争期间这些潜艇中的 95 艘交付。首批水雷 1915 年 5 月 31 日由驻泽布吕赫港的 UC 潜艇在当斯河南入海口布下,而且 UC 潜艇 1915 年抵达亚得里亚海畔的波拉。UBI、UBII 和 UC 潜艇系单层艇壳;UBIII 则为双层艇壳,成为被用于第二次世界大战的基本的 VII A-C 型号潜艇。

惯常的 6 个倾斜安装的艇首竖筒或发射管经艇底释放正常载荷 18 枚水雷。德国水雷以如下方式运作。水雷和沉锤下到艇底,那里一个可解的堵塞器允许部分充气的水雷朝水面浮上去,直到一个流体静力装置在预期的深度被激活为止。联结水雷与沉锤的线在那时被刹住。沉锤有臂,当它到底时就伸出,以便稳定它。这个系统的弊端在于,联结水雷与沉锤的两根绳索允许大幅度的摇摆和深度差异,同时可解的释放装置不时会出现水雷被释放后就立即被分解掉的问题,导致它撞击布雷的潜艇。所谓德国"蛋"水雷装配有赫兹触角,那是一个内含纳入玻璃容器里的硫酸的铅管。与一艘舰船相撞的冲击力令玻璃破碎,使得硫酸能流到碳/锌成分上,从而产生电流,点燃附着于炸药的引爆装置。

1915年2月无限制潜艇战首次被宣布时,仅两艘潜艇(U16,U30)巡航英国水域。柏林根本没有能力建造足够的潜艇。1914年8月,11艘潜艇的建造落后于计划。这个数字1916年4月增至25艘,1917年7月增至36艘,1918年4月增至70艘,1918年10月增至72艘。整个战争期间,从头至尾,只有12艘潜艇被按时交付;50艘抵达前线晚于计划六个月以上,114艘晚于计划九个月以上。总计起来,1908—1918年,帝国海军造了143艘所谓大型的舰队潜艇,除了大型布雷舰U71至U80以外,其他全都是双层艇壳潜艇。它们的区分编号系从U1至U165(表格28)。

在美国的抗议声中潜艇战在1915—1916年两度被中止,1917年2月1日无限制潜艇战恢复,而这致命的决定大大加剧了对更多潜艇的需要。每艘可得的潜艇都在战争急迫的需要之列,包括商用潜艇U151至U157。这些是1503—1880吨的潜艇,1917年里被改装供海军使用。它们装备两根艇首发射管,发射18—20枚50厘米口径鱼雷,还有两门15厘米和两门8.8厘米口径甲板艇炮。一对400马力日耳曼尼亚柴油发动机(起初打算供战列舰"萨克森号"和战列巡洋舰"代号格奈森瑙舰"之用)提供水面最高12节的航速;潜航速度令人郁闷地只有5节。不幸的是,它们不仅在水面上和水面下都慢,而且鱼雷力量也颇为有限,因为只有两根艇首发射管,此外还几乎全无迂回能力。

德国在1917年以总共104艘潜艇开始无限制潜艇战(45艘伴同远洋舰队,22艘在佛兰的,24艘在波拉,10艘在波罗的海或库尔兰,还有3艘在君士坦丁堡)。1917年期间,87艘新艇壮大了潜艇舰队:32艘舰队潜艇、42艘UB潜艇和13艘UC潜艇。U96至U98系列颇有代表性,系由克虏伯在基尔的日耳曼尼亚船厂以每艘440万金马克的代价建造。它们排水837吨,最高水面航速差不多 17 节,潜航航速 8 节,潜入时间 66 秒。它们装备四根艇首和两根艇尾发射管,发射 12 或 16 枚 50 厘米口径鱼雷,还有一门 10.5 厘米口径 140—240 发甲板艇炮。两台六缸四冲程 MAN 柴油引擎提供 2300 马力和速度 8 节时水面航程约 8000 海里;水下续航能力依然相对令人失望,速度 5 节时仅 47 海里。

1917 年 7 月期间,潜艇遭遇了首次有护航的船队。危险增大,成功率减小。1917 年上半年里,仅有 20 艘货船被毁,而到年底,被毁的已增至 63 艘。柏林的规划者们的反应是扩大英伦诸岛周围的封锁区,位于埃克弗尔德的潜艇学校仔细训练艇员掌握最新战术,并且增进潜艇建造。为促进后者,帝国在 1917 年 12 月终于设立一个专门的潜艇局,在海军中将恩斯特·里特尔·冯·曼恩领导下,此时已是完全立志于无限制潜艇战之后的第十个月。曼恩的首批任务之一是为建造 120 艘潜艇下订单,继之以接下来六个月再建造 200 艘。结果,1918 年 88 艘潜艇开赴前线:25 艘舰队潜艇、47 艘 UB 潜艇和 16 艘 UC 潜艇。那年的损失达 69 艘。据计算,1918 年平均每一天,德国有 160 艘潜艇载 5467 人在外面的海上。

1914 年以来,潜艇建造已大步前奔,尤其在引入艇首"鲨鱼头"方面,即安装了针对敌方网状障碍的切割器。另一方面,有关水下推进的基本弱点尤其难以根除,痼疾到底。潜航对大容量电池(2×100 阿法格多单元蓄电池)的依赖促使规划者们不断寻求增大电池能力,这转过来又意味着减小水面航行的燃料能力和减少武器。较大的潜艇通常能在 3 节速度上潜航约 100 英里,或约 30 小时;水下躲避行动使用的较高的速度(8 节)使耐久力大幅减少——减少到 20 英里或 150 分钟——成为必然。在这些条件下,引人注目的是阿诺尔德·德拉·珀里埃勒之类指挥官能设法从原始潜艇上得到什么战果。

德国的潜艇指挥链纠缠不清到令人难以置信。在 1905—1913 年这起始发展阶段上,潜艇被置于鱼雷开发监察局之下,1914 年里又被转入新组成的潜艇开发监察局。1914 年 8 月至 1918 年 11 月,潜艇部队被七零八落地分给许多指挥岗位。到 1917 年 6 月为止,附属于远洋舰队的潜艇归在一位潜艇首长之下,此后则听命于一位潜艇司令;这两人都对远洋舰队司令官负责。1917

年10月至1918年10月，佛兰德众潜艇由一位佛兰德潜艇首长率领，那些在波罗的海的则从1914年8月到1917年12月直接归波罗的海舰队司令官（海军上将亨利希亲王）主持。驻扎在基尔的大型远洋潜艇1917年由海军司令部参谋班子指挥，1918年改由在威廉港的潜艇司令官（海军上校安德里阿斯·米歇尔森）发号施令。

最混淆不清的是在地中海和亚得里亚海的局势。战争开始时，地中海西部的潜艇悬挂奥匈旗帜，地中海东部的则悬挂土耳其旗帜。1915年10月弗朗茨·约瑟夫皇帝规定，通过直布罗陀海峡时，潜艇将被载于奥匈海军名册。意大利参战时，柏林于1916年8月命令它在地中海的兵力穿德国制服，但挂哈布斯堡红白红旗帜。最后，在1917年6月，一个专门的地中海潜艇首长职位被创设出来，负责波拉和卡塔罗。名义上在奥匈指挥下，这个职位却仍从柏林的海军司令部参谋班子接受命令。而且，如果说这个在柏林、基尔、威廉港、波拉、卡塔罗、维也纳、佛兰德和库尔兰的错综复杂的指挥岗位网络还不够的话，那么1917年12月以后，海军司令部参谋班子、远洋舰队和海军部还与潜艇局在舰艇建造政策方面激烈竞争。

至少就后者而言，缓解终于在1918年10月1日到来，其时海军上将舍尔成为新的集权的海军战争司令部（*Seekriegsleitung*）的首脑。该首脑立即起草了所谓"舍尔计划"，类似于陆军的1916年"兴登堡计划"，要求到1919年4月将月度潜艇建造从1918年10月的13艘增至22艘，到1919年8月增至33艘。计划之末，德国将在1919年12月建造37艘潜艇，1920年期间则每月33艘。这畸形的巨大任务要求376—450艘潜水舰艇，将需要一支分布在11个船厂的69000人的劳作大军。当然，鉴于陆军的急需，"舍尔计划"从未真正有成功机会，一直是个乌托邦梦幻。不仅如此，有足够的证据，表明舍尔搞出这个计划是作为一项大规模的宣传，意在国外效应：它在科隆被正式宣布，那里据知有个敌方大间谍圈。

到战争结束时，德国已建造6艘轻巡洋舰、174艘鱼雷艇、346艘潜艇（115艘舰队潜艇、136艘UB潜艇和95艘UC潜艇）和196艘扫雷舰。最后一艘无畏级战列舰（"符腾堡号"）已在1917年6月下水，最后一艘战列巡洋舰（"斯佩伯爵号")和最后一艘轻巡洋舰("弗劳恩洛布号")的下水时间则分别为1917 年 9 月和 1918 年 10 月。四年战争期间,帝国海军丧失 2 艘战列舰、1 艘战列巡洋舰、6 艘装甲巡洋舰、18 艘轻巡洋舰、17 艘炮艇、110 艘鱼雷艇和 229艘潜艇,还有各种其他舰船。

结束时应当指出,就潜艇战(Kleinkrieg)对大海战(Grosskrieg)这基本问题作出几项预知性评论的任何尝试都只能是蜻蜓点水,仅触及表面。这个论题值得一番充分的、详细的论述。蒂尔皮茨式作战舰队战略的辩护者们轻而易举地指出,远洋舰队防止了英国人沿德国海岸或在佛兰德登陆部队,使在波罗的海的紧要海上航道保持畅通以运送瑞典铁矿石,挡住了优越的俄国波罗的海兵力达四年之久,保护了德国潜艇从北海基地出海和返回,帮助促使土耳其1914 年站在中欧强国一边参战,并且将世界上最大的舰队束缚在它的北方锚泊地。"追捕战"(guerre de course)的提倡者们迅速反驳道,远洋舰队仅一次与联合舰队在北海交战,击沉 3 艘装甲巡洋舰和 3 艘战列巡洋舰而未显著改变战争进程,相反潜艇却对敌出击 3274 次,摧毁了 6394 艘船只,总计11948702 吨。

然而无可置疑,战争期间在德国形成了关于建造主力舰的迟疑不决。早在 1914 年 10 月,威廉二世就已承认"不应建造任何更多的无畏级战舰"。1918 年春季,随在西线的"迈克尔"攻势的初始成功,海军部重新信仰主力舰,这或许是由一种认识促使而来,即潜艇战役到那时已经失败。从舍尔往下许多海军执行军官后来宣称,1917—1918 年只有远洋舰队才使潜艇攻势能够进行,靠的是保障紧要的北海通道不受英国潜艇和水雷危害,然而这宣称是个需予驱除的老妖怪。海军上将杰利科已在 1916 年决定避开北海东南部,不是因为顾虑远洋舰队,而是因为担心潜艇攻击。因而,是杰利科的战略决策允许潜艇有相对安全的通道;海军上将比蒂后来就他的战列巡洋舰选定了同样的政策。不仅如此,舍尔在 1918 年 10 月的论辩,即甚至在一场北海败北后,远洋舰队仍将保有足够的重舰去保护潜艇,构成或许最有说服力的反驳,驳斥近乎所有 20 艘舰队主力舰都在潜艇战中发挥了不可或缺的作用的这一战后宣称。

日德兰海战后,舍尔海军上将充分认识到大海战(Grosskrieg)无法打败英国。此外，德意志帝国从未设法发展出一种令人愉悦的综合，即一种统一类型的主力舰，一种"快速战列舰"。远洋舰队与海军部的不断抵牾从未得到解决。舍尔要求更快的速度（32 节）、更重的舰炮（42 厘米口径）和更厚的装甲（350 毫米带甲），卡佩勒却以财政和技术论据去抗辩，表明"快速战列舰"无法实现。他俩因而只是希望在潜艇"王牌"被打出去的时候，推迟"远洋"派与"少壮"派之间的基本胜负决定。有如海军少将瓦尔特尔·巴龙·冯·凯塞尔林克后来就此说的："这是一幅各项不和谐能量的可悲图景，每项个别地能有伟大表现，但不能实现密切合作。"到潜艇战已失败时，要试图作出基本决定已为时过晚。德皇也证明对解决纠缠不清和互相竞争的海军指挥权问题毫无帮助。莱费措夫战后愤怒地评论道："我们心爱的在大本营的帝国战争之主不是一位弗雷德里克大王。"

在互相竞争的思想流派之间的争执中，人事考虑分量颇重。贝特曼-霍尔维格的助手库特·里茨勒 1915 年 2 月简练地承认了基本问题："对海军志在作战舰队的担心。潜艇和巡洋舰不需要海军将领。"海军部（海军少将卡尔·霍尔维格）1915—1916 年间表达了海军将官们的类似忧惧，说未来集中于小型舰艇将"只给年轻人提供职位前景，不会以足够的职位数量给年高望重的人"。海军部还论辩说，过多注意力在被给予潜艇艇长，不利于远洋舰队内的军官们。后者中间有许多诉诸古斯塔夫·斯特莱斯曼之类议会代表，吁请在舰队内得到较好的晋升机会。讥刺语"少尉和上尉的战争"（*Der Krieg der Leutnants und Kapitänleutnants*）不久就变得时髦。1917 年 1 月在视察汉堡的一种新型号潜艇时，蒂尔皮茨的后继者冯·卡佩勒海军上将不祥地警告说："我们已经在海军部讨论过战后为我们现存的潜艇创设一片专门墓地的可能性。"三个月后，他通知帝国议会："然而你们必须考虑，在一个已用飞艇和潜艇取代其主力舰的海军里，组织和晋升将如何运转。这是个尚未解决的难题。"10 月间，卡佩勒要求霍尔岑多夫取消他所说的"无限的潜艇建造令"，不仅因为这可能促发由于劳工要求较高工资而来的"国内危机"，也因为晋升至海军将官将成为多余的，除了柏林的几个行政管理职位。这么一种急剧的变更将等于斩首，海军部不想参与此类激进的创新。或可加一句：第二次世界大战中的德国海军领导人也从未解决潜艇战（*Kleinkrieg*）对大海战（*Grosskrieg*）这一两难。随阿道夫·希特勒怒而决定取消所有现存的主力舰,将其重炮用作海岸炮阵,埃里克·雷德尔在 1943 年 1 月实际上被赶下权位,以利潜艇部队首长卡尔·邓尼茨。这只是个早先的迟疑不决时期悲剧般重演的外在征象而已。

冯·蒂尔皮茨海军元帅的"1918 年海上战争评论"仅谋求模糊化一个事实,那就是德国海军领导人未能解决未来海军建设的棘手问题。蒂尔皮茨提议,只有德国夺取日德兰半岛和菲英岛（"情势 J"）才能保障帝国作为海军强国的未来,因为这将使它掌握斯卡格拉克和卡特加特这两个海峡,并且据此至少限制前往紧要的大西洋航道的北部通路。这份备忘录由冯·特罗塔海军少将散发给舰队高级指挥官们,它承认沃尔夫冈·韦根内尔海军少校 1916 年的战略考虑有理,但几乎全不符合德国在 1918 年的军事形势。潜艇攻势的失败,连同远洋舰队继续无所事事,到 1917 年夏季,许多低级士官和普通水兵中间已有了一种绝望和反叛权威的情绪。

第十一章　"在泰晤士河与赫尔果兰岛之间"

德国海军政策(1917—1918)

　　1917年春,德国在海潜艇活动超过一切预期。2月里,54万吨船只被鱼雷击中,比1月多大约17万吨。3月里,协约国的损失达到目标水平60万吨。而且,4月创造了两次世界大战中的最佳月份战绩:可用的107艘潜艇进行了133次袭击,摧毁458艘船只,总计84.1118万吨。1917年4月6日美国对德宣战——恢复无限制潜艇战的一个直接结果——才损伤了德国领导人的普遍欢欣。德意志帝国起初试图维持一个幻想,即它并非与美国处于战争状态,但到5月22日,海军司令部参谋班子已授权在英伦诸岛周围地区攻击美国船只。可是,威廉二世拒绝将水下作战扩及美国东海岸,因为他不想激怒美利坚共和国的中西部和西部,他认为这些区域不那么好斗。

　　1917年5月10日,一个新的事态转折令潜艇指挥官们惊疑莫名:15艘船组成的首支英国被护航商船队从直布罗陀抵达普利茅斯而无损失。事实上,4月25日,精力充沛的首相大卫·劳合·乔治造访海军部,命令它构设护航,保护驶往英格兰的商船航运。海军部领导人起初担心,护航运输会将所有聚合起来的船只的航速减至驶得最慢一艘的,从而允许潜艇有更好的机会去攻击。还据信,所需的巡洋舰和驱逐舰护送将使联合舰队失去其护卫屏,从而在远洋舰队出击的情况下令它严重损伤。海军部还怀疑商船船长们是否有足够的技能编队航行。它也不相信英国港口能处理那么多船只同时抵达或驶离造成的拥塞。然而到头来,首相的行动被证明是正确的;差不多十二个月过后,德国人才试图攻击一支被护航船队。

战争中早先针对潜艇发展出来的若干技术创新现在得到充分采纳。这些创新就皇家海军来说,包括深水炸弹、炸弹榴弹炮和投掷机、水雷网、炸药防水雷管、照明弹、水中听音器甚而海狮。一名有想象力的民间开发商向海军上将杰利科提议,将埃诺水果盐筒注入北海。任何时候若有一艘潜艇被发现,海岸监控者就可以打开它们;水果盐在碰到水时就会起泡沫,产生的泡泡将迫使潜艇浮上水面,那里它可被轻而易举地解决。为保护商船,海军部造就了一批反潜艇办法,例如"目眩"涂漆、"水獭"防雷装置、曲折航行、"阿克特翁神"反鱼雷网,特别是用小型机炮武装船只。

护航运输以及反潜办法迅速降低了潜艇的效能。船沉 5 月降至 60 万吨,6 月升至 70 万吨,而到 7 月已降至 55 万吨。从此开始,月度结果稳定在 35 万吨上下。水下战争也对德国潜艇造成恶果。1917 年上半年仅 20 艘潜艇被德国摧毁,而那年下半年德国却有 43 艘潜艇沉落海底。

不足惊奇,到 1917 年夏季,在德国陆军界,乐观的情绪已不再占主导地位。兴登堡的参谋班子开始显出忧惧。这位陆军首脑现在后悔海军司令部参谋班子已宣布对英潜艇战胜利的一个具体期限(10 月)。贝特曼-霍尔维格也对"最后王牌"的愈益恶化的进程变得惧怕起来,惧怕奥匈将挺不过年底,英国则在 1917 年 10 月前不会屈服。

只是在东线还有希望闪烁。1917 年 3 月,一个由格奥尔基·李沃夫为首的临时政府取代了沙皇尼古拉二世。不幸的是,7 月间这个新政权将希望寄托于一场阿历克西斯·布鲁希洛夫将军指挥、打击奥地利人的大规模陆上攻势,而这场攻势被德国的反攻制止时,已导致俄国伤亡数跃至 900 万,因为德国部队发动了一场无情的纵深进击,深入乌克兰和高加索。

1917 年 10 月到来并流逝,但被预言的英国投降毫无踪影。相反,潜艇击沉量比 5 月至 7 月还低:9 月里被鱼雷击中的商船总共 35.2 万吨,10 月里 46 万吨,11 月里 29 万吨,12 月里 40 万吨。不得不做些什么了。潜艇尝试汇总它们目击的商船航运的信息。它们还试图拦截临近海岸的被护航船队,在那里大型护航战舰将离开货船。在位于埃克弗尔德的潜艇学校,新艇员被训练来猎杀护航运输。其一切航运将在不予警告的情况下就受鱼雷攻击的战争区多次扩大范围，为的是给潜艇提供更多攻击目标，并且迫使敌方分散其护航舰只。最初的战争区包含英吉利海峡、北海西部和英格兰、爱尔兰、苏格兰及法国的西海岸，达到向西深入大西洋近 400 英里处。地中海也被宣布为战争区，唯西班牙以南和以东的狭窄商船航道、巴利阿里群岛和为希腊保留的一条安全通道除外。1917 年 3 月巴伦支海被并入德国战争区，11 月亚速尔群岛亦如此。希腊 1917 年 6 月 27 日加入协约国和协同国行列时，其水域任潜艇战肆虐，而 1918 年 1 月加那利群岛和佛得角亦被纳入德国战争区。

德国人还没有那么认真地考虑以潜艇集群去猎杀被护航船队，以便加强水下战役的效能。随战争期间潜艇的无线电射程逐渐从 1915 年时的 140 海里增至 1918 年的差不多 1000 海里，某些军官考虑派遣一艘大型潜艇到战争区，作为一个情报站行事。1916 年，潜艇部队首长鲍尔海军少校说服舰队领导人派一艘大型远洋潜艇为此目的驶往英格兰西海岸。不幸，指挥大型远洋潜艇的海军司令部参谋班子否决了这个想法，相反偏好分散其艇只，意欲涵盖所有战争区。事实上，海军上将冯·霍尔岑多夫在整个 1917 年始终反对将潜艇集中于所谓"狼群"，以利尽可能广地分散潜艇——因而也分散敌方的护航舰只。1917 年 11 月和 12 月，还有再度在 1918 年 4 月、5 月和 7 月，鲍尔的后继者安德雷阿斯·米歇尔森海军上校请求允许作"狼群"实验。徒劳连连。甚至德皇——这一战术的一位热情支持者——也无法说服霍尔岑多夫为此目的释放大型远洋潜艇。海军上尉卡尔·邓尼茨后来声称，在潜艇部队里，第一次世界大战期间连两艘潜艇的成功联合作战都没有一次。

若干其他因素不利于无限制潜艇战获胜。如前所述，可得的潜艇分布得太薄，从波罗的海到黑海，从地中海到巴伦支海。直到在 1915 年 3 月以后，因为害怕英国攻击佛兰德才被用作一个潜艇基地。相反，在库尔兰的潜艇分队被维持到 1917 年 12 月为止，在它不再有用之后许久。

技术性建造弊端也令潜艇战役遭殃。潜艇在水下和水面都太慢。出自鱼雷的空气泄漏往往给意中的受害者提供了足够的预警，出自潜艇发射管的类似的空气渗溢则使敌方护航战舰能够觉察和攻击水下的袭击者。潜艇的无线电装置的覆盖范围起先不足，而且没有任何水下无线电通信系统开发出来。

德国密码经常丢失或被破译。

远洋舰队试图缓解潜艇的愈益严重的困境。1917年秋季,若干次突入北海的小出击得以进行,是迫使协约国分散其反潜舰只的再次尝试。最值得注意的是,10月17日在英国与挪威之间的航路上,轻巡洋舰"大黄蜂号"和"牛虻号"拦截一支由12艘船组成的协约国被护航船队,摧毁10艘货船和2艘护航驱逐舰("玛丽·罗丝号"和"强弓号")。亨利·纽博尔特有力地谴责德国人在那天的行为:

> 整个攻击期间,德国人始终表现了一种苛酷,那很难与彻头彻尾的残暴区分开来。他们未给中立的船长和船员们任何机会去甘拜下风和溜之大吉,仿佛他们是武装的敌人……就驱逐舰而言,敌人的行为甚至更糟;因为,令他们永远名声扫地的是,他们对"强弓号"的存活者开火和持续射击。

至少德皇欣喜若狂,用香槟为这两艘轻巡洋舰的行动祝酒。

两个月后,在12月12日,一艘德国轻巡洋舰和四艘德国鱼雷艇袭击了六艘船组成的另一支斯堪的纳维亚被护航船队;后者全都被送至海底,就像两艘英国护航驱逐舰中的一艘("山鹬号")那样。海军司令部参谋班子希望可以常规性地实施这些水面攻击,然而协约国予以反制,通过分派更重的水面舰只作为护航战舰,并将从斯堪的纳维亚出发的被护航船队数减至每三天一支。柏林因而不将其主力舰投入打击护航运输,而是将其集中在波罗的海搞海军示威,意在协助陆军夺取里加。可是,远洋舰队内的大规模骚动迅速打断了所有战术规划。

到1917年夏,舰队的士气已跌至糟糕透顶的地步。全舰队的最后一次出击早在1916年10月,由食物糟糕透顶加剧的百无聊赖销蚀了水兵们的精神。此外,最好的低级军官们愈益要求调动,以便与潜艇部队一起效力;他们的替换者,缺乏经验的海军士官和后备军官,未能提供在普通水兵中间维持士气和纪律所需的领头作用。潜艇官兵得到全国的一心关注,而那些重舰上的官兵却觉得被忽视和遗忘。诸如加煤和涂漆之类日常例行任务未能提供刺激。舰只上下晃动于锚泊点，慢慢生锈，与此同时战争却在别处如火如荼。上岸休假的水兵接触到船厂工人和政治报纸，主要是左翼流派的。执行军官们谋求阻止这一事态发展，依凭更严格地奉行鸡毛蒜皮似的海军规章，特别是与吐痰和擦亮器物有关的。简言之，战争变得远离舰队人员，上岸休假则提供了充裕的机会去沉溺于政治猜测和谣言。

最重要的是，舰上供给的食物质量照旧远低于可接受水平。萝卜，煮过的或弄干的，成了主食，连同舰上水兵说的"干菜"（*Drahtverhau*），一种令人反胃的调和菜，被水兵理查德·斯图姆普夫描述为 75% 水、10% 香肠、3% 马铃薯、2% 豌豆、1% 黄萝卜以及一点儿牛肉、油脂和醋构成。不足惊奇，军官餐厅供给较好的景象刺激了水兵们的怨艾，而且某些个别的例子，即有军官滥用其作为第一等级成员的特权，特别令司炉兵愤慨，他们在煤舱里和在火热的炉前苦干不迭。

无所事事和百无聊赖并非远洋舰队专有。英国的主力舰也受缺乏行动的影响，此外还被隔离在荒芜的苏格兰北部多岩石的悬崖峭壁和水湾中间。为抵消舒适之缺乏，克服单调乏味，英国人组织了英式橄榄球和足球比赛，还有高尔夫、垂钓、电影、远足和一批有关活动。

北海对面，1917 年 6 月 20 日，按照议会要求，海军上将冯·卡佩勒下令在所有舰只上建立食物监察委员会（*Menagekommission*），以便给普通水兵一点发言权，至少在其食物的选择和准备上。陆军许久以前就已引入类似的措施。虽然这样的委员会几乎全非独特，但从舍尔往下，海军指挥系统全都反对他们认为的"对纯军事问题的侵犯"。事实上，舰长们大多拒绝指定食物监察委员会。消息经报纸泄露出来，说国务秘书已下令在每艘舰上创设该监察委员会，舰队水兵们自然觉得被他们的上司欺骗甚而背叛了。

完全违抗军令或大规模罢工将构成哗变，因而水兵们在 1917 年 6 月改而选择消极抵抗，为的是逼迫建立食物监察委员会。运动的领导是成分混杂的一群人。战列舰"路易特波尔德摄政王号"上的司炉阿尔宾·克比斯曾是个出自柏林附近潘科夫—尼德尔巴尔尼姆工人阶级区的机床工，一名公开宣称的无政府主义者。同一艘舰上的另一个司炉约翰·贝克尔也是一名无政府主义者,矿工的儿子。另一方面,"弗雷德里克大王号"上的司炉维利·萨赫塞和水兵马克斯·雷伊赫皮奇尤其保持了与社会民主党人的接触,希望与独立社会民主党的纽带将给他们在舰队里的努力提供具体的领导。萨赫塞,出生在莱比锡,职业上是个机修工,属于社会民主党青年运动组织;雷伊赫皮奇来自柏林工人阶级郊区纽克恩,1912 年入伍海军以前换了一个又一个工作。相反,轻巡洋舰"牛虻号"上的水兵康拉德·洛特尔是个虔诚的天主教徒和德意志民族主义者,他怨恨舰队内的状况只是为了增进它的临战力。

1917 年 6 月 6 日,情绪开始沸腾,其时"路易特波尔德摄政王号"引擎舱的舰员拒绝再食用任何萝卜、脱水蔬菜或"干菜"(*Drahtverhau*)。虽然该舰大副赫尔茨布鲁赫海军少校能以许诺面包和咸肉平息司炉们,但绝食鼓励了贝克尔和克比斯去建立一个水兵委员会(*Soldatenbund*)以协调未来的群众行动。旗舰"弗雷德里克大王号"上的状况 7 月 5 日达到危险地步,当时在加煤过程中水兵们食用的是翌日配给,且被拒绝给予更多面包。一场表示抗议的绝食在雷伊赫皮奇和萨赫塞领导下组织起来;军官们退让,提供了一顿麦仁粥。不仅如此,舰长特奥多尔·富赫斯还答应立即成立一个食物监察委员会。

随这行动,局面变更。舰队其他舰只上的水兵领头人 7 月 5 日以后接洽其上司,要求建立食物监察委员会。"路易特波尔德摄政王号"又经一场加煤罢工,得到了它的由贝克尔和克比斯为首的食物委员会。在"赫尔果兰号"上,水兵拒绝卸下若干吨变质的面粉,军官们则再度屈服,将其委员会授予普通水兵。在一场随任意取消上岸休假而来的罢工之后,轻巡洋舰"皮拉乌号"得到了它的食物监察委员会。以类似的方式,舰队内差不多所有舰只都不顾其军官抗议建立了食物监察委员会;海军上将冯·卡佩勒 6 月 20 日慷慨授予的东西,此后在许多抗议性绝食和加煤罢工中被愤愤夺取到手。

6 月下旬,到那时为止的纯军事行为转变为政治问题,其时水兵运动的若干领头人访问了在柏林的独立社会民主党党部,以传扬他们的怨愤。萨赫塞和克比斯特别与党代表威廉·迪特曼、路易丝·齐茨、阿道夫·霍夫曼等人谈话,许诺在舰队里为该党招揽成员——后来估计约 5000 名水兵果真在 1917

年7月和8月加入了独立社会民主党——并且支持行将在斯德哥尔摩举行的社会党大会,那将致力于结束战争。

然而,水兵们失望,因为他们在党代表迪特曼那里碰了一鼻子灰。独立社会民主党有如别的政党,正忙于辩论宰相贝特曼-霍尔维格的未来,辩论帝国议会的和平决议,那摒弃一切兼并和赔偿被大加宣传,辩论普鲁士的选举权改革。它几乎挤不出时间去理会来自舰队的两名普通水兵。而且,当鲁登道夫将军卵翼下的新宰相格奥尔格·米黑利斯1917年7月19日接受和平决议（虽然有"如我所理解"这保留）时,克比斯和萨赫塞的使命看来很多余。水兵们从柏林带回的一切,是几份独立社会民主党党员资格申请表和一些该党文献。

远洋舰队内的纯军事问题再度激起反叛精神。7月31日,"路易特波尔德摄政王号"上的司炉被取消了他们的娱乐时段和看电影活动,改为奉命出去作步兵操练。贝克尔现在发现了自己的机会,这位食物监察委员会头目命令第三司炉队不出来操练。

8月1日,47名司炉离开"路易特波尔德摄政王号"而不向其上司报告。在岸上徘徊几小时后,这些不守规章者返回其舰,一心预期军官们会取消操练。然而,后者的心境自6月和7月往后变了。舰长卡尔·冯·霍恩哈特命令其军官从水兵们中间挑出11名主谋,将他们降级和禁闭两到三周。

随这任意行为的消息传开,远洋舰队内群情激愤。当夜,在码头上的一节铁路空车厢内,来自"弗雷德里克大王号""德皇号""皇后号"和"皮拉乌号"的代表与来自"路易特波尔德摄政王号"的代表开会,决定发动一场"路易特波尔德摄政王号"全体水兵离舰。哗变即将到来。

1917年8月2日雨中清晨,赫尔茨布鲁赫海军少校眼前是一幅很不习惯的景象:"路易特波尔德摄政王号"简直空无一人;约600名水兵离舰,前往小村庄吕斯特尔齐尔。这次,赫尔茨布鲁赫决心不向水兵屈服。他派3名执行军官和10名低级士官去搜寻失踪的水兵。威廉港警察以及海军岸上巡逻兵被召出来。"路易特波尔德摄政王号"被置于包围之下。同情性罢工不起作用。水兵运动领头人面临哗变和政治阴谋指控。其他舰上的类似行动——以

14 天后"威斯特法伦号"上一场不相关的冒险的加煤罢工为顶点——也被有力地镇压下去。到 8 月,军官们 6 月间的动摇不定已转变成剧烈的紧缩。

8 月 3 日,离舰罢工的 18 名领头人被聚集在"路易特波尔德摄政王号"的左侧甲板,一挺机关枪瞄准他们。一艘交通船停靠过来;这些人被带上岸去,面对审讯和可能的军事指控。第二天,舰长冯·霍恩哈特向舰队报告说独立社会民主党的"广泛煽动和招揽"是冒险罢工的根源,从而保证任何随后的调查和惩罚行动都将围绕政治问题,而非厌倦战争、虐待水兵和食物糟透。

舍尔海军上将起初显然不同意这可怕的评估,宁愿认为骚动来自需要纠正的虐待。到 8 月 9 日,或许作为霍恩哈特的报告的一个结果,这位司令官已接受"这运动与独立社会民主党有联系"的想法。一个军事法庭被匆匆聚合起来,审判离舰罢工的领头人:他们被指控为违背军法规章第六条第 89 和 90 段,即援助外国和"背叛性煽动反叛"。8 月 26 日,军事法庭宣判罢工的 5 名领头人(雷伊赫皮奇、萨赫塞、克比斯、维贝尔和贝克尔)犯有被指控的罪名,下令将他们处以死刑。其他被发现有罪的人受刑较轻,加起来达 360 年以上监禁。

作为远洋舰队司令官,舍尔面对抉择:他可以要么签署或减轻死刑,要么将整个事情提交德皇,后者是一切军事事务的终极仲裁者。舍尔选择了前一路径,于 9 月 3 日确认克比斯和雷伊赫皮奇死刑,同时将其他三名水兵减刑而不予处死。自 8 月 14 日往后急于搞"几个死刑",以便恢复舰队纪律,舍尔下令 48 小时内执行死刑。按照海军上将冯·卡佩勒的说法,这行动令这些水兵没有可能向德皇上诉。1917 年 9 月 5 日早晨 7 点 3 分,克比斯和雷伊赫皮奇在科隆附近的瓦恩被 20 人组成的行刑队枪决。

然而,海军的高级将领们不满足于"几个死刑"。相反,他们敦促起诉水兵们在柏林接触了的独立社会民主党代表。舍尔、巴赫曼和施密特等海军上将特别大声地要求惩罚这个左翼政党,而且 10 月 9 日在关于武装部队内的右翼①宣传的一次讨论中,海军上将冯·卡佩勒听说水兵们供出存在一个反对

---

① 原文如此。——译者注

德皇陛下的阴谋，那涉及独立社会民主党，于是宰相米黑利斯决定在帝国议会内追查这个案子，以达到反对独立社会民主党的目的。

米黑利斯几乎不可能干得更糟。他重申他早先的客观对待一切党派和意识形态的保证，"只要它们不追求威胁德意志帝国生存的目的"，又说独立社会民主党通过它在舰队的活动，已分明将它自己置于这个范畴之外。此时，帝国议会内喧闹场景随之而来。代表海军讲话的冯·卡佩勒海军上将反复被嘘声和插话打断。帝国议会议员们暂时放下党派歧异，一致维护议会豁免和不受政府骚扰的原则。弗里德里希·艾伯特发出了那天的最强音："德国人民哪一天摆脱这个政府，我们就将为哪一天感到高兴。"这是对卡佩勒和海军的极有力抨击。

大多数高级海军军官都强烈批评卡佩勒——既然他已经失败。海军上将舍尔说，在帝国议会的这整个事态本可避免，若哗变即时被报道给德国人民。海军上校卡尔·博于-埃德告诉其首领冯·霍尔岑多夫海军上将：卡佩勒"操作得极不吉利"，因为他点出了与水兵们有染的独立社会民主党代表的姓名；进一步起诉议会议员可能披露出"最痛苦的事实"，即针对他们的主要见证人"已被处决"。海军部的威廉·米黑利斯海军上校建议卡佩勒敦促对独立社会民主党的司法诉讼。"我将冒一场政变风险。"到头来，卡佩勒幸免，因为威廉二世全无心情去更换他的国务秘书。这么一个步骤一方面将重新引发蒂尔皮茨复职的要求，另一方面将再度招致君主屈从于文职压力的指责。更重要的是，看不到有合适的继任者。

6月的骚动，8月的哗变，还有1917年10月在议会的失败，令海军指挥系统处于脆弱境地。该军种内的和谐已严重受损，其公众形象已大受玷污。需要某种规模的成功作战，以便恢复丧失了的信心，并且重新激起公众对海军的热情。何况，德皇的自豪感受到挫伤，需要提升；在他最近访问远洋舰队期间，迎接他的是"饥饿"吼叫，而非惯常的"万岁"欢呼。

波罗的海提供了最佳前景。战争大部分时间里，俄国海军舰只未能离开它们的受庇护的军港，英国联合舰队因为潜艇战危急而被剥夺了它的护航舰艇，无力冒险进入波罗的海去援助其盟友，或冒险与远洋舰队在北海德国海岸附近打一场全力遭遇战。帝国海军因而选择攻击里加湾的厄塞尔岛、莫恩岛和达格岛。陆军总部赞成海军的这个主动,因为它期望由此减轻东线兵力左翼的压力。

按照瓦尔特·胡巴奇的说法,若在 1915 年夏季搞这么一场陆海军联合作战,就颇有可能迅速结束对俄战争,可是在 1917 年 10 月,随俄国陆军崩溃和在布尔什维克革命前夜,它与所涉的风险全不成比例。然而,在波罗的海的海军长官阿尔贝特·霍普曼海军中将赞赏规划下来的作战行动的心理价值:"它将一阵新鲜空气带入舰队,其精神就普通水兵而言,处于比阁下您[蒂尔皮茨]先前某个时候提醒的更惨的境地。"另一方面,霍普曼令人毫不怀疑,靠这任务几乎得不到任何军事好处;事实上,对海军上将亨利希亲王,霍普曼将它说成是"胡闹"。将参加这场作战的第三分舰队的导航军官约翰·贝恩哈德·曼海军少校也发现了这任务背后的原因:"尽管如此,大家全都高兴,因为我们终于投入行动了。"

在海军中将埃尔哈德·施密特指挥下,德国出击里加湾内:此乃超量杀伤的经典范例。10 月 11 日至 19 日,远洋舰队第三和第四分舰队(10 艘战列舰)、战列巡洋舰"毛奇号"、8 艘轻巡洋舰、6 艘潜艇和 50 艘鱼雷艇以及小型辅助舰船设法重创在波罗的海的 4 艘俄国战列舰之一("光荣号"),并且击沉4 艘敌方驱逐舰。施密特的特遣舰队使第八集团军的 24000 人登陆诸岛。德国方面,战列舰"大选帝侯号"和"拜仁号"撞上俄国水雷;它俩都设法继续浮在水面,被拖到基尔修理。布尔什维克水兵罢工阻碍了俄国布雷行动,因而使德国人免遭可能的进一步损失。

这场海军袭击使德国获得对里加湾的控制,使俄国在芬兰湾内塔林和在喀琅施塔得的海军基地处于德意志帝国的打击距离之内。不仅如此,它令现在以亚历山大·克伦斯基为首的临时政府大为尴尬;后者继续吁请英国在波罗的海进行海军行动,但未成功。尽管有菲舍尔海军上将早先的计划,但英国海军部 1917 年后期认识到在这水浅的、多有水雷的海域作任何行动都注定失败。即使联合舰队成功地突入波罗的海也将无济于事,因为英国战舰可轻而易举地跌入陷阱,如果德国人沉船锁闭大小贝尔特海峡。别无他途,唯有继续

223

突入波罗的海作潜艇袭击，以便切断来自瑞典的德国铁矿石运送；如果需要，英国潜艇可被击沉在波罗的海，要是德国追击变得异常冷酷无情的话。

甚至德国人也认识到，夺取三个海岛基本上是个士气激励活儿。海军司令部参谋班子内的博于-埃德海军上校告诉亨利希亲王："我们在力所能及地做每件事情，以便用成功执行厄塞尔岛行动来充分恢复德国人民……对海军的有理由的……信心。"10月26日，在一次正式觐见德皇期间，海军上将冯·霍尔岑多夫强调哗变、卡佩勒在议会的失败和厄塞尔岛作战之间的关联，指出海军的这次行动改善了纪律，提高了士气。"由此这个原因，陛下您的夺取里加湾诸岛的命令得到各大舰的……尤其愉悦的欢迎。"对这位君主来说，不那么愉悦的是围绕先前的德国地中海分舰队的几个事件。

1917年后期，随德国陆军在俄国南部的愈益成功，伦敦的海军部变得担忧起来，担忧德国人可能规划一场在东地中海的协同努力。看来尤其危险的是奥匈舰队从亚得里亚海出击，同时德国战列巡洋舰"戈本号"和轻巡洋舰"布雷斯劳号"从达达尼尔海峡突进。然而，海军上将佐雄的后继者胡贝特·冯·雷伯尔-帕施维茨海军中将因1917年12月5日俄国停战而变得大胆，决定用针对穆德洛斯的一次作战抵消土耳其之丧失耶路撒冷，希望在此过程中摧毁协约国在爱琴海的驶往萨洛尼卡的部队运输。

两艘巡洋舰由四艘驱逐舰护航，在1918年1月20清晨通过达达尼尔海峡，向西南方行驶。监守海峡的英国驱逐舰未能注意到德国—土耳其舰只。然而，雷伯尔-帕施维茨是那样的不小心，以致不去侦察英国水雷，结果刚过达达尼尔海峡不久，"戈本号"就撞上了一枚。损伤仅是轻度的，德国司令官继续行动，首先摧毁在克法洛角的英国无线电站点。

两小时后，在迂回躲避来自因布罗斯岛的英国轰炸机时，"布雷斯劳号"撞上一枚水雷。它的舵轮失去控制，右侧涡轮机停止运行。当"戈本号"前去救援时，它也撞上一枚水雷。这两艘战舰的状况岌岌可危。轰炸机在绕圈蜂鸣。水面上清晰可见更多水雷。两艘英国驱逐舰在驶近准备攻击。9点过后不久，"布雷斯劳号"撞上四枚水雷，舰首高高翘起，倾斜沉入水下。

雷伯尔-帕施维茨最终决定取消穆德洛斯作战行动，驶回本土。然而，他的麻烦还未结束:轻巡洋舰丧命后不到一小时,"戈本号"撞上另一枚水雷。虽然损伤轻,但它向左倾斜了 15 度。尽管英国轰炸机不断在场,这艘战列巡洋舰却抵达达达尼尔海峡——只是驶入了在纳加拉的一处沙洲,那里它遭受英国六天之久低效的空中攻击。"戈本号"受的损伤分布太广,须在君士坦丁堡修理,而且 1918 年 3 月取得对投降的俄国港口塞瓦斯托波尔和新罗西斯克的名义上的拥有后,实际上,战争所余时间里,它始终卧地不起。然而,"布雷斯劳号"的丧失和"戈本号"的损伤很快在 3 月里被对俄战争结束和德国成功干涉芬兰所遮盖。

随布鲁希洛夫将军在加利西亚的最后攻势全盘崩溃,列宁于 1917 年 11 月在彼得格勒夺得政权,接下来一个月里开始与德国人进行和谈。1918 年 2 月 10 日,托洛茨基著名的"不战不和"宣告俄德谈判破裂。转过来,威廉二世要求"揍死"布尔什维克,2 月 18 日马克斯·霍夫曼和吕迪格尔·冯·德尔·戈尔茨两位将军发动"拳击"战役。德国人击破混乱的俄国抵抗而迅速推进,占领纳尔瓦、普斯科夫和基辅。列宁害怕德国人接下来会夺取"革命的摇篮"彼得格勒,遂于 2 月 23 日同意各项条件,3 月 3 日布尔什维克在布列斯特—立托夫斯克签署了对德和约。俄国丧失波兰、库尔兰和立陶宛。爱沙尼亚和利沃尼亚名义上留在俄国统治下,但事实上从属于"德国治安权力"。乌克兰和芬兰被宣告为独立国家。

然而,1918 年 1 月 19 日,内战已经在整个芬兰蔓延,从而威胁着在布列斯特—立托夫斯克的俄德谈判。兴登堡和鲁登道夫两人都赞成德国站在卡尔·曼内尔海姆麾下的白军一边干涉芬兰。威廉二世批准这项"治安行动",既为了有机会征伐布尔什维主义,其领导人因为是"革命分子"而须被"屠戮",也为了王朝目的,因为他的一个儿子可以在芬兰取得一顶王冠。

海军少将冯·特罗塔在远洋舰队参谋长任上行事,支持陆军的倡举。这位海军将领认识到,俄国波罗的海舰队所余兵力由 4 艘战列舰、13 艘巡洋舰、6 艘潜艇和 39 艘驱逐舰构成,其颇大部分在斯维伯格岛畔冰封的芬兰基地避难,那正好在赫尔辛基市中心附近。无疑,特罗塔将俄国舰艇认作"战利品",未能夺取它们将使帝国海军蒙受"耻辱"。

1918 年 2 月 20 日，一支有 3 艘战列舰、3 艘巡洋舰和 4 艘鱼雷艇的海军特遣舰队已在基尔组成，被置于海军少将胡戈·缪雷尔麾下。3 月 5 日冯·德尔·戈尔茨将军的"波罗的海师"被运至奥兰群岛，4 月 4 日又从那里被运至汉科。8 天后，赫尔辛基沦于德国人之手。来自缪雷尔分舰队的约 400 名水兵参加了对赤卫队的街巷战。到 4 月 30 日，缪雷尔准备离开赫尔辛基，重新加入在北海的远洋舰队。与此同时（4 月 11 日），战列舰"莱茵兰号"在波罗的海撞上岩礁，战争所余时间里不再能用。

然而，这次海上行动实属次要。特罗塔之急于捕获俄国波罗的海舰队不是官方的海军政策的反映，就像被下述事实见证的那样：从 1918 年 4 月 21 日到 5 月 25 日，德国人允许俄国海军力量——它在夺取芬兰首都期间保持中立——不受骚扰地返回喀琅施塔得。特别是，海军上将冯·霍尔岑多夫拒不准许在波罗的海的外围行动令特罗塔分心，不去集中关注摧毁在北海和大西洋的协约国和美国航运。威廉二世完全支持其海军司令部参谋长。正如霍尔岑多夫 4 月 8 日记下的那样："陛下命令无所顾忌的潜艇战，将这当作未来的主要目标。"1918 年 5 月 31 日，缪雷尔的特遣舰队被正式解散；6 月 15 日，最后 3 艘德国巡洋舰驶离芬兰水域。

1918 年 4 月，海军上将舍尔决定再次率整个远洋舰队出海。轻巡洋舰"大黄蜂号"和"牛虻号"成功突入挪威水域后，英国人护航斯堪的纳维亚航运，使用重型水面舰只保护它。因此，这位德国司令官 4 月 24 日选择率舰队北上远至挪威，为的是拦截被护航船队，后者不为舍尔所知，现在正四天一间隔地跨越北海。按照关于海上战争的德国官方史，这次出击还意在缓解运行于英吉利海峡的潜艇的困境，从而间接援助鲁登道夫在法国的"迈克尔"攻势。舍尔的轻舰的携带燃料能力很不利于在挪威海岸外逗留三天以上。

1918 年 4 月 23 日早晨，远洋舰队离开席利格停泊地。舍尔计划在挪威以西地区航行一天，有冯·希佩尔海军上将和侦察分舰队在远洋舰队前面约 60 英里。这天，运气似乎惠顾德国人：若干驻扎在赫尔果兰附近的英国潜艇要么没有见到舰队离开，要么误认为它是英国舰只。

那天下午晚些时候，希佩尔位于卑尔根海岸外，拼命搜索敌方被护航船队。4月24日早晨,不幸突发,打断了整个行动。6点10分,战列巡洋舰"毛奇号"失去内螺旋桨,而且在涡轮机能被控制下来以前,一个罩外齿轮飞散,打穿一个冷凝器。引擎舱马上漫水。右侧和中央引擎失能停转。更糟的是盐水灌进锅炉,不到90分钟"毛奇号"就向希佩尔报告它"失控",速度降至4节。

希佩尔将这艘跛行的战列巡洋舰遣往远洋舰队,以便不使可能的针对斯堪的纳维亚被护航船队的行动计划瘫痪;希佩尔传记作者、海军上将胡戈·冯·瓦尔德耶尔-哈尔茨称,这位司令官清楚地记得1915年1月让"布吕歇尔号"在多格浅滩听天由命,决心不以类似的方式丧失"毛奇号"。与此同时,希佩尔继续搜索被护航船队,远至北纬60度。亨利·纽博尔特准确地将希佩尔的行动描述为"驶入无人之海,那既被商船也被军舰遗弃"。不见英国重舰的原因还部分地在于海军部需要掩护泽布吕赫—奥斯坦德封锁行动,那已在1918年4月22—23日之交的夜里实施。

4月24日中午前后,正值比蒂海军上将在最终冲出福思湾之际,舍尔取消整个行动,而不冒舰队因为受伤的"毛奇号"逼使慢速而连连受损的风险。英国潜艇E42得到了个最后击沉"毛奇号"的机会。4月25日晚上7点左右,这艘英国潜艇用一枚鱼雷击中该战列巡洋舰的右侧引擎舱。近2000吨海水涌入该引擎舱,但蜂窝状内部防护拯救了"毛奇号";它设法用本身的动力抵达了雅德河。

马尔德尔将这次行动概括如下:舍尔"冒了严重风险去造访比先前任何时候都更北的水域,忽视一个事实即集中起来的联合舰队停在他侧翼的罗赛斯,而非像他设想的停在斯卡珀湾"。这次出击还标志战争期间英德两大主力舰队最后一次同时在海上外出;下一例发生于1918年11月21日,在全然不同的环境下。

1917年秋季和1918年春季的海军行动至少缓解了过去一年的无所事事和百无聊赖。海军还朝改进舰队状况迈出了几步,那状况已在1917年夏季促使水兵造反。爱国训导(*Vaterlädischer Unterricht*)构成一项教育部队的尝试,讲战争的起源和它们在这巨型对抗中的作用。它只是在若干孤立的场合才成功；大多数时候，军官都没有做这种工作的经验，因为在普鲁士/德国，政治在各军种内总是被认作可厌可咒之事。某些执行军官试图为其普通水兵组织远足、竞技、观剧和体育运动，但后者往往觉得不自在，因为不习惯他们的军事上司在场。其他人靠念历史小说进行爱国训导，那通常令水兵瞌睡。右翼政客、牧师和出版商作公开演讲也不受士兵欢迎。海军司令部参谋班子的博吉斯拉夫·冯·塞尔肖夫海军少校是负责爱国训导的军官，判断这总的努力"极为可悲"。

到 1918 年夏季，海军行动激起的信心和热情很大部分已消散不见。远洋舰队返回其惯常的无所事事状态。纪律再度变得僵硬刻板，其本身成了目的。以许多小方式，昔日的虐待重返海军。总的来说，一种忧郁的无可奈何支配了远洋舰队的普通水兵；他们认识到，他们的命运不在自己手里，而是由无限制潜艇战和鲁登道夫在法攻势的结果掌控。

1918 年 3 月，鲁登道夫将军在西线发动了"迈克尔"战役；60 个师被猛甩出去打击协约国的阿拉斯—圣昆廷—拉费尔一线。起初的推进造就了在西线有陆上大收益的期望。海军上将冯·霍尔岑多夫眉开眼笑，乐观非常。他向外交部保证，潜艇能摧毁足够的敌方航运，以抵消新造船，并将战争带到胜利结局。他现在估计，水下袭击者每月可以将大约 65 万吨商船送至海底；船舶失事和其他自然灾害将造成每月又 4.5 万吨损失。他进一步计算，协约和协同国每月能建造约 34.5 万吨商船；因而，纯减量将达到近 35 万吨。基于这些统计游戏，人们可以预计到 1918 年年中，德意志帝国的敌人将只能调遣 1050万吨商船航运，去将 6000 万吨供给和美国部队及其装备运至欧洲。在黑海的德国司令官霍普曼海军中将支持霍尔岑多夫的看法，在 1918 年 5 月提醒威廉二世"我们的目的当今跟先前一样，在西线和沿［大西］洋，而非在东线"；只有潜艇才能够"阻止盎格鲁-撒克逊人的世界统治"。

可是，并非所有军事指挥官都持有这信念。注定要接替鲁登道夫担任首席军需总监的威廉·格勒内尔将军，在其日记里，更有先见之明得多："尽管有蒂尔皮茨和潜艇，我们仍须越来越算计到美国部队的抵达，因而这场［迈克尔］攻势成了一项加速战争结束的最终尝试。"格勒内尔恰中要害。虽然霍尔岑多夫声称美国到 1918 年底最多只能在欧洲有 30 万军人,然而到那年 11 月,美国事实上在法国维持了一支 197 万人的大军。此外,潜艇未用鱼雷击中哪怕单独一艘大西洋上往东行驶的部队运输船;到 1918 年 6 月,美利坚共和国正安全地向法国穿梭运送 53.6 万吨供给。威廉・S.班森海军上将向欧洲实际上派出了他的全部驱逐舰兵力(68 艘)以及 121 艘所谓潜艇追逐舰,以援助愈益增强的反潜努力。在休伊・罗德曼海军少将麾下,美国海军无畏级战舰"佛罗里达号""怀俄明号""纽约号""得克萨斯号"和"阿肯色号"附属于英国联合舰队。

孤注一掷的是,德国海军领导人在 1918 年 3 月再度要求将战争区扩展到美国东海岸。兴登堡和鲁登道夫都强烈认可这计划,希冀潜艇最终将能拦截美国部队运输和供给船。新宰相冯・赫尔特林伯爵和外交国务秘书理查德・屈尔曼持不同意见,论辩说可用于远洋任务的寥寥数艘大型远洋潜艇不足以改变潜艇战结局。1918 年 7 月 2 日,威廉二世站在其政治领导人一边,拒绝将无限制潜艇战延伸进美国水域。1918 年 6 月 7 日至战争结束,德国水下袭击者在美国水域总共仅袭击 7 次,系按照战利品法律规则,然而其成就甚微。这些突袭期间,近 11 万吨商船被毁。

到 1918 年夏季,潜艇这个舰种已变得处于危险之中。1917 年 11 月往后,多佛与加莱之间的水域已用新型水雷被有效锁闭;下一年,驻扎佛兰德的潜艇在多佛海岸外丧失了 11 艘,现在要用三倍或四倍于通常的时间绕奥克尼群岛抵达大西洋。而且,这条路线也在变得危险:1918 年 6 月至 10 月,在挪威与苏格兰之间的所谓"北坝",协约和协同国布下近 7 万枚现代"触角"水雷。更糟的是,护航运输在 1918 年甚至超过了劳合・乔治的最美梦想;被护航船队中间的损失率降至 0.98%,潜艇的损失率则升至 7.4%。只有在地中海,水下袭击者才继续在协约国航运中间肆虐。直到 1918 年 6 月为止,在地中海的潜艇每月平均将 34 艘船送至海底,1917 年 11 月到 1918 年 6 月总共 80 万吨。1917 年,苏伊士运河运输一度降至和平时期的 40%,风险百分比依然差不多是在英国水域的两倍。

整个战争期间,驻在亚得里亚海畔的波拉和卡塔罗的德国和奥匈潜艇部队始终是一支相对小的分队。德意志帝国在那里仅维持 32 艘潜艇,奥匈的则是 27 艘较老的潜艇;德国的损失达 16 艘,其中 11 艘是在战争最后一年里损失的。因而,1917—1918 年,中欧两强大部分时间里在亚得里亚海保持一支约 50 艘潜艇的总兵力。

协约国互相间的争吵保证了潜艇的成功。法国、意大利、英国和日本的海军领导人照旧各自独立行事;特别是,1918 年 5 月法国与意大利拒绝一项英美计划,即任命杰利科海军上将为地中海盟国海军大元帅。预想的对奥特朗托海峡的大规模封锁停留在纸面上。最后,意大利人选择不离开港口去迎对米克洛·霍尔蒂·德·纳吉班亚海军少将麾下的奥匈海军(三支战列舰分舰队),因为像塔翁·迪·雷费尔海军上将向他在罗马的协约国海军会议同僚解释的,海流、海滩、港口、群岛、航道和锚泊地全都有利于敌人。当在访问意大利的美国助理海军部长富兰克林·D.罗斯福询问为何意大利人甚至不出海搞训练演习,回答是这实属多余,因为奥地利人也规避此类活动。罗斯福在其日记里写道:"这是个难以超越的海军经典,但它或许不应在一两代人时间里被公开重演。"

1918 年秋,德国人做了一次最后的尝试去克服他们在海上的困难。"当一个大本营不再能真正领导其兵力时,它就开始改组。"恩斯特·冯·魏策克尔以此尖刻话一语中的。1918 年 8 月 11 日,舍尔、特罗塔和莱费措夫三头执政设法以辞职相威胁(按俾斯麦和蒂尔皮茨方式),迫使威廉二世精简海军等级结构。舍尔成为海军司令部司令和新创设的海战最高统帅部(*Seekriegslei-tung*)首脑,冯·莱费措夫海军上校被任命为他的参谋长,特罗塔则暂时留任远洋舰队参谋长,以便在指挥官变更期间提供连续性和稳定性。然而经同意,只要能撤换冯·米勒海军上将,特罗塔将立即接管海军枢密院。帝国海军分裂零散的指挥结构曾有助于维持威廉个人指挥这虚构,且完全适合蒂尔皮茨的有朝一日当上海军最高统帅的图谋,现在却终被废除。

新领导人采取的最初步骤之一,是试图确立规模宏大的潜艇生产。如前所述,新的海战最高统帅部订购 450 艘潜艇以及 2 艘战列舰和 15 艘巡洋舰。然而舍尔明白,这努力大体上是个心理把戏,极少有机会成功,因为缺少原材料、熟练工人和经过训练的海员。事实上,这位海军上将将它称作"一项旨在挽救一切的最后时刻的尝试"。它未能做到这一点。

同样虚幻,三头执政认可霍尔岑多夫的战争目的纲领。它确认早先的大西洋地位,包括保持佛兰德和在芬兰或摩尔曼斯克的一个海军基地——这两者都意在迂回包抄英伦诸岛。海军新首领们愿意放弃例如对亚速尔群岛的要求,但只是要换取在西非法属和葡属殖民地的补偿。地中海理念依然以在发罗那的一个海军基地为轴心,但扩展到包括阿尔巴尼亚内地、联通达达尼尔海峡的君士坦丁堡和在亚历山大勒塔湾的一个基地(*Stützpunkt*)。已退休的冯·蒂尔皮茨海军上将以其作为祖国党(党员 125 万人)党首的官方能量,将这些观点散布给德国公众。

所有这些战争目的的中心,是渴望在大西洋东岸获取海军基地,不管它们是在非洲、法罗群岛或芬兰还是在摩尔曼斯克,德国海军规划者认为,这将挑战盎格鲁-撒克逊对西方海上动脉的垄断。海军部的卡尔·霍尔维格海军少将要求一支由 40 艘战列舰、40 艘轻巡洋舰和 200 艘潜艇构成的未来德国水面舰队,为的是打破英美"垄断"。其他海军军官,包括蒂尔皮茨,甚至将当前的斗争讲成等同于罗马(德国)与迦太基(英国)之间的"第二次布匿战争",相信他们的责任在于使德意志帝国做最多的准备,以便迎接最终清算,即"第三次布匿战争"。虽然这些战争目的在 1918 年秋季纯属幻想,但它们将体现在罗尔夫·卡尔斯、库特·弗里克、埃里克·雷德尔、奥托·施尼温德和格尔哈德·瓦格纳等海军将领于 1940 年夏提交给阿道夫·希特勒的战争目的纲领之中。

到 1918 年 7 月中旬,斐迪南·福煦元帅已设法在兰斯周围制止了德国攻势。因为每月有 30 万(新添的)美国步兵抵达而变得有底气,福煦对德占马恩河突出地发动一场准备许久的打击。它取得了完全的成功:8 月 8 日,法国和加拿大部队突破索姆河德国阵线。英国坦克完结了鲁登道夫所称"战争史上德国陆军黑暗的一天"。到 9 月第一周,德国人已被逐回他们在"迈克尔"攻势之前的阵地,到了所谓兴登堡防线。不仅如此,在巴勒斯坦的土耳其军队被陆军元帅埃德蒙·艾伦比麾下的一支英法兵力诱入陷阱和围击。而且,当保加利亚 9 月 29 日退出战争时，德国军事领导人惊慌失措，建议德皇谋求停战。10 月 1 日鲁登道夫重申这终战呼吁，两天后马克斯·冯·巴登亲王成为新宰相。他立即向伍德罗·威尔逊总统吁请停战，无限制潜艇战则按照威尔逊第二次照会的条件在 10 月 16 日终止。1918 年 10 月 26 日，鲁登道夫辞职，逃往瑞典。四天后，奥匈及土耳其投降。

潜艇战役失败了，但仅就个人勇气而言，潜艇部队官兵取得了难以置信的成就。1914—1918 年，104 艘潜艇摧毁 2888 艘船只，总共 6858380 吨；96 艘 UB 艇摧毁 1456 艘船只，总共 2289704 吨；73 艘 UC 艇摧毁 2042 艘船只，总共 2789910 吨。此外，水下袭击者还将 10 艘战列舰、7 艘装甲巡洋舰、2 艘大型巡洋舰、4 艘轻巡洋舰和 21 艘驱逐舰送至海底。然而代价高昂：178 艘潜艇丧身敌手，4744 名官兵命丧黄泉。

虽然迟至 1918 年 8 月德国海军领导人还在策划两栖攻击喀琅施塔得和彼得格勒（"墓碑战役"），但却令人惊诧地表明愿意停止无限制潜艇战。舍尔的规划人员起劲地宣布："海军无须停战。"事实上，他们已想到一项新的大胆的设计：舰队能被猛甩出去，打击驻扎在罗赛斯的英美联合水面战舰。冯·希佩尔海军上将断定，"一场光荣的舰队交战，即使它成为一场濒死搏斗"，也比远洋舰队羞耻和无所作为地束手待毙可取。冯·特罗塔海军少将就此同样顽固，论辩说需要一场舰队遭遇战，为的是"光荣沉没"。而且，舍尔海军上将不是阻挡如此冒险行事的人。"舰队……依然无所事事是不可能的。它必须被部署。"舍尔断定"海军的荣誉和存在"要求使用舰队，即使"事态进程无法因此改观"。

于是，为荣誉和未来海军建设（Zukunftsflotte）的缘故，决定发动整个远洋舰队以一场自杀性出击打击敌人。据披露，1918 年 10 月 22 日，莱费措夫将预谋的出击口头上告诉希佩尔，陆军新首脑格勒内尔将军未被召入这些讨论。德皇或宰相也未被告知作战行动计划；尽管如此，德国海军将领们依然一度考虑带威廉搭上海军最后攻袭之车。然而，舍尔干脆不认为将他的谋划通知政治领导人是"合适的"。

1918 年 10 月 24 日，海战最高统帅部正式采纳 19 号作战计划（O-Befehl

Nr 19）。它要求派一个驱逐舰集群去佛兰德海岸，派另一个去泰晤士河口，与此同时远洋舰队在霍夫登即荷兰与英国之间的北海海区摆下作战阵位。25艘潜艇在位拦截在北海的英美水面舰只。德国人论辩说，联合舰队将冲出其苏格兰锚泊地，以便攻击两艘作为"诱饵"的驱逐舰，而后者由此将吸引英美舰队驶往北海内的一个荷兰海岛泰尔斯海灵，那里将发生海军末日大决战。

19 号作战计划的实施定在 1918 年 10 月 30 日。以此，德国在孤注一掷中的海军战略不仅回返到蒂尔皮茨的"泰晤士河与赫尔果兰岛之间"北海中部海军决战（*Entscheidungs-schlacht*）梦想，而且重现了鲍迪辛、费歇尔和韦格内尔等人的信念，即在北海发动一场攻势以此来强行突入大西洋。

第十二章　日　　落

1919 年 6 月 21 日斯卡珀湾

事后来看,19 号作战计划绝非万无一失。首先,大可怀疑联合舰队是否会以指定方式对两小支驱逐舰队和潜艇的挺进作出反应;英国海军领导人从前漠视过类似的德国出击。其次,德国海军将领们寄托在潜艇上的期望并不健全。到 10 月底,只有 24 艘潜艇在位,而且 6 艘正在驶往其基地。在外出前往作战阵位过程中,7 艘潜艇因为机械故障而失去战斗力,2 艘被敌方摧毁。天气也大不利于潜艇:"雨雹如注,海面朦胧,浪涛涌动;阴沉、风雨交加的 11 月气候。能见度零,前行不可能,朦胧之中认不出任何值得的攻击目标。"最后,德国人未能认识到,除了英国,还有另一个海上大强国卷入战争。事实上,整个 1917—1918 年间,德国海军领导人始终坚持声称,即美国海军力量作为一个整体不值得他们忧虑,因而他们不去注意附属于联合舰队的 5 艘美国战列舰、驻扎在爱尔兰的另外 3 艘和 29 艘舰只构成的全部主力舰的实力。

终极效应更甚的,是帝国海军愈益恶化的内部结构。1918 年 8 月 11 日将舍尔、特罗塔和莱费措夫三头执政推上前台的海军改组也引起了忧惧,关于计划好的变动和罢免的忧惧。甚至冯·希佩尔海军上将也写道:"我害怕接下来的几天。"特罗塔对莱费措夫说到指挥官中间的"不安全感"和"担心",请求将"至少几位领头人物"召回舰队。"我们无法以仅仅平庸和糟糕的材料来履行我们的职责……"许多水面舰只上,舰长和大副都在晚近被更换了。尽管如此,当莱费措夫 10 月 16 日问特罗塔是否相信海军人员可被依靠去打一场重大海战时,特罗塔仍"毫无保留地给了肯定的回答"。两周内,这项误算将被证明是决定性的。

按照19号作战计划,远洋舰队将于10月29日下午在席利格停泊地集合。两天前,舰员们已经显得焦虑激动。消息已特别从希佩尔的急切的参谋人员口中泄露出来,说一场与英国人的大战指日可待。基尔和威廉港的水兵们神经质地传播关于一场"自杀性出击"的说法,说那是由执行军官们在最后时刻为拯救他们的"名誉"而策划的——并非缺乏充裕的理由的一个看法。

到29日,战列巡洋舰"德弗林格尔号"和"冯·德·坦恩号"的普通水兵未能从上岸休假返回其岗位。水兵们集会要求和平,欢呼伍德罗·威尔逊。抗命行为迅速传播到第三分舰队的战列舰"皇后号""国王号""威廉皇储号"和"边疆伯爵号",还传到第一分舰队的战列巡洋舰"图林根号"和"赫尔果兰号"。"巴登号"的舰员也看似处于造反边缘,战列巡洋舰"毛奇号"和"塞德利茨号"则因为造反的水兵而被搞得动弹不得,就像轻巡洋舰"皮拉乌号""雷根斯堡号"和"斯特拉斯堡号"一样。只有鱼雷艇和潜艇上的水兵依然平静,忠于他们的军官。

10月29日舰队内的骚动令海军领导人毫无准备,措手不及。希佩尔起初在29日较后晚间取消了出航令,但后来又重发这些命令,因为他不清楚造反的范围。特罗塔一开始同意反叛只是暂时的,纪律很快就能得到恢复。然而,当混乱于10月30日蔓延到"弗雷德里克大王号"和"阿尔贝特国王号"时,一切都完了。希佩尔现在认识到19号作战计划已难产。"我身后的是何等可怕的日子。我确实没想到我会[从出战]返回,而且是在自己人造反了的情况下返回"。

希佩尔作为远洋舰队司令的最后行动之一,是分散造反舰只,派第一分舰队到易北河,第三分舰队到基尔,第四分舰队到威廉港。他几乎不能做出一个更为可悲的误算了。在沿波罗的海和北海海岸两地的各个不同港口内,水兵们煽动地方起义,并且在那里受到最热情的接待。海军陆战营士兵拒绝向他们开火。执行军官不反对他们。仅有4名海军军官在其为德皇效劳的努力中受伤。

冯·特罗塔海军上将11月2日迅速通知舍尔:反叛是一场"布尔什维克

运动"，然而它针对政府，而非针对军官团。一天后，特罗塔会晤莱费措夫，协调他俩关于 19 号作战计划的故事。它被完全涂上防御性色彩，重点主要被置于在北海的潜艇；预计的英国从北面的挺进被说成是对德意志祖国的一次进攻。特罗塔甚至访问社会民主党报纸《前进报》报馆，以便确保这官方说法得到恰当宣扬。尚不知官方说法的情况下，海军部国务秘书冯·曼海军中将告诉第三分舰队的反叛水兵：对英国人的这场出击意在使潜艇安然回国。

舍尔海军上将并不擅长杜撰。他将这次行动的失败完全归罪于社会民主党人，特别是归罪于政府 1917 年秋季未能镇压独立社会民主党。舍尔在战后写道："对我来讲依然显得几乎不可理解的是：从稳操胜券逆转到完全崩溃；而且，特别可耻[的是]，革命迎面在我们眼前不慌不忙地得到策划，且以彻底的详密。"至少在陆军总部的海军联络官冯·魏策克尔海军少校抓住了舰队内部事态的含义："我们甚至不了解海军等级结构之内的心理状态；这已在经规划的攻袭期间显示出来。"

皇家成员的表现并不好。海军元帅、普鲁士的亨利希亲王 11 月 5 日从基尔出逃，驾驶一辆飘扬红旗的卡车。逃走之后，他将事态发展怪罪于英国的"银弹"，即收买哗变者的钞票。然而，最大的失望留给了威廉二世。他自 1888 年往后一直将他的特殊庇佑延赐给海军，现在却在震惊和气愤之中，不得不见证他往昔的努力在以"不忠诚和无风度的"方式得到回报。11 月 5 日，他命令"佛兰德之狮"冯·施罗德海军上将用成百上千久经沙场的部队官兵收复基尔。可是，宰相马克斯·冯·巴登亲王迅速将此计划称作"自杀性的"，说服威廉打消任何会造成进一步流血的想法。当舍尔海军上将 11 月 9 日通知这位君主不再能依靠海军时，威廉挖苦地答道："我亲爱的海军上将，海军已非常漂亮地遗弃了我。"最高战争之主以下面的话斥退了"斯卡格拉克海峡胜利者"："我不再有一支海军。"这是他最后一次见他的海军干将。同一天，霍亨索伦王朝最后一位君主悄然乘坐他的皇帝奶油金色列车，跨境逃入荷兰流亡。

至此，德国很大一部分已处于造反中。许多城市不加抵抗地陷落给水兵，这些人涌往德国不同部分，因漫长的战争终于结束而大感轻松。到 11 月 5

日,吕贝克和特拉沃明德已沦于水兵之手。汉堡翌日陷落:巨大的布洛姆/福斯船厂的 12000 名雇员奉 10 余名水兵之命停止工作,港口火车站则向两三个武装造反者投降。不来梅的军事指挥官 11 月 6 日未开一枪交出该城。同一天,库克斯港亦未经流血而屈从,像威廉港一样。此后,水兵完全掌控局势,号令一切。11 月 7 日,科隆的 45000 人驻防军听任一伙水兵统治该城。来自威廉港的 10 名水兵同样在比勒费尔德掌握权力。甚至汉诺威,第十集团军司令部所在地,也陷落给一群从基尔"休假"的水兵,他们设法放空地方监狱,逮捕指挥将领。每一处,历来已久的、在较快乐时期里对威廉二世的个人效忠誓言无不被遗忘或漠视。

11 月初,一小批执行军官试图组织某种抵抗。海军枢密院的卡尔·冯·雷斯托夫海军上校向莱费措夫提议用鱼雷射击反叛舰只。雷斯托夫愿意纵容他说的"大流血",因为一支造反的舰队"在我看来浮在水面还不如沉在海底"。国务秘书冯·曼也建议忠诚的潜艇对反叛的舰只开火。11 月 5 日,曼要求在柏林的内阁准许以陆军部队从陆上和以潜艇和鱼雷艇从海上猛攻基尔。一天后,他要求下令宣布所有悬挂红旗的舰只为"海盗",并且组织海军军官营去粉碎起义。诚然,舍尔的部厅的确下了令,悬挂红旗的舰只将被认为是"敌对的",但当希佩尔的旗舰在 11 月 9 日升起红旗时,这位海军上将悄悄收拾好他的皮包离舰上岸。

难以置信,特罗塔依然不愿接受舰队的历史性裁定。11 月 11 日,他和希佩尔找到在威廉港的海军"二十一人理事会"执行委员会主席贝恩哈德·库恩寻求援助,以使远洋舰队准备好做一次最终的爱国呼啸。特罗塔厚着脸皮告诉库恩:英国舰队正迫近德国海岸,集合起来保卫祖国是所有德国水兵现在的责任。只是在库恩拒绝协同时,特罗塔才终于承认战争结束了。正式终战于 1918 年 11 月 28 日来临,其时威廉二世解除一切陆海军人员的忠诚誓言。

远洋舰队尚待处置。1918 年 10 月里,协约和协同国就谁应获得这战利品互相争吵,而在斟酌停战协定期间,11 月 8 日至 11 日最终决定德国的 10 艘战列舰、6 艘战列巡洋舰、8 艘轻巡洋舰、50 艘驱逐舰和所有潜艇将被拘押在中立国港口。德意志帝国将被允许总共保持最老型号的 6 艘战列舰、6 艘巡洋舰和 24 艘驱逐舰。不足惊奇，中立国拒绝充当反叛的远洋舰队的东道主，于是在巴黎的诸战胜国 11 月 13 日决定，德国水面战舰将拘押在斯卡珀湾，潜艇则拘押在各个不同的其他英国港口。

这些严酷的规定（最终是凡尔赛条约第 181 条）如天降霹雳，令人震惊，甚至对造反的水兵来说亦如此。他们中间的一个，水兵理查德·斯图姆普夫，对在威廉港的投降准备做了如下描述："它像一场丧葬。我们不会再见到它们。被留在后面的水兵们，面无表情地拿着水手袋，站在码头上……我也觉得，再留在这里哪怕片刻也令我厌憎。我希望我生来不是个德国人。"这些舰艇将被解除武装，载着仅仅刚够抵达英国的燃料，以骨干舰员为工作人手——就主力舰而言约 400 人。希佩尔起初希望莱费措夫指挥要被拘押的德国舰艇，但当国务秘书曼拒绝提升莱费措夫至海军将官衔级时，选择落到了海军中将路德维希·冯·雷特尔头上。

强加于战败国的其他海军规定同样严厉。德国必须交出对但泽的控制。赫尔果兰岛非军事化。北石勒苏益格必须移交给丹麦。众多海岸炮阵必须拆除。不得建立任何新的防御工事。所有国家都被给予德皇威廉运河自由进入权。德国各主要河流国际化。而且，德意志帝国被禁止建造潜艇、飞机和大型战舰。这是个沉重打击，导致许多人相信他们受骗了，误信威尔逊总统令人欢喜的"十四点"中已排除了这么一种胜者和平。交出远洋舰队从而成了一个象征，象征在巴黎被堆在德国人头上的全部侮辱。

那一天（*Der Tag*），如德国人称之，是 1918 年 11 月 21 日。世界第二大舰队将被交给敌人。雷特尔手下的一名低级军官捕捉到了当时弥漫的气氛："下午 1 点 30 分，望不见尾的丧葬行列开始行进。走在前面的是'塞德利茨号'领头的第一侦察分舰队；然后来了 9 艘战列舰，继而 7 艘轻巡洋舰，最后 50 艘鱼雷艇。以此方式，这望不见尾的、总长 50 公里以上的行列在海浪中颠簸着缓慢朝北行驶。"除 50 艘鱼雷艇外，水面舰只包括：第三分舰队的无畏级战舰"巴登号"（替代仍在船坞里的"马肯森号"）、"拜仁号""大选帝侯号"和"威廉皇储号"；第四分舰队的无畏级战舰"弗雷德里克大王号""德皇号""皇后号""阿尔贝国王号"和"路易特波尔德摄政王号"；战列巡洋舰"德弗林

格尔号""兴登堡号""毛奇号""塞德利茨号"和"冯·德·坦恩号";轻巡洋舰
"牛虻号""大黄蜂号""科隆号""德累斯顿号""埃姆登号""法兰克福号""卡
尔斯鲁厄号"和"纽伦堡号"。"国王号"仍在船坞里,后来与"马肯森号"一起
过去。海军中将冯·雷特尔在灿烂的阳光下离开德国,自豪地高扬帝国战旗。
这景象就希佩尔来说是惨不忍睹的:"我的心在碎。随之,我作为舰队司令官
的工作以可耻而告终。""拿骚号"上的一名水兵将这投降交舰称作"全部海洋
史上最丢脸的行为"。

　　对英国人来说,11 月 21 日是个光荣日子。海军编年史上先前从未有过
这么一支大舰队如此耻辱地投降。而且,英国人决心大事炫耀。两天前,他们
在哈里奇悄然而无典礼地接受了 176 艘德国潜艇投降,但现在他们决定以一
种类似于索伦特海峡大检阅的样式迎接德国人。在以白色旌旗装饰的联合舰
队之外,还有集合于北海西缘的 370 艘战舰上的 90000 人迎接雷特尔的舰队。
美国人和法国人也抵挡不住参与这壮观景象的诱惑。然而,海军上将比蒂在
其内心深处最明白,这对任何水手来说都不是快乐的一天。"这是个可怜的
景象,事实上我应当说这是个可怕的景象,眼见这些宏大的战舰……由一艘英
国轻巡洋舰引导前来,而它们的昔日敌手——诸艘战列巡洋舰——盯着
它们。"

　　远洋舰队 11 月 21 日抵达福思湾,而后经仔细视察,1918 年 11 月 25—27
日被护送到斯卡珀湾。在此,一切无线电装备被从舰里移走,重炮经拆除并且
其炮栓被处理得无法运行。德国舰员现在被减至主力舰不到 200 名官兵,鱼
雷艇不到 20 名官兵。

　　对所有相关者来说,拘押都是悲惨的。国内的四年挫折失意现在由八个
月的实际上的监禁加剧。在斯卡珀湾,时间冻结。反叛气氛流连不去。水兵
理事会支配所有主力舰,唯"巴登号"除外。一段时间后,战舰生锈,纪律败坏
到惊人地步,百无聊赖折磨人们的神经。不经常有国内消息。出自德国的食
物一个月到来两次;够吃,但单调无味,品质低劣。信件被审查,速度如蜗牛。
德国报纸、香烟、电影、牙医服务等等被禁止而不得上舰。上岸访问或舰际走
访亦遭禁止。连在冰水中游泳都被禁绝。只有钓鱼被保留下来以消磨枯燥无

味的一周又一周。就像一名英国水手观察到的,德国人被当作"麻风病人"对待。海军中将冯·雷特尔将他的军官们在舰上的生活称作"殉难",告诉特罗塔说他的军官们正在"最辱人格和最无尊严的状况下植物人般地度日"。雷特尔谴责大多数普通水兵是"革命群氓",通知国内当局斯巴达克斯党人的宣传正在"把军官们折磨得无法忍受"。

1919 年 5 月 31 日,日德兰海战三周年,拘押之单调乏味发生了变更。为纪念这个时刻,某些德国战舰升起帝国战旗,别的则升起红旗。几艘战列巡洋舰甚至打出红白维利式信号弹。然而此后,盛行的士气低落则继续下去。战舰不经打扫,开始发臭。比蒂先前关于斯卡珀湾的判断现在能被恰当地应用于德国人。他们"厌烦斯卡珀,厌烦看一直以来经久不变的该死的痛苦景象:灰,灰,灰,灰色的天空,灰色的大海,灰色的战舰"。

最重要的是,在斯卡珀湾的舰队的命运依然是雷特尔的首要关切。他的舰只燃料储存少,一条可能的逃路即霍尔姆海峡则由英国驱逐舰不断守卫。不仅如此,雷特尔的重炮不能用,弹药不可得。除投降或自沉外,别无他途。先前 1918 年 11 月间,德国的海军统帅部讨论过在北海自沉舰队而非将它拱手交给战胜国的紧急计划。这个想法当时被弃置,因为害怕协约国报复。而且,尽管有停战协定第三十一条,内称:"不准毁坏舰船……"但在沉闷枯燥的冬季月份里,在斯卡珀的军官们经常不那么当真地考虑这个主张。冯·特罗塔海军上将曾告诉雷特尔,任何情况下他都不得允许战舰在战胜国中间被瓜分。

雷特尔从一份《泰晤士报》得知停战协定将在 1919 年 6 月 21 日中午到期失效,因而在此日期以前四天已将自沉命令传布给他的军官们。如同方便德国人实施计划一般,海军中将西德尼·弗雷曼特尔爵士命令守卫斯卡珀湾的英国海军部队出海从事例行演习,却未通知雷特尔停战协定已由在巴黎的四巨头延长至 6 月 23 日。

6 月 21 日上午 11 点 20 分,雷特尔下令自沉。舰底通海旋塞和防水门被打开。那天下午,10 艘战列舰、5 艘战列巡洋舰、5 艘轻巡洋舰和 46 艘鱼雷艇滑入海浪之下或搁浅,英国军港巡逻队见到此景而难以置信。此乃海军史上一幅没有先例的壮景：近 50 万吨战舰，估计耗资 85589 万金马克，飘扬帝国战旗消失入海。雷特尔后来解释道，他只是在遵循德皇 1914 年的命令，该命令说战争期间不得有任何德国战舰投降给英国人。这位海军将领为自沉命令承担全部责任，而且几乎毫无疑问，他离开德国之前就已决定采取这一行动方针。反过来，协约和协同国勒令柏林向它们交出 5 艘轻巡洋舰和 40 万吨船坞、拖船、疏浚船、起重机等等。

可是，在斯卡珀湾的可悲壮景未随德国水面舰只的自沉而结束。英国军港巡逻队惊恐不已。枪击或刺刀之下，共有 9 名德国人被杀，21 名德国人受伤。俘获的 1860 名官兵被押往设在尼格、奥斯威斯特里和最终是多宁顿霍尔的战俘营。英国的严厉反应可被视为沮丧和暴怒的一个结果；他们在瓜分战利品的最后时刻被骗了。舍尔海军上将对在斯卡珀湾的事件"深感欣喜"。"这最后行动符合德国海军的最佳传统。"而且，一旦最初的震惊消退，英美海军领导人对德国战舰沉在海底并不失望；首席海军大臣、海军上将罗斯林·威米斯爵士将自沉看作"一项真正的福音"，而法国人和意大利人却怀疑英国纵容此事，为的是剥夺他们预计的战利品。

1920 年 1 月 31 日，前远洋舰队官兵回到德国，那里他们受到凯旋接待。大众群集海岸，旗帜再度展扬，乐队高奏乐曲，一名陆军荣誉卫兵将他们当作凯旋的英雄予以迎接。冯·特罗塔海军上将欢迎他们抵达，给他们办盛大的招待会。厌倦战争和深受侮辱的德国终于有一个机会去庆祝和欢欣。舰队救赎了它自己，即使在失败中。战时无聊和革命污名被忘怀或被宽恕。德意志帝国海军现在有了它的殉道者和传奇，以护着它度过未来的可悲岁月。"奢侈的"舰队一去不返；它的尚存的军官只能试图维持这支武力的遗产和传统，希冀有朝一日一位新的庇佑者将使它重获宠幸。

换　算　表

1 毫米 = 0.039 英寸

1 厘米 = 0.39 英寸

1 米 = 1.09 码 = 3.28 英尺

1 公里 = 0.6 英里 = 1093.6 码

1 千克 = 2.2 磅

1 吨 = 0.984 英国长吨

1 海里 = 1.85 公里 = 6080 英尺

1 节(1 海里/小时) = 6080 英尺/小时 = 1.15 英里/小时 = 1.85 公里/小时

1 金马克(Goldmark) = 6.146 格林(grains) 含金量 900‰的黄金 = 价值 11.747 旧便士或 0.0489 英镑或 28.8 美分的英国标准黄金

1 英寸 = 2.5 厘米

1 英尺 = 0.3 米

1 码 = 0.9 米

1 英里 = 1.6 公里

1 常衡磅 = 0.4536 千克 = 453.6 克

1 英国长吨 = 2240 磅 = 1.016 吨

1 英镑 = 20.40 金马克 = 4.85 美元

1 马力 = 550 英尺-磅/秒;或将 75 千克重物提升一米高所需的力

表　格

表格 1　德国海军主要领导人（至 1918 年）

海事部军首脑	陆军中将阿尔布雷希·冯·鲁恩	1861 年 4 月至 1871 年 12 月
	陆军中将阿尔布雷希·冯·斯托希	1872 年 1 月至 1883 年 3 月
	陆军中将利奥·冯·卡普里维	1883 年 3 月至 1888 年 7 月
	海军中将亚历山大·冯·蒙茨	1888 年 7 月至 1889 年 1 月
	海军中将马克斯·冯·德·戈尔茨	1889 年 1 月至 3 月
海军最高指挥部首脑	海军中将马克斯·冯·德·戈尔茨	1889 年 3 月至 1895 年 5 月
	海军中将爱德华·冯·诺尔	1895 年 5 月至 1899 年 3 月
海军司令部参谋长	海军少将菲利克斯·冯·本德曼	1899 年 3 月至 1899 年 12 月
	海军中将奥托·冯·迪埃德里希	1899 年 12 月至 1902 年 8 月
	海军中将威廉·比希塞尔	1902 年 8 月至 1908 年 1 月
	海军中将弗雷德里希·冯·鲍迪辛	1908 年 1 月至 1909 年秋
	海军上将马克斯·冯·费歇尔	1909 年秋至 1911 年 3 月
	海军中将奥古斯特·冯·黑林根	1911 年 3 月至 1913 年 2 月
	海军上将胡戈·冯·波尔	1913 年 4 月至 1915 年 2 月
	海军中将古斯塔夫·巴希曼	1915 年 2 月至 1915 年 9 月
	海军上将亨宁·冯·霍尔岑多夫	1915 年 9 月至 1918 年 8 月
海战最高统帅部首脑	海军上将莱茵哈德·舍尔	1918 年 8 月至 1918 年 11 月
海军枢密院院长	海军上校古斯塔夫·冯·森登—比朗	1889 年 4 月至 1906 年 3 月
	海军少将格奥尔格·亚历山大·冯·米勒	1906 年 4 月至 1918 年 11 月
海军部国务秘书	海军少将爱德华·赫斯内尔	1889 年 3 月至 1890 年 4 月
	海军少将弗里德里希·霍尔曼	1890 年 4 月至 1897 年 6 月
	海军少将阿尔弗雷德·冯·蒂尔皮茨	1897 年 6 月至 1916 年 3 月
	海军上将爱德华·冯·卡佩勒	1916 年 3 月至 1918 年 10 月
	海军中将保罗·本克	1918 年 10 月
	海军中将恩斯特·冯·曼·埃德勒·冯·蒂希勒尔	1918 年 10 月至 1919 年 2 月

续表

第一分舰队司令官	海军上将汉斯·冯·克斯特尔	1900 年
现役作战舰队司令官	海军上将汉斯·冯·克斯特尔	1903 年 6 月
远洋舰队司令官	海军上将普鲁士亲王亨利希	1906 年秋至 1909 年秋
	海军中将亨宁·冯·霍尔岑多夫	1909 年秋至 1913 年 4 月
	海军中将弗里德里希·冯·英格诺尔	1913 年 4 月至 1915 年 2 月
	海军上将胡戈·冯·波尔	1915 年 2 月至 1916 年 1 月
	海军中将莱茵哈德·舍尔	1916 年 1 月至 1918 年 8 月
	海军中将弗兰茨·里特尔·冯·希佩尔	1918 年 8 月至 1918 年 11 月

表格 2　无畏级以前的德国战列舰（1890 至 1900 年）

级别与时期	排水量（吨）	长（米）	宽（米）	吃水（米）	马力输出	武器（厘米口径）	最高速	航程	载煤量（正常/最大载荷）	军官普通水兵	耗资（金马克）
1890 至 1894 年 勃兰登堡 选帝侯 弗雷德里克 威廉 威森堡 沃特	10097 至 11894	116	19.5	7.9	9820 至 10242	6 门 28 8 门 10.5 8 门 8.8 6 根 45 鱼雷管	16 节	4500 海里/10 节	640/1050 吨	38 530	1582.2 万至 1605.4 万
1895 至 1902 年 德皇弗雷德里克 三世 威廉二世 皇帝 威廉大帝 卡尔大帝 巴巴罗萨 皇帝	11097	125	20.4	8.3	13000	4 门 24 18 门 15 12 门 8.8 5 根 45 鱼雷管	18 节	1500 海里/16 节	650/1070 吨	39 612	2030.1 万至 2147.2 万

表格 3　德国大型巡洋舰（1896 至 1908 年）

级别与时期	排水量（吨）	长（米）	宽（米）	吃水（米）	马力输出	武器（厘米口径）	最高速	航程	载煤量（正常/最大载荷）	军官/普通水兵	耗资（金马克）
1896 至 1899 年 赫莎 维多利亚 路易丝 薇内塔	5660 至 6705	111	17.6	6.9 至 7.3	10312 至 10792	2 门 21 6 门 15 10 门 8.8 6 根 45 鱼雷管	18 节	2810 海里 /15 节	500/950 吨	31 446	1027 万至 1109.4 万

德国装甲巡洋舰（1896 至 1902 年）

级别与时期	排水量（吨）	长（米）	宽（米）	吃水（米）	马力输出	武器（厘米口径）	最高速	航程	载煤量（正常/最大载荷）	军官/普通水兵	耗资（金马克）
1896 至 1900 年 俾斯麦侯爵	10690 至 11461	127	20.4	8.5	13500 至 13810	4 门 24 12 门 15 10 门 8.8 6 根 45 鱼雷管	18 节	3230 海里 /12 节	1000/1700 吨	36 585	1894.5 万
1898 至 1902 年 亨利希亲王 阿达尔贝特 亲王 弗雷德里克 卡尔 鲁恩 约克	9806 至 10266	127	20.2	8.0	15000 至 20625	2 门 24 10 门 15 10 门 8.8 4 根 45 鱼雷管	20 节	2980 海里 /18 节	750/ 1600 吨	35 532	1534.5 万至 1658.8 万

表格 4　德国轻巡洋舰（1897 至 1904 年）

级别与时期	排水量（吨）	长（米）	宽（米）	吃水（米）	马力输出	武器口径（厘米口径）	最高速	航程	载煤量（正常/最大载荷）	军官普通水兵	耗资（金马克）
1897 至 1904 年 羚羊	2463 至 3180	108	12.1	5.4	6000 至 9318	10 门 10.5 3 根 45 鱼雷管	20 至 22 节	600 海里/ 19 节	300/ 560 吨	14 243	448.7 万至 485.8 万

表格 5　德国海军建造的主要阶段

战舰编列和/或级别	海军法案 1898 年 4 月 10 日	海军法案 1900 年 6 月 14 日	增补法案 1906 年	增补法案 1912 年
舰队旗舰	1	2	2	1
战列舰	16 两个分舰队	32 四个分舰队	32 四个分舰队	40 五个分舰队
装甲巡洋舰（海岸防卫舰）	8	—	—	—
大型作战舰队巡洋舰	6	8	8	12
轻型作战舰队巡洋舰	16	24	24	30
大型海外巡洋舰	3	3	8	8
轻型海外巡洋舰	10	10	10	10
后备战列舰	2	4	4	—
后备大型巡洋舰	3	3	4	—
后备轻型巡洋舰	4	4	4	—

表格6 无畏级以前的德国战列舰（1899至1908年）

级别与时期	排水量（吨）	长（米）	宽（米）	吃水（米）	马力输出	武器（厘米口径）	最高速	航程	载煤量（正常/最大载荷）	军官 普通水兵	耗资（金马克）
1899至1904年 维特尔斯巴赫 韦廷 扎赫林根 施瓦本 梅克伦堡	11774至12789	126.8	22.8	8.0	14000至15530	4门25 18门15 12门8.8 6根45鱼雷管	18节	3150海里/16节	650/1800吨	33 650	2167.8万至2274万
1901至1906年 布伦瑞克 阿尔萨斯 黑森 普鲁士 洛林	13208至14394	127.7	25.6	8.2	16000至18374	4门28 14门17 18门8.8 6根45鱼雷管	18节	3400海里/16节	850/1665吨	35 708	2380.1万至2437.3万
1903至11908年 德意志 汉诺威 波美拉尼亚 西里西亚 石勒苏格—荷尔施泰因	113191至114218	127.6	22.2	8.3	16000至23456	4门28 14门17 20门8.8 6根45鱼雷管	18节	3470海里/16节	690/1720吨	31 565	2425.3万至2497.2万

表格 7　德国装甲巡洋舰（1904 至 1909 年）

级别与时期	排水量（吨）	长（米）	宽（米）	吃水（米）	马力输出	武器（厘米口径）	最高速	航程	载煤量（正常/最大载荷）	军官 普通水兵	耗资（金马克）
1904 至 1908 年 沙恩霍斯特格奈森瑙万	11616 至 12985	144.6	21.6	8.4	26000 至 30396	8 门 21 6 门 15 18 门 8.8 4 根 45 鱼雷管	24 节	4800 海里/14 节	800/2000 吨	38 726	1924.3 至 2031.9 万
1907 至 1909 年 布吕歇尔	15842 至 17500	161.8	24.5	8.8	34000 至 43886	12 门 21 8 门 15 16 门 8.8 4 根 45 鱼雷管	25 节	3520 海里/18 节	900/2400 吨	41 812	2853.2 万

表格 8　德国轻巡洋舰（1902 至 1908 年）

级别与时期	排水量（吨）	长（米）	宽（米）	吃水（米）	马力输出	武器（厘米口径）	最高速	航程	载煤量（正常/最大载荷）	军官 普通水兵	耗资（金马克）
1902 至 1907 年 不来梅	3278 至 3821	111.1	13.3	5.6	11220 至 14403	10 门 10.5 2 根 45 鱼雷管	23 节	4270 海里/12 节	400/860 吨	14 274	454.5 万至 543.6 万
1905 至 1908 年 纽伦堡	3390 至 4002	117.4	13.3	5.4	12000 至 21670	10 门 10.5（8 门 5.2）2 根 45 鱼雷管	24 节	4100 海里/12 节	400/880 吨	14 308	540.7 万至 639.8 万

表格 9　德英两国战列舰比较（至 1914 年）

舰名	排水量	最高速	全舰编制人数	鱼雷管	舰炮	水线舰壳装甲
拿骚 1908 年 3 月 7 日下水	18870 吨	20 节	1008	6 根 45 厘米	12 门 28 厘米 12 门 15 厘米 16 门 8.8 厘米	30 厘米
德皇 1911 年 3 月 22 日下水	24700 吨	22 节	1088	5 根 50 厘米	10 门 30.5 厘米 14 门 15 厘米 12 门 8.8 厘米	35 厘米
无畏 1906 年 2 月 10 日下水	17900 吨	21 节	656	5 根 45 厘米	10 门 30.5 厘米 22 门 7.6 厘米	27.9 厘米
乔治五世国王 1911 年 10 月 9 日下水	27000 吨	22 节	900	3 根 53 厘米	10 门 34.3 厘米 16 门 10.2 厘米 4 门 4.7 厘米	30.5 厘米

表 格

表格 10　德英两国战列巡洋舰比较（至 1910 年）

	冯·德·坦恩 1909 年 3 月 20 日下水	无敌 1907 年 4 月 13 日下水
排水量	19400 吨	17250 吨
最高速	27 节	25 节
全舰编制人数	911	730
鱼雷管	4 根 45 厘米	5 根 45 厘米
舰炮	8 门 28 厘米 10 门 15 厘米 16 门 8.8 厘米	8 门 30.5 厘米 16 门 10.2 厘米
水线舰壳装甲	25 厘米	15.2 厘米

表格 11　德国轻巡洋舰（1907 至 1911 年）

级列与时期	排水量（吨）	长（米）	宽（米）	吃水（米）	马力输出	武器（厘米口径）	最高速	航程	载煤量（正常/最大载荷）	军官/普通水兵	耗资（金马克）
1907 至 1909 年 德累斯顿 埃姆登	3664 至 4268	118.3	13.5	5.5	13500 至 18880	10 门 10.5 厘米 2 根 45 厘米鱼雷管	24 节 25 节	3600 海里/14 节	400/860 吨	18 343	746 万至 596 万
1907 至 1911 年 科尔堡 奥格斯堡 科隆 美因茨	4362 至 4915	130.5	14.0	5.6	19000 至 31033	12 门 10.5 厘米 4 门 5.2 厘米 2 根 45 厘米鱼雷管 100 枚水雷	26 节	3630 海里/14 节	400/1010 吨	18 349	759.3 万至 877.7 万

表格 12 德国无畏级战列舰（1907 至 1913 年）

级别与时期	排水量（吨）	长（米）	宽（米）	吃水（米）	马力输出	武器（厘米口径）	最高速	航程	载煤量（正常/最大载荷）	军官 普通水兵	耗资（金马克）
1907至1910年 拿骚 威斯特法伦 莱茵兰 波森	18873至20535	146.1	26.9	8.8	22000至28117	12门28厘米 12门15厘米 16门8.8厘米 6根45厘米鱼雷管	20节	8300海里/12节 2800海里/19节	950/3000吨（后米160立方米油）	40 968	3691.6万至3761.5万
1908至1912年 黑尔戈兰 东弗里斯兰 奥尔登堡 图林根	22808至24700	167.2	28.5	8.9	28000至35550	12门30.5厘米 14门15厘米 14门8.8厘米 6根50厘米鱼雷管	21节	3600海里/18节 2700海里/20节	900/3200吨（后米197立方米油）	42 1071	4357.9万至4631.4万
1909至1913年 德皇 弗雷德里克大王 皇后 路易特波尔德摄政王 阿尔贝特国王	24724至27000	172.4	29.0	9.1	31000至55187	10门30.5厘米 14门15厘米 8门8.8厘米 5根50厘米鱼雷管	22节	3900海里/18节 2400海里/21节	1000/3600吨（后米200立方米油）	41 1043	4499.7万至4637.4万

表格 13　德国无畏级战列巡洋舰（1908 至 1913 年）

级别与时期	排水量（吨）	长（米）	宽（米）	吃水（米）	马力输出	武器（厘米口径）	最高速	航程	载煤量（正常/最大载荷）	军官 普通水兵	耗资（金马克）
1908 至 1910 年 冯·德·坦恩	19370 至 21300	171.7	26.6	9.2	42000 至 79007	8 门 28 厘米 10 门 15 厘米 16 门 8.8 厘米 4 根 45 厘米鱼雷管	27 节	4400 海里/14 节	1000/2800 吨	41 882	3652.3 万
1909 至 1912 年 毛奇 戈本	22979 至 25400	186.5	29.5	9.2	52000 至 85782	10 门 28 厘米 12 门 15 厘米 12 门 8.8 厘米 4 根 50 厘米鱼雷管	28 节	4210 海里/14 节	1000/3100 吨	43 1010	4260.3 万至 4156.4 万
1911 至 1913 年 塞德利茨	24988 至 28550	200.6	28.5	9.3	67000 至 89738	10 门 28 厘米 12 门 15 厘米 12 门 8.8 厘米 4 根 50 厘米鱼雷管	29 节	4200 海里/14 节	1000/3600 吨	43 1025	4468.5 万

表格 14　德国轻巡洋舰（1910 至 1915 年）

级别与时期	排水量（吨）	长（米）	宽（米）	吃水（米）	马力与输出	武器（厘米口径）	最高速	航程	载煤量（正常/最大载荷）	军官普通水兵	耗资（金马克）
1910至1912年 马格德堡 布雷斯劳 斯特拉尔松 斯特拉斯堡	4570至5587	138.7	13.4	6.0	25000至35515	12门10.5厘米 2根50厘米鱼雷管 120枚水雷	27节至28节	5820海里12节 900海里25节	450/1200吨 106立方米油	18 336	730.2万至805.8万
1911至1914年 卡尔斯鲁厄	4900至6191	142.2	13.7	5.4	26000至37885	12门10.5厘米 2根50厘米鱼雷管 120枚水雷	28节	5000海里12节 900海里25节	400/1300吨 70—260立方米油	18 355	812.6万
1912至1915年 格劳登茨	4912至6382	142.7	13.8	6.1	26000至43628	12门10.5厘米 2根50厘米鱼雷管 120枚鱼雷	28节	5500海里12节 1000海里25节	380/1280吨 100—375立方米油	21 364	812.4万至880万

表格 15　德国主要战列舰和战列巡洋舰（BC）造船厂（至 1918 年）

1	伏尔甘公司 汉堡	"弗雷德里克大王号""大选帝侯号"
2	伏尔甘公司 什切青	"莱茵兰号"
3	威塞公司 不来梅	"威斯特法伦号""图林根号""边疆伯爵号"
4	布洛姆—沃斯船厂 汉堡	"冯·德·坦恩号"（BC）、"毛奇号"（BC）、"戈本号"（BC）、"塞德利茨号"（BC）、"德弗林格尔号"（BC）
5	弗里德里希·克虏伯公司 "日耳曼尼亚"船厂 基尔	"波森号""路易特波尔德摄政王号""王储号"
6	弗里德里希·希乔公司 但泽	"奥尔登堡号""阿尔贝特国王号""巴登号""吕佐夫号"（BC）
7	霍瓦尔特公司 基尔	"黑尔戈兰号""皇后号""拜仁号"
8	德意志帝国船厂 基尔	"德皇号"
9	德意志帝国船厂 威廉港	"拿骚号"、"东弗里斯兰号"、"国王号"、"兴登堡号"（BC）

表格 16 德国无畏级战列舰（1911 至 1916 年）

级别与时期	排水量（吨）	长（米）	宽（米）	吃水（米）	马力输出	武器（厘米口径）	最高速	航程	载煤量（正常/最大载荷）	军官/普通水兵	耗资（金马克）
1911至1914年 国王 大选帝侯 边疆伯爵 王储	25796 至 28600	175.4	29.5	9.2	31000 至 46200	10门30.5厘米 14门15厘米 6门8.8厘米 5根50厘米鱼雷管	21 节	8000 海里/12 节 4000 海里/18 节	1000/3600 吨 700 立方米油	41/1095	4500 万
1913至1916年 拜仁 巴登	28600 至 32200	180.0	30.0	9.4	35000 至 56275	8门38厘米 16门15厘米 4门8.8厘米 5根60厘米鱼雷管	22 节	8000 海里/12 节 4000 海里/18 节	900/3400 吨 200—600 立方米油	42/1129	4900 万至 5000 万

表格 17 世界海军预算比较（1899 至 1914 年）

国别	1899 年海军预算	1905 至 1906 年海军预算	1913 至 1914 年海军预算
英国	49800 万金马克	68110 万金马克	94470 万金马克
法国	23500 万金马克	25490 万金马克	36900 万金马克
美国	19800 万金马克	42140 万金马克	59070 万金马克
俄国	18600 万金马克	25200 万金马克	49730 万金马克
德国	13300 万金马克	23340 万金马克	46730 万金马克
意大利		10180 万金马克	20530 万金马克
日本			20280 万金马克

表格 18　德国无畏级战列巡洋舰（1912 至 1917 年）

级别与时期	排水量（吨）	长（米）	宽（米）	吃水（米）	马力输出	武器口径（厘米口径）	最高速	航程	载煤量（正常/最大载荷）	耗资（金马克）
1912 至1914 年德弗林格尔	26600 至31200	210.4	29.0	9.6	63000 至76600	8 门 30.5 厘米12 门 15 厘米8 门 8.8 厘米4 根 50 厘米鱼雷管	26 节	5300 海里/14 节	750/3700 吨250/1000 立方米油	5600 万
1912 至1915 年吕佐夫	26741	210.4	29.0	9.6	63000 至80988	8 门 30.5 厘米14 门 15 厘米8 门 8.8 厘米4 根 60 厘米鱼雷管	26 节	5300 海里/14 节	750/3700 吨250/1000 立方米油	5800 万
1913 至1917 年兴登堡	26947 至31500	212.8	29.0	9.6	72000 至95777	8 门 30.5 厘米14 门 15 厘米8 门 8.8 厘米	27 节	5300 海里/14 节	750/3700 吨250/1000 立方米油	5900 万

表格 19 德国轻巡洋舰（1912 至 1915 年）

级别与时期	排水量（吨）	长（米）	宽（米）	吃水（米）	马力输出	武器（厘米口径）	最高速	航程	载煤量（正常/最大载荷）	军官 普通水兵	耗资（金马克）
1912至1915年 雷根斯堡 皮劳 埃尔宾	4390至6382	135.3	13.6	6.0	30000	8门15厘米 4门5.2厘米 2根50厘米鱼雷管 120枚水雷	28 节	4300海里/12节	80/620吨 250—580立方米油	21 421	880万（？）
1913至1915年 威斯巴登 法兰克福	5180至6601	145.3	13.9	6.1	31000	8门15厘米 4门5.2厘米 4根50厘米鱼雷管 120枚水雷	28 节	4800海里/12节 1200海里/25节	350/1280吨 150—470立方米油	17 457	880万（？）

表格 20 德英两国驱逐舰（至 1914 年）

	鱼雷艇 S13—24 1911至1913年	驱逐舰 阿卡斯塔，阿查特斯 1912至1913年
排水量	564 吨	950 吨
最高速	30 节	30 节
全舰编制人员	73	100
鱼雷管	4根50厘米	2根53厘米
舰炮	2门8.8厘米	3门10.2厘米

表格 21　俾斯麦的殖民帝国（1909 年数字）

殖民地和攫取时间	面积（千平方公里）	人口（千）	德籍居民	德国殖民部队人数	德国补贴（千金马克）	归属状况（至 1919 年 6 月 28 日）
德属西南非（1884 年 8 月）	835.1	120	6215	2430	17125	南非联邦
多哥（1884 年 7 月）	87.2	1000	239	—	250	法国/英国
喀麦隆（1884 年 7 月）	495.6	3000	971	163	2267	法国/英国
德属东非（1885 年 2 月）	995.0	10000	2014	269	3579	英国/比利时
新几内亚（1885 年 5 月）（1886 年 12 月）	240.0	300	482	—	916	澳大利亚

表格 22　威廉二世的殖民帝国（1909 年数字）

殖民地和攫取时间	面积（千平方公里）	人口（千）	德籍居民	德国殖民部队人数	德国补贴（千金马克）	归属状况（至 1919 年 6 月 28 日）
马绍尔群岛（1885 年 10 月）						日本
瑙鲁岛（1888 年 4 月）	2.476	56	191	—	350	英国
加罗林群岛，帕劳群岛，马里亚纳群岛（1899 年 6 月）						日本

续表

殖民地和攫取时间	面积（千平方公里）	人口（千）	德籍居民	德国殖民部队人数	德国补贴（千金马克）	归属状况（至1919年6月28日）
胶州（1898年3月）	0.501	33	1412	2374	8545	日本
萨摩亚（1899年12月）	2.572	37	262	—	250	新西兰

表格 23 胶州年度补贴

年份	海军常规行政管理开支	帝国补贴（一次性开支）
1898	—	5256000 金马克
1899	—	8500000 金马克
1900	39300 金马克	9780000 金马克
1901	51100 金马克	10750000 金马克
1902	56000 金马克	12044000 金马克
1903	71800 金马克	12353000 金马克
1904	90000 金马克	12583000 金马克
1905	97100 金马克	14660000 金马克
1906	106100 金马克	13150000 金马克
1907	111800 金马克	11735000 金马克
1908	115400 金马克	9740000 金马克
1909	142400 金马克	8545000 金马克
总计	881000 金马克	115340000 金马克

表格 24　德英两国军衔对等表

德国海军	德国陆军	英国海军	工程师 德 国	工程师 英 国	德国鱼雷工程师	医务军官团 德国海军	医务军官团 英国海军
海军元帅 Gross-admiral	陆军元帅 Generalfeld-Marschall	海军元帅 Admiral of the Fleet	—	—	—	—	—
海军上将 Admiral	陆军上将 General der Inf.Art.Kav.	海军上将 Admiral	—	—	—	—	—
海军中将 Vize-admiral	陆军中将 General-leutnant	海军中将 Vice-admiral	—	海军工程中将 Engineer Vice-Admiral	—	—	—
海军少将 Konter-admiral	陆军少将 General-major	海军少将 Rear-admiral	—	海军工程少将 Engineer Real-admiral	—	海军医务少将 Marine-General-stabsarzt	海军医务少将 Inspector-General of Hospitals and Fleets
—	—	海军准将 Commodore	—	—	—	—	—
海军上校 Kapitän zur See	陆军上校 Oberst	海军上校 Captain	—	海军工程上校 Engineer Captain	—	海军医务上校 Marine-Generalarzt	海军医务上校 Deputy Inspector General of Hospitals and Fleets

德国海军	德国陆军	英国海军	工程师		德国鱼雷工程师	医务军官团	
			德 国	英 国		德国海军	英国海军
海军中校 Fregat-tenkapitän	陆军中校 Oberst-leutnant	—	海军工程中校 Marine-Chef Ingenieur	海军工程中校 Engineer Captain (less than 8 years)	—	海军医务中校 Marine-Generaloberarzt	—
海军少校 Korvet-leutnant	陆军少校 Major	海军少校 Commander	海军工程少校 Marine-Oberst-absingenieur	海军工程少校 Engineer Commander	鱼雷工程少校 Torpedo-Oberstabs-ingenieur	海军医务少校 Marine-Oberstabs arzt	海军医务少校 Fleet Surgeon
海军上尉 Kapitän-leutnant	陆军上尉 Hauptmann, Rittmeister	海军上尉 Lieutenant-Commander	海军工程上尉 Marine-Stabsingenieur	海军工程上尉 Engineer Lieutenant	鱼雷工程上尉 Torpedo-Stabsingenieur	海军医务上尉 Marine-Stabsarzt	海军医务上尉 Staff Surgeon
海军中尉 Ober-leutnant z.See	陆军中尉 Oberleutnant	海军中尉 Lieutenant	海军工程中尉 Marine-Oberinge-nieur	海军工程中尉 Engineer Lieutenant (less than 8 years)	鱼雷工程中尉 Torpedo-Oberinge-nieur	海军医务中尉 Marine-Oberasis tenzarzt	海军医务中尉 Surgeon
海军少尉 Leutnant z.See	陆军少尉 Leutnant	海军少尉 Sub-Lieutenant	海军工程少尉 Marine-Ingenieur	海军工程少尉 Engineer Sub-Lieutenant	鱼雷工程少尉 Torpedo-Ingenieur	海军医务少尉 Marine-Assistenzarzt	—
海军准尉 Fähnrich z.See	陆军准尉 Fahnen-junker	海军准尉 Midshipman		海军工程准尉 Engineer Cadet	—	海军医务准尉 Unterarzt	—

表格 25　德国海军制服标记（执行军官）

衔级		肩章	星	肩带	星	袖条纹（金色）[皇冠在上方]
将官	海军元帅	锚和帝国鹰。领扣近旁有皇冠。厚，松，亮金色条饰（流苏）	[两根银色权杖]		[两根银色权杖]	1—5.2厘米;4—1.4厘米
	海军上将	锚。厚，松，暗金色条饰（流苏）	两颗银星	两根金色和一根银黑红丝丝绳交相缠结	两颗银星	1—5.2厘米;3—1.4厘米
	海军中将		一颗银星		一颗银星	1—5.2厘米;2—1.4厘米
	海军少将		—		—	1—5.2厘米;1—1.4厘米
校官	海军上校		两颗金星	银黑红丝绳交相缠结	两颗金星	4—1.4厘米
	海军中校		一颗金星		一颗金星	4—1.4厘米
	海军少校		—		—	3—1.4厘米
尉官	海军上尉	锚。薄，松，金色流苏。无金色流苏锚	两颗金星	扁平银黑红丝绳	两颗金星	2—1.4厘米
	海军中尉		—		一颗金星	1—1.4厘米
	海军少尉		—		—	1—0.7厘米
	海军准尉	无	—	薄银加黑红线	—	每个袖口上有3个纽扣
	海军士官	无	—	无	—	每个袖口上有3个纽扣

表格 26 未完成的德国无畏级战舰建造（1916 至 1918 年）

级别		舰只	排水量（吨）	舰炮	最高速	下水时间	尚待完工时间	耗资（金马克）
战列舰	拜仁	萨克森	32500	8门38厘米	22节	1916年11月	9个月	4900万
		符腾堡		16门15厘米 8门8.8厘米		1916年6月	12个月	5000万
	马青森	马肯森	35300	8门35厘米	27节	1917至1920年		6600万
		艾特尔·弗雷德里克亲王		14门15厘米				
		斯佩伯爵		8门8.8厘米				
		俾斯麦侯爵				从未下水		
战列巡洋舰	"代号约克"	"代号约克"	38000	8门38厘米	27节	从未下水		7500万
		"代号格奈森瑙"		12门15厘米		从未下水		
		"代号沙恩霍斯特"		8门8.8厘米		从未下水		

表格 27　德国轻巡洋舰（1915 至 1918 年）

级别与时期	排水量（吨）	长（米）	宽（米）	吃水（米）	马力输出	武器（厘米口径）	最高速	航程	载煤量（正常/最大载荷）	军官 普通水兵	耗资（金马克）
1915 至 1916 年 大黄蜂 牛虻	4385 至 5856	140.4	13.2	6.0	33000 至 47748	4 门 15 厘米 2 门 8.8 厘米 2 根 50 厘米鱼雷管 400 枚水雷	28 节	5300 海里/12 节 1400 海里/25 节	300/600 吨 500—1000 立方米油	16 293	880 万（？）
1914 至 1917 年 哥尼斯堡二 埃姆登二 卡尔斯鲁厄二 纽伦堡二	5440 至 7125	151.4	14.3	6.3	31000 至 55700	8 门 15 厘米 2 门 8.8 厘米 4 根 50 厘米鱼雷管 200 枚水雷	27 至 28 节	4850 海里/12 节 1200 海里/27 节	350/1340 吨 300—1000 立方米油	17 458	（？）
1915 至 1918 年 科隆二 德累斯顿二	5620 至 7486	155.5	14.3	6.4	31000 至 49428	8 门 15 厘米 3 门 8.8 厘米 4 根 60 厘米鱼雷管 200 枚水雷	28 至 29 节	5000 海里/12 节 1200 海里/25 节	300/1100 吨 200—1050 立方米油	17 542	（？）

1915 至 1916 年将开始建造但未完成的有："威斯巴登号""马格德堡号""罗斯托克号""莱比锡号""弗劳恩洛布号""代号埃姆登""代号卡尔斯鲁厄（"A"）"

表格 28　德国潜艇建造样品（1904 至 1918 年）

艇型和时期	排水量（吨）	最高速（节）水面/水下	航程	鱼雷管/水雷	马力输出	艇炮（厘米）	艇员数	耗费（千金马克）
U1 1904 至 1906 年	238	10.8/8.7	1400 海里/10 节	1/—	400	—	22	1905
U30 1912 至 1914 年	675	16.7/9.8	7900 海里/8 节	4/—	2000	1 或 2 门 8.8 厘米	35	2980
U70 1913 至 1915 年	791	16.8/9.0	6500 海里/8 节	4 或 5/—	2300	1 或 2 门 8.8 厘米	36	3510
U139/141 1916 至 1918 年	1930	15.8/7.6	17750 海里/8 节	6/—	3500	2 门 15 厘米 2 门 8.8 厘米	62	10817
U151/157 1916 至 1917 年	1512	12.4/5.2	2500 海里/5.5 节	2/—	800	2 门 15 厘米 2 门 8.8 厘米	56	5741
UBI(UB10) 1914 至 1915 年	127	7.45/6.2	1500 海里/5 节	2/—	60	—	14	711
UBII(UB40) 1915 至 1916 年	274	9.1/5.7	8150 海里/5 节	2/—	270	1 门 8.8 厘米	23	1152
UBIII(UB90) 1917 至 1918 年	510	13.0/7.4	7120 海里/6 节	5/—	1100	1 门 10.5 厘米	34	3654
UCI(UC10) 1914 至 1915 年	168	6.2/5.2	780 海里/5 节	—/12	90	—	14	(?)
UCII(UC20) 1915 至 1916 年	417	11.6/7.0	9430 海里/7 节	3/18	500	1 门 10.5 厘米	26	1729
(UC60) 1916 至 1917 年	415	11.6/7.3	9450 海里/7 节	3/18	600	1 门 10.5 厘米	26	1935
UCIII(UC90) 1917 至 1918 年	491	11.5/6.6	10000 海里/7 节	3/14	600	1 门 8.8 厘米	32	3303

表格 29　德国潜艇实力（1915 至 1918 年）

战争年份	U 型舰队潜艇	UB 型海岸潜艇	UC 型水雷潜艇	总计	损失	净增
1915	15	22	15	52	19	33
1916	32	25	51	108	22	86
1917	32	42	13	87	63	24
1918	25	47	16	88	69	19
总计	104	136	95	335	173	162

参 考 文 献

联邦军事档案馆(*Bundesarchiv-Militärarchiv*)藏的在西德弗赖堡的德国海军档案(*Marinearchiv*)构成本书的文件基础。起初在柏林作为统帅部的一个有机组成部分,海军档案由于盟军猛烈空袭,1944年11月初移往巴伐利亚的科堡附近的塔姆巴赫城堡。它被藏在那里的一个游泳池内,且由海军历史局局长卡尔格奥尔格·舒斯特海军上将下令在德国输掉战争时销毁,而非拱手交出。为此目的聚集了约200升汽油和多捆木柴,可是在1944至1945年之交酷寒的严冬,工作人员用这可燃物取暖,而非销毁档案。到1945年5月7日,华盛顿已知缴获了这些紧要的档案记录,于是接下来两年里,在伦敦制作了这些资料的3900卷微缩胶卷。1959至1965年间,它们——除了依然被保持在英国的潜艇正式记录——被送回,大宗航运8次,总共110吨。我在撰写本书期间,始终使用藏在弗赖堡的原始文件,但让读者免却了那被称作注释的累赘的学术套路;我欢迎想查明确切的参考资料的学者与我联系。在此,我仅愿列举某些经研读的档案的重要范畴:

1. "Bundesarchiv-Militärchive"(弗赖堡 i.Br.)

Admiralität(RM 1),连同 Marine Ministerium

Admiralsteb der Marine(RM 5)

Inspektion des Bildungswesens der Marine

Kommanddo der Hochseestreitkräfte(RM 47)

Marine-Kabinett(RM 2)

Marinestation der Nordsee（RM 33）

Marinestation der Ostee（RM 31）

Oberbefehlshaber der Osteestreitkräfte（RM 28）

Reichs-Marine-Amt（RM 3）

Seekriegsleitung

"Dienstliche Nachlässe"（官方个人文件）

F 7580/85 本克

F 7589/90 霍尔维格

F 7591/93 诺尔

F 7605 蒂尔皮茨

F 7610/15a 范塞洛夫

F 7631/35 达恩哈德

F 7635d 卡佩勒

IM 46/2 巴希曼（Personalakte）

"Nachlässe"（个人文件）

N 156（佐雄）

N 159（米勒）

N 161（凯塞尔林克）

N 162（希佩尔）

N 164（米歇利斯）

N 165（格罗斯）

N 168（比希塞尔）

N 170（卡佩勒）

N 173（本克）

N 225（埃申伯格）

N 239（莱费措夫）

N 253（蒂尔皮茨）

2. "Bundesarchiv"（科布伦茨）

R.I.Reichsinstitutfür Geschichte des neuen Deutschland：

Berichte v.Holtzendorff an Ballin,16 vols

Nachlass Büllow

Nachlass Gothein

Nachlass Hohenlohe-Schillingsfürst

3."Hauptstaatsarchiv"（斯图加特）

Nachlass Haussmann

E.130. I. Staatsministerium, vols 860/64. "Niederschriftenüber Sitzungen von Reichstagausschüssen 1915-1918",

4.私人档案资料。"Ernst v.Weizsächer 文件,1900 至 1918 年",L.E.Hill 教授,加拿大不列颠哥伦比亚大学

此外,主要为统计数字或技术数据,一些基本的参考书经常被参阅而未逐字引证。它们包括：

1.海军年鉴

Brassey's Naval Annual（London,1887 ff.）

Deutscher Schiffskalender für Kriegsmarine und Handelsmarine（Berlin, 1887 ff.）

The Naval Pocket Book（London,1896 ff.）

Jane's All the World Fighting Ships（London,1898 ff.）

Weyer's Taschenbuch der deutschen Kriegsflotte（Berlin,1898 ff.）

Nauticus.Jahrbuch für Deutschlands Seeinteressen（Berlin,1900 ff.）

The Fleet Annual and Naval Year Book（London,1906 ff.）

Taschenbuch der Luftflotten（München,1914 ff.）

2.海军季刊

Journal of the Royal United Services Institution（London,1857 ff.）

Marine-Rundschau（Berlin,1890 ff.）

Militärgeschichtliche Mitteilungen（Freiburg,1967 ff.）

United States Naval Institute Proceedings（Annapolis,1875 ff.）

3. 海军手册

Siegfried Breyer, *Schlachtschiffe und Schlachtkreuzer* 1905 – 1970（München, 1970）

Friedrich Forstmeier, *Deutsche Grosskamptschiffe 1915 – 1918. Die Entwicklung der Typenfrage im Ersten Weltkrieg*（München, 1970）

Erich Gröner, *Die deutschen Kriegsschiffe*, 1815 – 1945（München, 1966 – 8）, 2 vols

Günter Kroschel and August-Ludwig Evers, *Die deutsche Flotte 1848 – 1945*（Wilhelmshaven, 1962）

Naval History Division, Whshington, D. C. *Dictionary of American Naval Fighting Ships*（Washington, 1959 ff.）, 5 vols to date

O. Parkes, *British Battleships*, 1860 – 1950（London, 1956）

Rangliste der Kaiserlich Deutschen Marine（Berlin, 1871 ff.）

Ehrenrangliste der Kaiserlichen Marine 1914 – 1918（Berlin, 1930）

Albert Röhr, *Handbuch der deutschen Marinegeschichte*（Oldenburg, 1963）

最后，还应提到关于大战的"官方"史：

1. Sir Julian S. Corbett and Sir Henry Newbolt, *History of the Great War. Naval operations*（London, 1920 – 31）, 5 vols

2. Germany, Ministry of Marine, Der Krieg zur See, 1914 – 1918（Berlin, 1920 – 66）. 这一系列由以下七部构成：

Der Krieg in der Nordsee（1920 – 65）, 7 vols

Der Handelskrieg mit U-Booten（1932 – 66）, 5 vols

Der Krieg in den türkischen Gewässern（1928, 1938）, 2 vols

Der Kreuzerkrieg in den ausländischen Gewässern（1922 – 37）, 3 vols

Der Krieg in der Ostsee（1922 – 64）, 3 vols

Die Kämpfe der kaiserlichen Marine in den deutschen Kolonien（1935）

Die Überwasserstreitkräfte und ihre Technik（1930）

在论述现代德国海军的巨量文献中间，以下著作被挑出来专门提到：

Constantin v. Altrock, *Vom Sterben des deutschen Offizierkorps* (Berlin, 1922)

Detlef Bald, *Deutsch-Ostafrika* 1900 – 1914 (München, 1970)

Hermann Bauer, *Reichsleigtung und U-bootseinsatz* (Lippoldsberg, 1956)

Winfried Baumgart, *Deutschland im Zeitalter des Imperialismus* (1890 – 1914) (Frankfurt, 1972)

Volker R. Berghahn, *Der Tirpitz-Plan. Genesis und Verfall einer innenpolitischen Krisenstrategie ungter Wilhelm II.* (Düsseldorf, 1971)

Rüstung und Machtpolitik. Zur Anatomie des " Kalten Krieges " vor 1914 (Düseldorf, 1973)

"Zu den Zielen des deutschen Flottenbaus ungter Wilhelm II.", *Historische Zeitschrift*, 210 (February 1970), 34 – 100

"Der Tirpitz – Plan und die Krisis des preussisch – deutschen Herrchaftssystems", *Marine und Marinepolitik* 1871 – 1914 (Düsseldorf, 1972), 89 – 115. Edited by Herbert Schottelius and Wilhelm DeistVolker R. Berghahn and Wilhelm Deist, "Kaiserliche Marine und Kriegsausbruch 1914. Neue Dokumente zur Juli-Krise", *Militärgeschichtliche Mitteilungen*, 1/1970, 37 – 58

Gerhard Bidlingmaier, *Seegeltung in der deutschen Geschichte. Ein Seekriegsgeschichtliches Handbuch* (Darmstadt, 1967)

Helmut Bley, *South-West Africa under German Rule* 1894 – 1914 (Evansgon, Ill., 1971)

Werner Bräckow, *Die Geschichgte des deutschen Marine-Ingenieuroffizdierkorps* (Oldenburg and Hamburg, 1974)

Bund der Deckoffiziere, *Deckoffiziere der Deutschen Marine. Ihre Geschichte* 1848 – 1933 (Berlin, 1933)

Andrew R. arlson, *erman Foreign Policy*, 1890 – 1914, *and Colonial Policy to* 1914 (Metuchen, NJ, 1970)

Wilhelm Deist, "Die Politik der Seekriegsleitung und die Rebellion der Flotte Ende Oktober 1918", *Vierteljahreshefte für Zeitgeschichte*, XIV (October 1966),

341-368

Quellen zur Geschichte des Parlamentarismus und der politischenb Parteien. Zweite Reihe.Militär und Innenpolitik im Weltkrieg 1914-1918(Düsseldorf,1970) , 2 vols

Karl Demeter, *Das Deutsche Offizierkorps in Gesellschaft und Staat* 1650-1945 (*Frankfurt* ,1965)

Wahrhold Drascher, "Zur Soziologie des deutschen Seeoffizierkorps", *Wehrwissenschaftliche Rundschau* ,XII ,555-569

Franz Carl Endres, "Soziologische Struktur und ihr entsprechende Ideologien des deutschen Offizierkorps vor dem Weltkriege" ,*Archiv für Sozialwissenschaft und Sozialpolitik* ,LXVIII ,282-319

Karl Dietrich Erdmann, *Kurt Riezler. Tagebücher* , *Aufsätze* , *Dokumente* (Göttingen ,1972)

Elisabeth Fehrenbach, Wandlungen des deutschen Kaiser gedankens 1871-1918(München ,1969) Korv.-Kap.Ferber, *Organisation und Dienstbetrieb der Kaiserlich deutschen Marine* (Berlin ,1901)

D.K.Fieldhouse, *The Colonial Empires.A Comparative Survey from the Eighteenth Century* (New York ,1965)

Fritz Fischer, Griff nach der Welmacht. Ie Kriegszielpolitik des kaiserlichen Deutschland 1914/18(Düsselkdorf ,1964)

Friedrich Forstmeier, "Der Tirpitzche Flottenbau im Urteil der Historiker", *Marine und Marinepolitik* ,34-53

"SMS Emden. Small Protected Cruiser 1906 - 1914", *Profile Warship* 25 (Windsor ,1972)

"Probleme der Erziehung und Ausbildung in der Kaiserlichen Marine in Abhängigkeit von geistiger Situation und sozialer Struktur", *Marine-Rundschau* , LXIII ,189-198

Albert Gayer, *Die deutschen U-Boote in ihrer Kreigführung* 1914 - 1918

（Berlin,1920-30）,3 vols

Carl-Axel Gemzell, *Organization , Conflict , and Innovation. A Study of German Naval Strategic Planning* ,1888-1940(Lund,1973)

R.H.Gibson and Maurice Prendergast, *The German Submarine War* ,1914 *to* 1918(London,1931)

Robert M. Grant, *U-Boats Destroyed. The Effect of Anti-Submarine Warfare* , 1914-1918(London,1964)

Peter Gray and Owen Thetford, *German Aircraft of the First World War* (London,1962)

Handbuch zur deutschen Militärgeschichte 1648 – 1939, V, *Organisationsgeschichte der Luftwaffe von den Anfängen bis* 1918(Frankfurt,1968) ,288-291

Karin Hausen, *Deutsche Lilonialherrschaft in Afrika* (Zürich,1970)

Holger H.Herwig, *The German Naval Officer Corps. A Social and Political History* 1890-1918(Oxford,1973)

Politics of Frustration: *The United States in German Naval Planning* , 1889-1941(Boston,1976)

"Admirals versus Generals: The War Airms of the Imperial German Navy 1914-1918" , *Central European History* , V(September 1972) ,208-233

"Sozial Herkunft und wissenschaftliche Vorbildung des Seeoffiziers der Kaiserlichen Marine vor 1914" , *Militärgeschichtliche Mitteilungen* ,2/1971,81-111

"Zur Soziologie des kaiserlichen Seeoffizierkorps vor 1914" , *Marine und Marinepolitik* ,73-88

"German Policy in the Eastern Baltic Sea in 1918: Expansion or Anti-Bolshevik Crudade?" *Slavic Review* ,XXXII(June 1973) ,339-357

Holger H.Herwig and David F.Trask , "The Failure of Imperial Germany's Undersea Offensive Against World Shipping ,February 1917-October 1918" , *The Historian* ,XXXIII(August 1971) ,619-632

Bodo Herzog,60 *Jahre Deutsche Uboote* 1906-1966(München,1968)

Bodo Herzog and Günter Schomaekers, *Ritter der Tiefe-Graue Wölfe. Die erfolgreichsten U-Boot-Kommandanten der Welt des Ersten und Zweiten Welkrieges* (München, 1965)

Vice-Admiral Sir Arthur Hezlet, *Aircraft and Sea Power* (New York, 1970)

Daniel Horn, *The German Naval Mutinies of World War I* (New Brunswick, NJ, 1969)

Edmund Glaise von Horstenau and Rudolf Kiszling, *Österreich-Ungarns Letzter Krieg*, 1914–1918, VI, *Das Kreigsjahr* 1917(Vienna, 1936)

Walther Hubatsch, *Kaiserliche Marine. Aufgaben und Leistungen* (München, 1975)

Die Ära Tirpitz, *Studien zur deutschen Marinepolitik* 1890–1918 (Göttingen, 1955)

Der Admiralstab und die obersten Marinebehörden in Deutschland, 1848–1945 (Frankfurt, 1958)

" Finnland in der deutschen Ostseepolitik 1917/18 ", *Ostdeutsche Wessenschaft*, II (1956), 55ff John, Earl of Jellicoe, *The Grand Fleet* 1914–1916 (London, 1919)

H.A.Jones, *The War in the Air* (Oxford, 1928–37), 6 vols Paul Kässner, *Zur Geschichte der Deckoffizierbewegung des Deckoffizierbundes und des Bundes der Deckoffiziere* (Altona, 1932)

P.Kemp, " Balance of Naval Power August 1914 ", *Warships of the First World War* (London, 1973)

Paul M.Kennedy, " Mahan versus Mackinder. Two Interpretations of British Sea Power ", *Militärgeschichtliche Mitteilungen*, 2/1974, 39–66

" German World Policy and the Alliance Negotiations with England, 1897–1900 ", *Journal of Modern History*, 45(December 1973), 608–623

" Tirpitz, England and the Second Navy Law of 1900: A Strategical Critique ", *Militärgeschichtliche Mitteilungen*, 2/1970, 33–57

"Imperial Cable Communication and Strategy, 1870-1914", *The English Historical Review*, LXXXVI(October 1971), 740-752

"The Development of German Naval Operations Plans against England, 1896-1914", *The English Historical Review*, LXXXXIX(January 1974), 48-76

"The End of the High Sea Fleet", *Warships of the First World War*(London, 1973)

John Killen, *A History of Marine Aviation* 1911-68(London, 1969)

Kapitän z. S. a. D. von Kühlwetter, "The Personnel of the German Navy", *Brassey's Naval Annual* 1913, 132-150

Victor Lavarrenz, *Deutschland Kreigsflotte*(Erfurt and Leipzig, 1906)

H.M.LeFleming, *Warships of World War I*(London, 1960)

Wm.Roger Louis, *Great Britain and Germany's Lost Colonies* 1914-1919(Oxford, 1967)

Erich Ludendorff, *Meine Kriegserinnerungen*, 1914-1918(Berlin, 1919)

Kriegführung und Politik(Berlin, 1922)

Urkunden der Obersten Heeresleitung über Ihre Tätigkeit 1916-18 (Berlin, 1922)

Eberhard von Mantey, *Deutsche Marinegeschichte*(Charlottenburg, 1926)

Arthur J.Marder, *The Anatomy of British Sea Power. A History of British Naval Policy in the Pre-Dreadnought Era*, 1880-1905 (New York, 1940)

From the Dreadnought to Scapa Flow. The Royal Navy in the Fisher Era, 1904-1919(London, 1961-70), 5 vols

Marine und Marinepolitik im Kaiserlichen Deutschland 1871-1914 (Düsseldorf, 1972). Edited by Herbert Schottelius and Wilhelm Deist

Edgar Graf von Matuschka, " Organisationsgeschichte des Heeres 1890-1918", *Handbuch zur deutschen Militärgeschichte* 1648-1939, V (Frankfurt, 1968), 247 ff

Heinrich Otto Meisner, *Denkwürdigkeiten des General-Feldmarschalls Alfred*

Grafen von Waldersee (Berlin, 1922−3) ,3 vols

Andreas H.Michelsen, *Der U-Bootskrieg* 1914−1918(Leipzig, 1925)

MilitärgeschichtlicheForschungsamt, *Die Militärluftfahrt bis zum Beginn des Weltkrieges* 1914 (Frankfurt, 1965)

Georg Alexander von Müller, *Der Kaiser ··· Aufzeichnungen des Chefs des Marinekabinetts Georg Alexander v. Müller über die Ära Wilhelms II.* (Göttingen, 1965).Edited by Walter Görlitz

Regierte der Kaiser? Kriegstagebücher, Aufzeichnungen und Briefe des Chefs des Marinekabinetts Admiral Georg Alexander v. Müller 1914−1918 (Göttingen, 1959). Edited by Walter Görlitz

Kurt Naudé, *Der Kampf um den uneingeschränkten U-Boot-Krieg* 1914 *bis* 1917. *Ein Beitrag zu dem Problem" Politik und Kreigführung"* (Hamburg, 1941)

Alfred Niemann, *Revolution von oben-Umsturz von unten. Entwicklung und Verlauf der Staatsumwälzung in Deutschland* 1914−1918(Berlin, 1927)

Organisatorische Bestimmungen für das Personal des Soldatenstandes der Kaiserlichen Marine (Berlin, 1906)

Peter Padfield, *The Battleship Era* (London, 1972)

Gerhard Papke, " Anciennität und Beförderung nach Leistung", *Beiträge zur Militär-und Kriegsgeschichte* (Stuttgart, 1962)

Karl Peter, " Seeoffizieranwärter-Ausbildung in Preussen/Deutschland, 1848−1945, "MS, Militärgeschichtliches Orschungsamt, Freiburty, Germany, n.d.

Vice-Admiral von Reuter, *Scapa Flow. Das Grab der Eurtschen Flotte* (Leipzig, 1921)

John C.G.Röhl, 1914: *Delusion or Design? The Testimony of Two German Diplomats* (London, 1973)

" Admiral von Müller and the Approach of War, 1911−1914", *The Historical Journal*, 12(1969) ,656−667

Jürgen Rohwer, " Kriegsschiffbau und Flottengesetze um dier Jahrhundertwende", *Marine und Marinepolitik*, 211-235

Friedrich Ruge, "SMS Seydlitz, Grosser Kreuzer 1913-1919", *Profile Warship* 14 (Windsor, 1972)

"Die Verwendung der Mine im Seekrieg 1914 bis 1918. Ihre Erfolge und Misserfolge", *Marine-Rundschau*, 32 (June 1927), 258-300

Scapa Flow 1919. *Das Ende der Deutschen Flotte* (Oldenburg and Hamburg, 1969)

Reinhard Scheer, *Germany's High Sea Fleet in the World War* (London, 1920)

Wiegand Schmidt-Richberg, "Die Regierungszeit Wilhelms II.", *Handbuch zur deutschen Militärgeschichte*, V (Frankfurt, 1968)

John E. Schrecker, *Imperialism and Chinese Nationalism. Germany in Shantung* (Cambridge, Mass., 1971)

Hans Hugo Sokol, *Österreich-Ungarns Seekrieg*, 1914-1918, III, Iv (Vienna, 1933)

Arno Spindler, *Wie es zu dem Entschluss zum uneingeschränkten U-Boots-Krieg* 1917 *gekommen ist* (Göttingen, n.d.)

Bernd Stegemnann, *Die deutsche Marinepolitik* 1916-1918 (Berlin, 1970)

Jonathan Steinberg, "The Kaiser's Navy and German Society" *Past and Present*, XXVIII (1964), 102-110

"The Copenhagen Complex", *Journal of Contemporary History*, I (1966), 23-46

"Diplomatie als Wille und Vorstellung: Die Berliner Mission Lord Haldanes im Februar 1912", *Marine und Marinepolitik*, 263-281

Yesterday's Deterrent. *Tirpitz and the Birth of German Battle Fleet* (London, 1965)

The Submarine Library, General Dynamic Corp., Electic-Boat Division, *Submarine Data* (New London, Groton, Conn., 1965)

James E. Sutton, "The Imperial German Navy 1910-1914", unpublished dissertation, Indiana University, 1953

A. J. P. Taylor, *Germany's First Bid for Colonies* 1884 – 1885. *A Move in Bismark's European Policy* (London, 1928)

Mary Evelyn Townsend, *The Rise and Fall of Germany's Colonial Empire* 1884–1918 (New York, 1966)

Ulrich Trumpener, " The Escape of the Goeben and Breslau: A Reassessment", *Canadian Juurnal of History*, VI(1971), 171–186

Kkhard Verchau, "Von Jachmannüber Stosch und Caprivi zu den Anfängen der Ära Tirpitz", *Marine und Marinepolitik*, 54–72

Hugo v. Waldeyer-Hartz, *Admiral von Hipper. Das Lebensbild eines deutschen Flottenführers* (Leipzig, 1930)

Ernst v. Weizsäcker, *Erinnerungen* (München, 1950)

R. Werner, *Das Buchc von der Eutschen Flotte* (Bielefeld and Leipzig, 1893)

Peter-Christian Witt, *Die Finanzpolitik des Deutschen Reiches von* 1903 *bis* 1913 (Lübeck and Hamburg, 1970)

" Reichsfinancen und Rüstungspolitik 1898 – 1914 ", *Marine und Marinepolitik*, 146–177

Josef Zienert, *Unsere Marineuniformen. Ihre Geschichtliche Engtstehung seit den ersten Anfängen und ihre zeitgemässe Weiterentwicklung von* 1816 *bis* 1969 (Hamburg, 1970)

责任编辑：刘敬文

图书在版编目（CIP）数据

奢侈舰队：德意志帝国海军：1888—1918/（美）赫韦格 著；时殷弘 译. —北京：
人民出版社,2021.7
书名原文：“luxury”fleet：The Imperial German Navy
ISBN 978－7－01－022454－1

Ⅰ.①奢… Ⅱ.①赫…②时… Ⅲ.①海军-军事史-德国-1888—1918
Ⅳ.①E516.53

中国版本图书馆 CIP 数据核字（2021）第 047347 号

奢侈舰队：德意志帝国海军
SHECHI JIANDUI DEYIZHI DIGUO HAIJUN
（1888—1918）

〔美〕赫韦格 著 时殷弘 译

人民出版社 出版发行
（100706 北京市东城区隆福寺街 99 号）

中煤（北京）印务有限公司印刷 新华书店经销

2021 年 7 月第 1 版 2021 年 7 月北京第 1 次印刷
开本：710 毫米×1000 毫米 1/16 印张：18
字数：275 千字

ISBN 978－7－01－022454－1 定价：48.00 元

邮购地址 100706 北京市东城区隆福寺街 99 号
人民东方图书销售中心 电话（010）65250042 65289539